公安民警执法实务与规范化丛书

《刑法修正案（九）》
公安机关适用读本

郑延谱　主编

中国人民公安大学出版社
·北　京·

图书在版编目（CIP）数据

《刑法修正案（九）》公安机关适用读本/郑延谱主编 . —北京：中国人民公安大学出版社，2016. 5

ISBN 978-7-5653-2518-2

Ⅰ. ①刑… Ⅱ. ①郑… Ⅲ. ①刑法—中国—学习参考资料

Ⅳ. ①D924. 04

中国版本图书馆 CIP 数据核字（2016）第 095005 号

《刑法修正案（九）》公安机关适用读本

郑延谱 主编

出版发行：中国人民公安大学出版社

地　　址：北京市西城区木樨地南里

邮政编码：100038

经　　销：新华书店

印　　刷：北京泰锐印刷有限责任公司

版　　次：2016 年 5 月第 1 版

印　　次：2016 年 5 月第 1 次

印　　张：9. 625

开　　本：880 毫米×1230 毫米　1/32

字　　数：259 千字

书　　号：ISBN 978-7-5653-2518-2

定　　价：35. 00 元

网　　址：www.cppsup.com.cn　www.porclub.com.cn

电子邮箱：zbs@ cppsup.com　zbs@ cppsu.edu.cn

营销中心电话：010-83903254

读者服务部电话（门市）：010-83903257

警官读者俱乐部电话（网购、邮购）：010-83903253

法律图书分社电话：010-83905745

目　　录

前　言

一、修正缘由

自 1997 年现行刑法通过，现今已陆续通过了 9 个刑法修正案，通过刑法修正案对刑法进行修正是为了使国家立法与社会发展相适应。刑法修正的缘由主要是回应社会转型期的中国社会变化，制定理由主要表现为：（1）适应党的十八届三中全会提出的"逐步减少适用死刑罪名"的要求，适应国际范围内限制和废除死刑的趋势，适应废除劳动教养制度后的法律体系，因此取消 9 个死刑罪名，提高死缓变更死刑立即执行的门槛；（2）应对近年来恐怖主义犯罪、极端主义犯罪和网络犯罪案件的增加，适应犯罪变化，适应社会需要，根据全国人大常委会在审议《刑法修正案（九）》（草案）的立法说明中所述，"一些地方近年来多次发生严重暴力恐怖案件，网络犯罪也呈现新的特点，有必要从总体国家安全观出发，统筹考虑刑法与本次常委会会议审议的反恐怖主义法、反间谍法等维护国家安全方面法律草案的衔接配套，修改、补充刑法的有关规定"；（3）适应我国现阶段的反腐败斗争，完善我国反腐败法律制度，进一步完善刑法条文，为反腐败提供法律支持，有利于反腐肃贪；（4）回应社会关注的热点问题，加强对公共安全、社会秩序和公民权利的保护，回应"替考"、"医闹"和"袭警"等社会关注的热点问题，通过扩大犯罪范围，新增犯罪对象，新增犯罪方式和扩大单位犯罪的适用范围等方式，加强对社会公共安全、社会秩序和公民权利的保护。综上可知，此次刑法修正案是对我国新阶段社会发展的新情况、新问题的回应，从而使国家立法与社会发展相适应。

二、修正过程

根据中央精神和"宽严相济"的刑事政策，针对近年来实践中出现的新情况、新问题，会同中央纪委、中央政法委、最高人民法院、最高人民检察院、公安部以及国务院有关部门和军队有关方面的反复研究沟通，广泛听取各方面意见，对主要问题取得共识，形成了《中华人民共和国刑法修正案（九）》（草案）。2014年10月27日，第十二届全国人大常委会第十一次会议首次审议《刑法修正案（九）》（草案），随后于2014年11月4日至2014年12月3日将该草案在中国人大网公开，向社会公开征求意见。在公开征求意见的半年时间内，司法机关、法律学者和社会大众都参与到了刑法修正的研讨中，随后根据全国人大常委会组成人员和各方面的意见，对草案作了修改，形成了《中华人民共和国刑法修正案（九）》（草案二次审议稿）。2015年6月24日，第十二届全国人大常委会第十五次会议对《刑法修正案（九）》（草案）进行第二次审议，随后将该二审稿公诸社会，从2015年7月6日到2015年8月5日向全社会征求意见，根据所征求的意见对二审稿进行补充和调整，形成了三审稿。2015年8月29日，第十二届全国人民代表大会常务委员会第十六次会议审议通过三审稿。

三、修正思路

此次修正刑法的基本思路包括四点，具体表现为：

（1）坚持正确的政治方向。刑法是我国建立在社会主义市场经济基础之上的上层建筑，应当与我国政治方向保持一致，必须贯彻落实党的十八届三中全会、中央司法体制改革有关要求。（2）坚持问题导向。从我国国情出发，我国同犯罪做斗争的具体经验及实际情况是我国刑法制定的实践根据，也应当是我国刑法修正的实践根据。从我国实践过程中具体遇到的问题出发，对新情况、新问题作出合理的应对，适当地调整刑法，以便更好发挥刑法维护国家安全和社会稳定的功能。（3）坚持宽严相济的刑事政策，对社会危害性不同的犯罪给予不同的处理方式：对社会危害性小的犯罪，可以适当留下从宽处理的可能性。对社会危害性大的犯罪，保持高压态势严惩不贷。（4）坚持创新刑事立法理念。刑法修正是对旧刑法的修改，也是对新刑法的创制，要用创新的理念进行刑法修正，创制符合我国国情的刑法制度，使刑法更好地维护社会核心价值观、更好地维护社会生活。

四、修正重点

（一）逐步减少适用死刑罪名

本次刑法修正贯彻落实党的十八届三中全会提出的"逐步减少适用死刑罪名"，具体体现为：（1）减少适用死刑的罪名，取消了走私武器、弹药罪，走私核材料罪，走私假币罪，伪造货币罪，集资诈骗罪，组织卖淫罪，强迫卖淫罪，阻碍执行军事职务罪和战时造谣惑众罪9个犯罪的死刑，使我国死刑罪名减至46个；（2）提高死缓变更为死刑立即执行的门槛，将"故意犯罪，查证属实"变更为"故意犯罪，情节恶劣"，最高人民法院可以对死刑缓期执行期间故意犯罪的罪犯进行区分对待，仅对其中"故意犯罪，情节恶劣"的死缓罪犯核准执行死刑；（3）修改绑架杀害被绑架人的绝对死刑规定，变更为相对确定刑（第十四条）。此次刑法修正案涉及逐步减少适用死刑条文总计8条，由此可见，本次刑法修正的重点之一为逐步减少适用死刑罪名。

（二）加大对恐怖主义、极端主义犯罪的惩治力度

本次刑法修正为应对恐怖主义、极端主义犯罪猖獗的形势，加大对恐怖主义、极端主义犯罪的惩治力度，具体表现为：（1）对组织、领导、参加恐怖活动犯罪增设罚金刑的适用（第五条）；（2）新增资助恐怖活动罪的行为方式（第六条）；（3）扩大单位犯罪在恐怖犯罪的适用范围（第六条）；（4）新增5种与恐怖主

3

义、极端主义犯罪相关具体犯罪（第七条）；（5）增设拒不提供恐怖主义、极端主义犯罪证据的犯罪（第三十八条）。此次修正案中涉及恐怖主义、极端主义犯罪的条文有4条，涉及对恐怖主义和极端主义犯罪的方方面面规制，由此可知，本次刑法修正的重点之一为加大对恐怖主义、极端主义犯罪的惩治力度。

（三）加强对公民人身权利的保护

本次刑法修正对社会中时有发生的侵犯妇女、儿童、老年人合法权利案件进行回应，加大对此类案件的惩处力度，具体表现为：（1）扩大犯罪成立范围，一方面扩大犯罪对象，将男性纳入猥亵罪的犯罪对象中（第十三条），另一方面扩大犯罪主体，将国家机关或者金融、电信、交通、教育、医疗等单位的工作人员等特殊身份要求删去（第十七条）；（2）加大惩处力度，改"可以不追究刑事责任"为"可以从轻处罚"或者"可以从轻或者减轻处罚"（第十五条）；（3）增加新的犯罪，将虐待被监管人、被看护人的行为设定为新的犯罪（第十九条）；（4）对于特定犯罪提供诉讼的便利条件（第十六条、第十八条）。以上条文都通过不同方式加大了对侵犯公民人身权利案件的惩处力度，加强保护公民的人身权利。

（四）惩治失信、背信行为

本次刑法修正为更好地规制社会中诚信缺失，失信、背信行为高发的社会现状，为维护社会诚信，引领良好社会风尚，对刑法进行了以下调整：（1）对背信、失信行为扩大罚金刑的适用（第二十二条）；（2）扩大犯罪对象，将"护照、社会保障卡、驾驶证等依法可以用于证明身份的证件"纳入伪造、变卖、买卖身份证的犯罪对象之中（第二十二条）；（3）增设新罪名，将使用伪造、变造或者盗用他人的居民身份证、护照、社会保障卡、驾驶证等依法可以用于证明身份的证件的行为犯罪化（第二十三条），将组织作弊、为组织作弊提供作弊器材或者其他帮助、向他人出售试题答案、代替他人或者让他人代替自己考试等行为规定为犯罪（第二十五条），将以捏造的事实提起民事诉讼，妨害司法秩序或者严重侵害他人合法权益等行为犯罪化（第三十五条）。以上条文都反映出本次刑法修正对社会失信、背信问题的关注，是本次刑法修正的重点之一。

（五）加大对网络犯罪的惩处力度

本次刑法修正为更好地应对网络犯罪新态势，完善惩处网络犯罪的法律规定，具体表现为：（1）针对非法侵入计算机信息系统罪，非法获取计算机信息系统数据、非法控制计算机信息系统罪，提供侵入、非法控制计算机信息系统程序、工具罪和破坏计算机信息系统罪等犯罪，扩大单位犯罪的适用范围；（2）通过3个修正条文增设4种网络犯罪，涉及利用网络实行犯罪，网络服务提供者不履行法定义务，为他人网络犯罪提供技术支持或者其他帮助，擅自设置、使用无线电台等与网络犯罪各方面相关的行为。此次修正从第二十六条到第三十条总计5条修正条文涉及网络犯罪，集中完善了对网络犯罪的惩处规定。

（六）加大对腐败犯罪的惩处力度

本次刑法修正为更好地适应我国现阶段的反腐败斗争，完善我国反腐败法律制度，对刑法进行了以下调整：（1）扩大罚金刑的适用范围，将对非国家工作人员行贿罪、受贿罪、向单位行贿罪、介绍行贿罪和单位行贿罪等犯罪增加适用罚金刑（第十条、第四十四条、第四十五条、第四十七条、第四十八条、第四十九条）；（2）加大处罚力度，一方面对行贿人在追诉前主动交代行为的改变以往一律"可以减轻处罚或者免除处罚"的做法，仅对其中犯罪较轻的，对侦破重大案件起关键作用的，或者有重大立功表现的，可以减轻或者免除处罚，而其他仅仅可以从轻或者减轻处罚（第四十五条），另一方面对受贿人被判处死刑缓期执行的，人民法院根据犯罪情节等情况可以同时决定在其死刑缓期执行二年期满依法减为无期徒刑后，终身监禁，不得减刑、假释（第四十四条）；（3）增设新罪名，继《刑法修正案（八）》增加"影响力受贿罪"之后，将向有影响力的人员行贿的行为犯罪化（第四十六条）。由此可见，本次刑法修正完善了我国反腐败法律制度，对反腐肃贪有着重要意义。

（七）加强维护社会秩序

本次刑法修正针对我国转型期的社会问题，对刑法进行了以下调整：其一，强化社会秩序管理，对法条进行以下完善：（1）扩大犯罪范围，通过新增犯罪方式，将暴力袭击正在依法执行职务的人民警察的行为纳入妨害公务罪中（第二十一条），将聚众扰乱社会秩序，情节严重，致使医疗无法进行的行为纳入聚众扰乱社会秩序罪中（第三十一条）；（2）增设新的罪名，将编造虚假的险情、疫情、灾情、警情，在信息网络或者其他媒体上传播，或者明知是上述虚假信息，故意在信息网络或者其他媒体上传播，严重扰乱社会秩序的行为犯罪化；（3）扩大罚金刑的适用范围，对组织、利用会道门、邪教组织，利用迷信破坏法律实施罪增加罚金刑适用。其二，为树立司法权威，对刑法进行以下调整：（1）增设新的罪名，将司法工作人员、辩护人、诉讼代理人或者其他诉讼参与人，泄露依法不公开审理的案件中不应当公开的信息的行为犯罪化（第三十六条）；（2）扩大犯罪范围，通过新增犯罪方式，将侮辱、诽谤、威胁司法工作人员或者诉讼参与人，不听法庭制止，严重扰乱法庭秩序和毁坏法庭设施，抢夺、损毁诉讼文书、证据的行为纳入扰乱法庭秩序罪中（第三十七条）；（3）增加惩罚力度，对拒不执行判决、裁定罪，增加情节特别严重的处理情况（第三十八条）。由此可见，本次刑法修正是回应我国现阶段的社会问题，加强社会秩序管理，有利于构建良好的社会秩序。

五、修正意义

（一）有利于解决社会问题

刑法修正的动因是对社会发展过程中遇到的新情况、新问题的回应，在这种问题导向型的思想指导下，修正后的刑法将更有利于解决社会发展新问题。以"替考"入刑为例，2014年河南替考事件震惊全国，当时就有学者提出应该对"替考"进行刑法规制，但受制于当时的刑法规定和"罪刑法定"原则，"替考"行为无法为刑法所规制，而现如今，刑法修正案（九）积极回应社会新问题，将"替考"设立为一个独立罪名，对"替考"行为人科处刑罚，有利于遏制"替考"的不良社会行为，有利于解决"替考"这一社会问题。对于与"替考"相似的社会"新"问题，如"医闹"、"袭警"、恐怖主义犯罪、网络犯罪、极端主义犯罪等社会发展过程中遇到难以通过已有刑法条文有效规制的社会问题，刑法修正案（九）都对其进行了积极的回应，以便妥善处理社会问题。由此可知，修正刑法有利于解决社会发展中遇到的新问题。

（二）有利于完善法治体系

刑法修正使得刑法内容更加科学合理，符合实践，使得刑法内部逻辑体系更加完善，有利于完善我国法治体系。以取消嫖宿幼女罪为例，一直以来，嫖宿幼女罪在我国刑法体系中的地位都充满争议，有学者认为，嫖宿幼女罪与强奸罪是特殊法条和一般法条之间的关系，这样的学说观点使得嫖宿幼女行为应当被认定为嫖宿幼女罪，而不可以被认定为法定刑更重的强奸罪，不符合刑法内部逻辑，而现如今取消嫖宿幼女罪，使得原先嫖宿幼女行为一律被认定为强奸罪，有利于对幼女的保护，有利于惩处犯罪，有利于我国罪名体系的完善，有利于我国刑法内部逻辑体系的完善。与之相似的还有对贪污罪增设终身监禁，不同于普通的无期徒刑罪犯可以减刑、假释，不同于死刑对罪犯生命权的剥夺，构建介于死刑和普通无期徒刑之间的一种新刑罚方式，有利于完善我国的刑罚体系。由此可见，修正刑法有利于对刑法体系的完善，进而完善我国法治体系。

（三）有利于引领社会风气

刑法修正可以起到积极的一般预防的作用，可以引导人们对自己的行为进行调整，进而引领社会风气。以加强对贪污腐败犯罪的惩处力度为例，近年来，随着国家推进反腐败斗争，反腐败成为党和国家执政的重要方面，刑法修正案（九）通过增加向有影响力的人员行贿的新罪名，设置终身监禁刑罚，强化罚金刑的适用等方式加大对贪污腐败犯罪的惩处力度，起到了对国家工作人员的警示作用，有利于其调整自身行为模式，进而引领廉政的社会风气。与之相似的还有对将为谋取不正当利益，以捏造的事实提起民事诉讼，严重妨害司法秩序的行为规定为犯罪，通过否定社会中虚假诉讼的行为，引导人们自觉抵制社会失信、背信的行为，进而引领诚信的社会风气。由此可知，修正刑法虽然不可以强行扭正社会中的不良风气，但是可以通过引导人们调整自身行为模式，达到引领良好社会风气的效果。

本书由郑延谱教授担任主编，首先列出提纲，再由作者分工撰写。作者有北京师范大学法学院教授郑延谱，北京师范大学刑事法律科学研究院教授袁彬，北京师范大学刑事法律科学研究院副教授、法学博士李山河，北京市第一中级人民法院法官、法学博士杨清惠，辽宁师范大学副教授、法学博士李凤梅，北京师范大学法学院博士研究生万方，北京市京悦律师事务所律师赵宏轩。具体分工如下：

郑延谱：前言、第一、二、二十一、四十三、四十四、四十五、四十六条。

袁　彬：第三、四、八、二十、五十二条。

李山河：第四十七条。

李凤梅：第四十八、四十九、五十、五十一条。

杨清惠：第十七、二十六、二十七、二十八、二十九、三十条。

万　方：第五、六、七、九、十、十一、十二、十三、十四、十五、十六、十八、十九条。

赵宏轩：第二十二、二十三、二十四、二十五、三十一、三十二、三十三、三十四、三十五、三十六、三十七、三十八、三十九、四十、四十一、四十二条。

刑法修正案（九）第一条

一、修正条文

根据《刑法修正案（九）》第一条，修正后的《刑法》第三十七条内容为："对于犯罪情节轻微不需要判处刑罚的，可以免予刑事处罚，但是可以根据案件的不同情况，予以训诫或者责令具结悔过、赔礼道歉、赔偿损失，或者由主管部门予以行政处罚或者行政处分。

因利用职业便利实施犯罪，或者实施违背职业要求的特定义务的犯罪被判处刑罚的，人民法院可以根据犯罪情况和预防再犯罪的需要，禁止其自刑罚执行完毕之日或者假释之日起从事相关职业，期限为三年至五年。

被禁止从事相关职业的人违反人民法院依照前款规定做出的决定的，由公安机关依法给予处罚；情节严重的，依照本法第三百一十三条的规定定罪处罚。

其他法律、行政法规对其从事相关职业另有禁止或者限制性规定的，从其规定。"

二、原文表述

《刑法》第三十七条规定："对于犯罪情节轻微不需要判处刑罚的，可以免予刑事处罚，但是可以根据案件的不同情况，予以训诫或者责令具结悔过、赔礼道歉、赔偿损失，或者由主管部门予以行政处罚或者行政处分。"

1

三、修正内容

根据《刑法修正案（九）》第一条的规定，在《刑法》第三十七条后增加一条，作为第三十七条之一："因利用职业便利实施犯罪，或者实施违背职业要求的特定义务的犯罪被判处刑罚的，人民法院可以根据犯罪情况和预防再犯罪的需要，禁止其自刑罚执行完毕之日或者假释之日起从事相关职业，期限为三年至五年。

被禁止从事相关职业的人违反人民法院依照前款规定做出的决定的，由公安机关依法给予处罚；情节严重的，依照本法第三百一十三条的规定定罪处罚。

其他法律、行政法规对其从事相关职业另有禁止或者限制性规定的，从其规定。"

四、修正缘由

（一）近年来，利用职业便利实施犯罪呈现新态势

主体身份呈现多元化，以往利用职业便利，或者违反职业要求的特定义务的罪犯主要包括律师、会计师、医师、公务员等特种职业，而教师、公证员、企业高管、建筑师、食品生产商都成为利用职业便利犯罪的主体。以教师"利用职业便利"为例，吴某某系深圳市南山区××学校的小学语文教师。自 2012 年 11 月至 2013 年 5 月 23 日，吴某某利用周一至周五在教室内管理学生午休之机，多次将协助其管理午休纪律的被害人 Z 某、C 某、H 某（时年 7 岁）等女学生，叫到讲台上，采用哄、骗、吓等手段，将手伸进被害人衣裤内，抠摸其敏感部位等进行猥亵。

行为手段更加具有隐蔽性，与其他犯罪相比，利用职业便利犯罪的犯罪人往往有着更好的教育背景，掌握着经济、财税、金融、法律或者专业领域的特殊技能，其实施犯罪往往有精密的计划，犯罪行为与正常的业务行为一般难以区分，犯罪行为往往具有高度的隐蔽性，给侦查工作带来了挑战。以黄光裕内幕交易案为例，黄光

裕于 2008 年 11 月中下旬被北京市公安局带走调查，随后经过三次退回补充调查，案件历时近两年，最终于 2010 年 5 月 18 日，北京市第二中级人民法院作出一审判决。由此可知，侦查黄光裕案件的困难及其行为的隐蔽性。

结果的危害性变大，与以往的利用职业便利实施犯罪相比，现阶段犯罪的危害性更大，表现为侵犯财产的数额巨大，被侵害对象数量增多。以违法发放贷款罪为例，违法发放贷款罪为典型的利用职业便利实施的犯罪，由最高人民法院《关于印发全国法院审理金融犯罪案件工作座谈会纪要》的通知中规定的：关于违法发放贷款罪。银行或者其他金融机构工作人员违反法律、行政法规规定，向关系人以外的其他人发放贷款，造成五十万元至一百万元以上损失的，可以认定为"造成重大损失"；造成三百万元至五百万元以上损失的，可以认定为造成特别重大损失。由此可见，违法发放贷款罪所侵害的财产数额较大。

（二）有利于实现特殊预防与一般预防的统一

正如贝卡利亚所言，"刑罚的目的仅仅在于：阻止罪犯再重新侵害公民，并规诫其他人不要重蹈覆辙"，刑罚的目的之一就是特殊预防，即防止犯罪人重新犯罪。从业禁止限制罪犯从事特定职业，使其无法利用该身份进行相应的犯罪，进而达到特殊预防的目的。另外，通过对罪犯限制从业，达到对潜在犯罪嫌疑人的威吓，达到一般预防的目的。值得一提的是，从业禁止对于从事特定职业的人可能更有威慑力，因为这些职业是其安身立命的根本。因此，对特定罪犯从业禁止有利于实现特殊预防和一般预防的统一。

五、理解适用

（一）"从业禁止"不是新的刑罚种类

《刑法修正案（九）》第一条增加的"禁止其自刑罚执行完毕之日或者假释之日起从事相关职业，期限为三年至五年"的"从业禁止"并不是一种新的刑罚种类，具体有三个理由：（1）不符合刑罚体系的规定，我国《刑法》第三十三条和第三十四条对刑罚体系进行了明确规定，第三十四条明确规定"附加刑的种类如下：（一）罚金；（二）剥夺政治权利；（三）没收财产"，由此可知，"从业禁止"不属于新的附加刑。（2）不符合立法原理，陈光国委员认为，"这一条实际上是新增了从业禁止的规定。从性质上看，该处罚应是属于新的刑罚种类。现行刑罚当中无此刑罚种类。建议在刑法附加刑中增加从业禁止的种类，以保证罪罚相适应"，此外，杜黎明委员也认为，"从业禁止是新的刑罚种类，但是目前刑法只规定了五种主刑和三种附加刑，应当将从业禁止这种新的刑罚，在附加刑中加以明确，从而保证条文的前后协调"。由此可知，从业禁止原先有可能设立为新的附加刑，但是在刑法修订的过程中并没有正式将其纳入附加刑的体系，所以从业禁止并不是附加刑。（3）不符合《刑法》第三十七条的定位，《刑法》第三十七条规定为"对于犯罪情节轻微不需要判处刑罚的，可以免予刑事处罚，但是可以根据案件的不同情况，予以训诫或者责令具结悔过、赔礼道歉、赔偿损失，或者由主管部门予以行政处罚或者行政处分"，简言之，第三十七条规定的是非刑罚性处置措施，而增加的第三十七条之一作为新增于第三十七条之后的条款，将会与其保持相对的一致性，由此可知，第三十七条之一不应为有关附加刑规定。综上所述，从业禁止并不是新的附加刑。

（二）从业禁止的适用对象为因利用"职业便利"实施犯罪，或者实施违背"职业要求"的"特定义务"的犯罪被判处刑罚的罪犯

从业禁止的适用对象为因利用"职业便利"实施犯罪，或者实施违背"职业要求"的"特定义务"的犯罪被判处刑罚的罪犯。依照《宪法》第四十二条规定，"中华人民共和国公民有劳动的权利和义务"，如果过分宽泛地解释"职业便利"和"特定义务"必将限制公民的劳动权，因此，有必要对"职业"进行一定的限制解释。依照2015年《中华人民共和国职业分类大典》将职业分

类，所有职业共分为 8 个大类、75 个中类、434 个小类、1481 个职业，并非这 1481 个职业都可以成为从业禁止的犯罪。以快递员为例，某快递员利用职业便利递送快递，非法开拆他人信件，构成侵犯通信自由罪，在此例中，不应当对该快递员实行职业禁止。因此，应当对"职业"进行限制解释。

（三）违反从业禁止，"情节严重"的，依照《刑法》第三百一十三条的规定定罪处罚

违反从业禁止，"情节严重"的，依照《刑法》第三百一十三条的规定定罪处罚。对情节严重应当综合考虑行为人的动机、目的、行为手段、危害性等方面的问题。例如，行为人殴打、捆绑、拘禁、围攻、恐吓、暴力胁迫公安执行人员，或者经执行人员多次劝阻仍继续执业，或者出于藐视司法，对抗政府的目的，故意在公安执法部门的附近继续其职业，都可以认为行为情节严重，依照《刑法》第三百一十三条的规定定罪处罚。值得关注的是，违反管制禁止令的行为，依照《刑法》第三十八条第四款的规定"违反第二款规定的禁止令的，由公安机关依照治安管理处罚法的规定处罚"。由此可知，区别于违反管制禁止令，违反从业禁止必须承担刑事责任。

（四）与其他法律、行政法规规定的职业禁止或者限制性规定相适应

《刑法修正案（九）》第一条第三款规定"其他法律、行政法规对其从事相关职业另有禁止或者限制性规定的，从其规定"。这意味着，如果其他法律、行政法规有"从业禁止"一律优先适用其他法律、行政法规的规定。以《公司法》为例，《公司法》第一百四十七条规定，"有下列情形之一的，不得担任公司的董事、监事、高级管理人员：（一）无民事行为能力或者限制民事行为能力；（二）因贪污、贿赂、侵占财产、挪用财产或者破坏社会主义市场经济秩序，被判处刑罚，执行期满未逾五年，或者因犯罪被剥夺政治权利，执行期满未逾五年……"2010 年 5 月 18 日，黄光裕

案一审判决，法院认定黄光裕犯非法经营罪、内幕交易罪、单位行贿罪，三罪并罚，决定执行有期徒刑十四年，罚金六亿元，没收财产两亿元。黄光裕的行为符合公司法规定的破坏社会主义市场经济秩序的犯罪，黄光裕应当在五年内不得担任公司的董事、监事、高级管理人员，另外，黄光裕的行为同时也符合利用职业便利实施犯罪（假设黄光裕的犯罪发生于刑法修正案（九）实行之后），法院可以根据犯罪情况和预防再犯罪的需要，禁止其自刑罚执行完毕之日或者假释之日起从事相关职业，期限为三年至五年，但基于该条第三款的规定，法院无须给予黄光裕从业禁止，而是应该依照公司法规定对黄光裕进行规制。由此可知，法院决定从业禁止应当与其他法律、行政法规固定的职业禁止或者限制性规定相适应。

以下为其他法律、行政法规对职业的禁止或者限制性规定，《教师法》第十四条规定："受到剥夺政治权利或者故意犯罪受到有期徒刑以上刑事处罚的，不能取得教师资格；已经取得教师资格的，丧失教师资格"；《律师法》第七条规定："申请人有下列情形之一的，不予颁发律师执业证书：（一）无民事行为能力或者限制民事行为能力的；（二）受过刑事处罚的，但过失犯罪的除外；（三）被开除公职或者被吊销律师执业证书的"；《注册会计师法》第十条规定："有下列情形之一的，受理申请的注册会计师协会不予注册：（一）不具有完全民事行为能力的；（二）因受刑事处罚，自刑罚执行完毕之日起至申请注册之日止不满五年的；（三）因在财务、会计、审计、企业管理或者其他经济管理工作中犯有严重错误受行政处罚、撤职以上处分，自处罚、处分决定之日起至申请注册之日止不满二年的；（四）受吊销注册会计师证书的处罚，自处罚决定之日起至申请注册之日止不满五年的；（五）国务院财政部门规定的其他不予注册的情形的"；《执业医师法》第十五条规定："有下列情形之一的，不予注册：（一）不具有完全民事行为能力的；（二）因受刑事处罚，自刑罚执行完毕之日起至申请注册之日止不满二年的；（三）受吊销医师执业证书行政处罚，自处罚决之日起至申请注册之日止不满二年的；（四）有国务院卫生行政部门规定不宜从事医疗、预防、保健业务的其他情形的"；《商业银行法》第二十七条规定："有下列情形之一的，不得担任商业银行的董事、高级管理人员：（一）因犯有贪污、贿赂、侵占财产、挪用财产罪或者破坏社会经济秩序罪，被判处刑罚，或者因犯罪被剥夺政治权利的；（二）担任因经营不善破产清算的公司、企业的董事或者厂长、经理，并对该公司、企业的破产负有个人责任的；（三）担任因违法被吊销营业执照的公司、企业的法定代表人，并负有个人责任的；（四）个人所负数额较大的债务到期未清偿的"；《注册建筑师条例》第十三条规定："有下列情形之一的，不予注册：（一）不具有完全民事行为能力的；（二）因受刑事处罚，自刑罚执行完毕之日起至申请注册之日止不满五年的；（三）因在建筑设计或者相关业务中犯有错误受行政处罚或者撤职以上行政处分，自处罚、处分决定之日起至申请注册之日止不满二年的；（四）受吊销注册建筑师证书的行政处罚，自处罚决定之日起至申请注册之日止不满五年的；（五）有国务院规定不予注册的其他情形的"。在具体案件的处理中，应注意与法律、行政法规的规定相适应。

刑法修正案（九）第二条

一、修正条文

根据《刑法修正案（九）》第二条，修正后的《刑法》第五十条内容为："判处死刑缓期执行的，在死刑缓期执行期间，如果没有故意犯罪，二年期满以后，减为无期徒刑；如果确有重大立功表现，二年期满以后，减为二十五年有期徒刑；如果故意犯罪，情节恶劣的，报请最高人民法院核准后执行死刑；对于故意犯罪未执行死刑的，死刑缓期执行的期间重新计算，并报最高人民法院备案。

对被判处死刑缓期执行的累犯以及因故意杀人、强奸、抢劫、绑架、放火、爆炸、投放危险物质或者有组织的暴力性犯罪被判处死刑缓期执行的犯罪分子，人民法院根据犯罪情节等情况可以同时决定对其限制减刑。"

二、原文表述

《刑法》第五十条规定："判处死刑缓期执行的，在死刑缓期执行期间，如果没有故意犯罪，二年期满以后，减为无期徒刑；如果确有重大立功表现，二年期满以后，减为二十五年有期徒刑；如果故意犯罪，查证属实的，由最高人民法院核准，执行死刑。

被判处死刑缓期执行的累犯以及因故意杀人、强奸、抢劫、绑架、放火、爆炸、投放危险物质或者有组织的暴力性犯罪被判处死刑缓期执行的犯罪分子，人民法院根据犯罪情节等情况可以同时决定对其限制减刑。"

三、修正内容

根据《刑法修正案（九）》第二条的规定，对《刑法》五十条中对死刑缓期执行期间故意犯罪的进行限制，仅有故意犯罪，且"情节恶劣"，报请最高人民法院核准后执行死刑；对于故意犯罪未执行死刑的，死刑缓期执行的期间重新计算，并报最高人民法院备案。

四、修正缘由

（一）符合我国死刑政策

我国当前的死刑政策的完整表述为"保留死刑，严格限制和慎重适用死刑"。一直以来，"少杀、慎杀"都是我国死刑政策的主旨，具体表现为三方面：（1）政策层面强调慎用死刑，2012 年，我国首次发表《中国司法改革》白皮书，指出死刑直接关系到公民生命权的剥夺，适用死刑必须慎之又慎，2014 年，党的十八届三中全会提出，"逐步减少适用死刑罪名"；（2）立法层面减少适用死刑的罪名，2011 年《刑法修正案（八）》取消走私文物罪、走私贵重金属罪、走私普通货物物品罪等 13 个经济性非暴力犯罪的死刑；（3）司法层面提高死刑的适用门槛，2013 年最高人民法院印发《关于进一步加强刑事审判工作的决定》中明确指出"对于具有法定从轻、减轻情节的，依法从轻或者减轻处罚，一般不判处死刑立即执行。对于因婚姻家庭、邻里纠纷民间矛盾激化引发的案件，因被害方过错引起的案件，案发后真诚悔罪、积极赔偿被害人经济损失的案件等具有酌定从轻情节的，应慎用死刑立即执行。注意发挥死缓制度既能够依法严惩犯罪，又能够有效地减少死刑执行的作用，凡是判处死刑可不立即执行的，一律判处死刑缓期两年执行"，2014 年第二届全国人民代表大会第二次会议最高人民法院工作报告指出："最高人民法院认真做好死刑复核工作，严把案件事实关、法律关，确保死刑只适用于极少数罪行极其严重的犯罪分子。"

《刑法修正案（九）》贯彻我国"保留死刑，严格限制和慎重适用死刑"的政策，具体体现为：（1）减少适用死刑的罪名，取消了走私武器、弹药罪，走私核材料罪，走私假币罪，伪造货币罪，集资诈骗罪，组织卖淫罪，强迫卖淫罪，阻碍执行军事职务罪和战时造谣惑众罪9个犯罪的死刑，使得我国死刑罪名减至46个；（2）提高死缓变更为死刑立即执行的门槛，将"故意犯罪，查证属实"变更为"故意犯罪，情节恶劣"，最高人民法院可以对死刑缓期执行期间故意犯罪的罪犯进行区别对待，仅对其中"故意犯罪，情节恶劣"的死缓罪犯核准执行死刑。由此可见，提高死缓变更为死刑立即执行的门槛符合我国死刑政策。

（二）符合全球范围的限制与废除死刑的国际趋势

限制与废除死刑起源于18世纪末的欧洲，19世纪成型，20世纪在全球范围内迅速发展。21世纪以来限制与废除死刑的运动日益成为国际趋势，具体体现为：截至2005年10月，完全废除死刑的国家有81个，占全球国家总数的40%，废除普通犯罪死刑的国家有12个，占全球国家总数的6%，事实上废除死刑（过去十年内在司法中未执行过死刑）的国家有35个；完全废除死刑、废除普通犯罪死刑和事实上废除死刑的国家总数为128个，占全球国家总数的60%；截至2009年6月30日，世界上超过2/3的国家和地区已经在法律上或事实上废止了死刑，其中，在法律上废止所有死刑的国家和地区已多达95个，废止了普通犯罪死刑的国家和地区为8个，而事实上废止死刑的国家和地区为35个，总计在法律或事实上废止死刑的国家和地区已多达138个；目前据统计，在联合国现有的193个成员国中，已有近150个国家取消或者不再适用死刑，只有1/3的国家保留死刑。由此可见，限制与废除死刑已成为全球范围的国际趋势。《刑法修正案（九）》提高死缓变更为死刑立即执行的门槛，符合全球范围的限制与废除死刑的国际趋势。

（三）有利于死缓罪犯改过自新

实践中，死缓犯在死缓执行期间的故意犯罪表现多种多样，有的是明显抗拒逮捕，如暴动劫狱、组织越狱；有的是由于监狱本身管理不善，如服刑人员在监狱再犯盗窃罪或对监管人员的蛮横与虐待进行报复而造成轻伤等。甚至曾出现这样的案例——"死缓犯的妻子与其离婚，因想不开而找机会逃出监狱欲与妻子理论，后被抓捕。"从动机、目的、危害行为和危害后果来看，这些行为显然有着不同的社会危害性，同时也体现着罪犯不同的人身危险性和再犯可能性。但在《刑法修正案（九）》之前，这些动机、目的、危害行为和危害后果不同，故意犯罪行为经查证属实，一律判定为"故意犯罪，查证属实"，从而判处死刑立即执行。这显然不利于死缓罪犯的改过自新，因为，在死刑缓期执行期间，即使他们没有抗拒改造，仅仅是犯下社会危害性较小的故意犯罪，甚至该故意犯罪比一些严重的过失犯罪的社会危害性要小，也会由死缓变更为死刑立即执行。由此可见，《刑法修正案（九）》之前对死缓罪犯故意犯罪不加区分一律变更为死刑立即执行，不符合死缓旨在促使罪犯改过自新的目的。

（四）符合专家学者的呼吁

《刑法》第五十条第一款中"故意犯罪，查证属实"的解释一直以来在理论界都存在争议。一部分学者认为只要犯罪分子在两年期间实施了故意犯罪，不管其实施的是何种故意犯罪，也不论其实施故意犯罪是属于既遂状态，还是属于未完成的预备或者中止状态，都不影响死刑的核准执行。另一部分学者认为应当对"故意犯罪"进行限制解释，其中马克昌教授认为故意犯罪仅限于比较严重的犯罪；周道鸾教授认为"故意犯罪"仅限于组织越狱、脱逃、故意杀人、故意伤害、抢夺枪支等严重故意犯罪；刘霜教授认为"故意犯罪"应为法定最低刑为3年以上有期徒刑的故意犯罪；张明楷教授认为"故意犯罪"应解释为表明犯罪人抗拒改造情节恶劣的故意犯罪；林维教授认为"故意犯罪"为刑法所规定的全部（故意）犯罪，自诉罪除外。由此可知，理论界中不少学者认为应当对"故意犯罪"进行限制解释。《刑法修正案（九）》通过将"故意犯罪，查证属实"修改为"故意犯罪，情节恶劣"实现了对不同的故意犯罪行为进行区分对待的效果，符合学界对"故意犯罪"的限制解释，符合专家学者的呼吁。

五、理解适用

（一）情节恶劣的应当综合犯罪主客观进行评价

对"情节恶劣"的判断应当综合动机、目的、危害行为和危害后果等主客观要件进行考量。笔者认为，不应把主观方面"抗拒改造"作为情节恶劣判断的唯一要素。实践中，存在死缓罪犯为了越狱准备绳索、刀等犯罪工具被狱警发现的案例。在此例中，虽然罪犯一心脱逃，主观上符合"抗拒改造"，但客观上罪犯仅仅是实行了脱逃罪的预备行为，不应认定该行为符合"故意犯罪，情节恶劣"。同时笔者认为不应把客观方面"所触犯罪名的法定刑"作为情节恶劣判断的唯一要素。实践中，存在死缓罪犯为了见病危的母亲而逃离监所控制的案例。在此例中，虽然罪犯触犯脱逃罪，客观上符合触犯重罪，但从主观方面看，该罪犯的人身危险性和再犯可能性较低，不应认定该行为符合"故意犯罪，情节恶劣"。笔者认为，对"情节恶劣"的判断应综合犯罪动机、目的、危害行为和危害后果等主客观要件进行考量。

（二）审判程序与复核程序相结合

"故意犯罪，情节恶劣"的裁判应当由罪犯服刑地中级人民法院依法进行审判程序之后进行死刑复核。笔者认为，不应当把审判程序和死刑复核程序相分离，就"故意犯罪"而言，交由罪犯服刑地中级人民法院进行审判程序；就"情节恶劣"而言，应当由最高人民法院依法进行复核程序。笔者认为，应当把"故意犯罪，情节恶劣"交由罪犯服刑地中级人民法院进行裁判，而后进行审判程序，具体理由有二：（1）符合法条表达，法律规定："如果故意犯罪，情节恶劣的，报请最高人民法院核准后执行死刑"，这样显然是将"故意犯罪"和"情节恶劣"统一进行审理后，再通过死刑复核程序核准死刑；（2）符合司法资源分流，对于死缓罪犯故意犯罪，明显不符合情节恶劣的，由中级人民法院和高级人民法院直接判处，不必再交由最高人民法院进行死刑复核，进行合理的司法资源分流，有利于提高效率。综上所述，"故意犯罪，情节恶劣"的裁判应当由罪犯服刑地中级人民法院依法进行审判程序之后进行死刑复核。

（三）死缓变更为死刑立即执行不需要等到两年期满

死缓变更为死刑立即执行不需要等到两年期满，理由有三：（1）符合死缓的本质和宗旨，死缓是给予死缓犯改过自新的机会，但死缓犯在考验期间不思悔过，反而故意犯罪且情节恶劣，有理由对这些人身危险性大和再犯可能性高的罪犯处以死刑立即执行；（2）符合法条表述，法条规定，"如果故意犯罪，情节恶劣的，报请最高人民法院核准后执行死刑"，"执行死刑"理应理解为死刑立即执行，既然是死刑立即执行，就没有必要等到两年期满；（3）与缓刑的规定相适应，即便犯罪人在缓刑考验期中触犯新罪，也应当撤销缓刑，数罪并罚，而不是等到缓刑考验期满后再另出刑罚。综上所述，死缓变更为死刑立即执行不需要等到两年期满。

刑法修正案（九）第三条

一、修正条文

根据《刑法修正案（九）》第三条，《刑法》第五十三条被修改为："罚金在判决指定的期限内一次或者分期缴纳。期满不缴纳的，强制缴纳。对于不能全部缴纳罚金的，人民法院在任何时候发现被执行人有可以执行的财产，应当随时追缴。由于遭遇不能抗拒的灾祸等原因缴纳确实有困难的，经人民法院裁定，可以延期缴纳、酌情减少或者免除。"

二、原文表述

《刑法》第五十三条规定："罚金在判决指定的期限内一次或者分期缴纳。期满不缴纳的，强制缴纳。对于不能全部缴纳罚金的，人民法院在任何时候发现被执行人有可以执行的财产，应当随时追缴。如果由于遭遇不能抗拒的灾祸缴纳确实有困难的，可以酌情减少或者免除。"

三、修正内容

根据《刑法修正案（九）》第三条的规定，对《刑法》第五十三条作了两方面的修改：（1）将《刑法》第五十三条由一条一款修改为一条两款；（2）对于罚金缴纳有困难的情况作了三点修改：一是增加缴纳确实有困难的原因，即将缴纳确实有困难的原因由"遭遇不能抗拒的灾祸"扩大为"遭受不能抗拒的灾祸等原因"；二是增加罚金缴纳确实有困难的处置方式，即增加了"延期缴纳"这一新的类型；三是增加处置的程序性规定，即必须"经人民法院裁定"。

四、修正缘由

该条修改的主要原因是罚金刑在执行中遇到的执行难问题。从基层法院罚金缴纳的实际情况看，罚金的缴纳主要存在"三多三少"的问题，即判决前预先缴纳的多，判决后执行到位的少；轻罪案件缴纳的多，重罪案件缴纳的少；宣告缓刑的案件缴纳的多，判处实体刑的案件缴纳的少。在我国司法实践中，罚金刑缴纳难的现象普遍存在。据调查，河南某中院对2013年监狱提请2013年前三个季度的三批减刑假释罪犯的罚金执行情况进行了调研，发现第一季度共提请减刑假释案件225件，罚金总额为298万元，通过听证会上的调查，入狱前缴纳罚金的共14人，金额共计26000元；第二季度共提请减刑假释案件233件，罚金总数约为325万元，通过听证会上的调查，入狱前缴纳罚金的共9人，金额不足2万元；第三季度共提请减刑假释案件238件，罚金总数约为360万元，入狱前缴纳罚金的共11人，金额为23000元。从三次的调研可以看出，无论是从罚金履行的人数还是金额上看履行率均达不到1%。事实上，不光是这一地区，在全国很多地方，其罚金刑执行率都很低。

造成这一现象的原因有很多，如罚金刑的判决没有考虑犯罪人的实际缴纳能力、判决后犯罪人的经济条件发生了重大变化、司法执行不力等。其中，在立法上的一个原因是我国刑法对罚金刑缴纳的规定存在立法缺陷。关于罚金刑的缴纳，我国《刑法》第五十三条后半段规定："如果由于遭遇不能抗拒的灾祸缴纳确实有困难的，可以酌情减少或者免除。"司法实践中，多数情况是因为罪犯自身无经济能力执行，即罪犯主观上表示愿意履行，但因无经济基础，而客观上无力履行。而对于罪犯确实无力履行的情况，我国刑法尚没有相应的规定予以规范。

为了完善罚金刑的执行，我国立法机关在《刑法修正案（九）》的研拟过程中，在广泛征求各方意见后，拟对罚金刑的执行进行调整。2013 年 12 月 24 日，我国立法工作机关在其修改刑法的工作稿中，提出要将《刑法》第五十三条后半段的规定修改为"如果由于遭遇不能抗拒的灾祸或者其他原因，缴纳确实有困难的，可以酌情减少、免除或者暂缓缴纳"。相比原《刑法》第五十三条，该规定主要作了两点修改：一是将酌情减少、免除等的原因由"遭受不能抗拒的灾祸"修改为"遭受不能抗拒的灾祸或者其他原因"；二是对于缴纳确实有困难的，将其罚金刑的执行由"酌情减少或者免除"增加了"暂缓缴纳"的内容。这两点修改意见在之后的修法研讨中基本上都得到了保留，只是对其条文的表述作了一些修改。我国立法工作机关 2014 年 6 月 12 日的工作稿将其修改为"由于遭遇不能抗拒的灾祸等原因缴纳确实有困难的，经人民法院决定，可以延期缴纳、酌情减少或者免除"。其主要作了两点改动：一是在文字上作了一些修改，如删除"如果"，将"不能抗拒的灾祸或者其他原因"合并为"不能抗拒的灾祸等原因"，将"延期缴纳"在文字表述上提至"酌情减少或者免除"之前。二是增加了一个程序性的规定，即"经人民法院决定"。2014 年 10 月的《刑法修正案（草案）》第一次审议稿完全沿用了上述第二次工作稿的内容，将《刑法》第五十三条后半段表述为"由于遭遇不能抗拒的灾祸等原因缴纳确实有困难的，经人民法院决定，可以延期缴纳、酌情减少或者免除"。《刑法修正案（草案）》（二次审议稿）也基本保留了一次审议稿的内容，只在文字上将"经人民法院决定"修改为"经人民法院裁定"。此后，《刑法修正案（九）》（草案）该条修改一直保留至《刑法修正案（九）》通过。

五、理解适用

（一）罚金刑的缴纳方式

修改之后的《刑法》第五十三条针对罚金刑的缴纳在内涵上主要包括以下四种情况：（1）一次或者分期缴纳，即犯罪分子按照判决确定的数额和指定的期限，一次缴纳完毕或分几次分期缴纳。其中一次缴纳是针对罚金数额不多或者虽然较多但缴纳不困难的；而分期缴纳则是针对罚金数额较多，一次缴纳有困难的情况。（2）强制缴纳。即在判决指定的期限届满后，犯罪分子有能力缴纳而不缴纳，法院采取查封、拍卖财产、冻结存款、扣留收入等措施，强制其缴纳。（3）随时追缴。即对于不能全部缴纳罚金的，人民法院在任何时候发现被执行人有可以执行的财产，应当随时追缴。（4）延期缴纳、酌情减少或者免除。即对于由于遭遇不能抗拒的灾祸等原因缴纳确实有困难的，经人民法院裁定，可以延期缴纳、酌情减少或者免除。其中，延期缴纳是指对于遭遇不能抗拒的灾祸等原因缴纳确实有困难的，经人民法院裁定，在判决指定的期限届满之后延长一定期限缴纳。而酌情减少或者免除，则是指对于由于遭遇不能抗拒的灾祸等原因缴纳确实有困难的，经人民法院裁定，裁定减少罚金数额或者免除缴纳全部罚金。

（二）"缴纳确实有困难"的认定

《刑法修正案（九）》之前，"缴纳确实有困难"是作为"遭受不能抗拒的灾祸"的限定，即这种灾祸必须客观上导致犯罪分子缴纳罚金有困难。如果犯罪分子虽然遭遇了不能抗拒的灾祸但缴纳没有困难，或者缴纳确实有困难但没有遭受不能抗拒的灾祸，就不能减少犯罪分子的罚金数额或者免除。不过，《刑法修正案（九）》修改后，"缴纳确实有困难"成为判定犯罪分子能否"延期缴纳、酌情减少或者免除"的唯一标准，至于"缴纳确实有困难"的原因是"由于遭受不能抗拒的灾祸"还是其他原因，暂且不论。在实践中，导致犯罪分子罚金"缴纳确实有困难"的原因通常是客观的外在原因（如遭遇不能抗拒的灾祸、疾病、财产重大损失等）。但在有些情况下，也可以是其他原因，如因为犯罪分子自己的过错行为导致财产损失，或者法院裁判的罚金过高，完全超出了犯罪分子的缴纳能力。

（三）"延期缴纳"的适用

刑法修正案（九）对于罚金"缴纳确实有困难"的犯罪分子，新增加了"经人民法院裁定"，可以"延期缴纳"。对于刑法修正案（九）新增的这一规定，在司法适用上，主要应把握三点：（1）"延期缴纳"的前提是"缴纳确实有困难"。不过，与"酌情减少"或者"免除"不同的是，"延期缴纳"的犯罪分子所遇到的困难主要是"暂时性"的困难，即犯罪分子在罚金判决指定的期限届满后一定时期内，有缴纳罚金的能力。例如，犯罪分子暂时经济困难但在外面有未到期的债权，则可以等犯罪分子的债权到期后，再由犯罪分子缴纳。（2）"延期缴纳"须由人民法院裁定。由于罚金的数额和缴纳期限是由人民法院判决或者裁定的，法院要对之前罚金判决或者裁定的内容进行调整，包含了对部分实体、程序内容的调整，应该由法院以裁定的形式作出。在修法过程中，立法工作机关曾拟规定为"经人民法院决定"，后考虑到"决定"仅限于解决程序问题，不涉及实体问题，不符合该条修改的内容要求，因此，后来的草案和最终通过的文本将其修改为"经人民法院裁定"。（3）"延期缴纳"可以是延期一次，也可以是延期多次，还可以先延期后减少或者免除。从立法内容上看，刑法修正案（九）对于罚金的延期缴纳没有限定延长的期限和次数，司法实践中可以根据犯罪分子恢复自己经济能力的情况，规定合理的延长期限和次数。同时，刑法修正案（九）将"延期缴纳"与"酌情减少或者免除"并列规定。对于延期缴纳之后，犯罪分子因为缴纳确实有困难，根据刑法修正案（九）的规定，还可以再对犯罪分子适用"酌情减少或者免除"。

刑法修正案（九）第四条

一、修正条文

根据《刑法修正案（九）》第四条，在《刑法》第六十九条中增加一款作为第二款："数罪中有判处有期徒刑和拘役的，执行有期徒刑。数罪中有判处有期徒刑和管制，或者拘役和管制的，有期徒刑、拘役执行完毕后，管制仍须执行。"原第二款作为第三款。

二、原文表述

《刑法》第六十九条规定："判决宣告以前一人犯数罪的，除判处死刑和无期徒刑的以外，应当在总和刑期以下、数刑中最高刑期以上，酌情决定执行的刑期，但是管制最高不能超过三年，拘役最高不能超过一年，有期徒刑最高不能超过二十年。如果数罪中有判处附加刑的，附加刑仍须执行。"

三、修正内容

新增加一款，明确了不同种自由刑的数罪并罚原则。

四、修正缘由

本条修改的主要原因是我国司法实践中对不同自由刑数罪并罚的混乱。关于不同种自由刑的数罪并罚原则，刑法理论上有着各种不同的认识：（1）折算说。此说主张将不同种有期自由刑折算为同一种较重的有期自由刑，即将管制折算为拘役，或将管制、拘役折算为有期徒刑，然后按照限制加重原则决定应执行的刑期。具体折算方法为：管制二日折算有期徒刑或拘役一日，拘役一日折算有期徒刑一日。折算说在我国刑法发展历史上由来已久。但是，对不同种自由刑进行这种简单的折算，似乎有违刑法的严肃性。（2）吸收说。此观点主张对不同种有期自由刑的并罚，应采用重刑吸收轻刑的吸收原则处理，即有期徒刑吸收拘役或管制，最后只执行有期徒刑，或者拘役吸收管制，最后只执行拘役。（3）分别执行说。此说主张对不同种有期自由刑采取由重到轻分别执行的方法，即先执行有期徒刑，再执行拘役、管制，或者先执行拘役，再执行管制。（4）折中说。主张对不同种有期自由刑，不应绝对采用某一种方法进行并罚，而应依具体情况或根据一定的标准加以区分，分别适用不同的方法予以并罚。其中，有人主张，根据能否达到罪刑相适应为标准，对不同种有期自由刑，可分别采用吸收说和分别执行说的方法进行并罚。另有人主张，应依具体宣告刑的结构，分别适用折算说和分别执行说的方法进行并罚。还有人主张，应采取折算说和吸收说的方法实行并罚。（5）按比例分别执行部分刑期说。此种观点认为对于不同种有期自由刑，应从重到轻分别予以执行，但不是执行全部刑期，而是分别执行不同种有期自由刑一定比例的部分刑期，其执行比例由刑法加以规定。

我国司法实践中对于不同种自由刑的数罪并罚问题也有着不同的认识。新中国成立之初，我国对不同种自由刑的态度是管制刑不能折算为徒刑。最高人民法院于1958年4月7日《关于管制期间可否折抵徒刑刑期问题的复函》中明确指出："徒刑的刑罚较管制的刑罚为重，徒刑和管制的执行方法也不同，徒刑是在劳动改造机关监管执行，而管制并不这样执行。因此，管制的刑期不宜折抵徒刑的刑期。"之后，我国逐步确定了不同种自由刑分别执行的做法。最高人民法院在1981年7月27日《关于管制犯在管制期间又犯新罪被判处拘役或有期徒刑应如何执行的问题的批复》中指出："由于管制和拘役、有期徒刑不属于同一刑种，执行的方法也不同，如何按照数罪并罚的原则决定执行的刑罚，在刑法中尚无具体规定，因此，仍可按照本院1957年2月16日法研字第3540号复函的意见办理，即对新罪所判处的有期徒刑或者拘役执行完毕后，再执行前罪所没有执行完的管制。"最高人民法院研究室于1988年3月24日电话答复陕西省高级人民法院关于被判处拘役缓刑的罪犯在考验期内又犯新罪应如何执行的请示认为："应对新罪所判处的有期徒刑执行完毕后，再执行前罪所判处的拘役。"此做法得到了长期的坚守。不过，最高人民法院研究室征求全国人大常委会法工委刑法室的意见，于2006年8月16日以法研〔2006〕145号文针对个案作出答复认为："刑法第六十九条对不同刑种如何数罪并罚没有明确规定，因此，对于被告人在拘役缓刑考验期内又犯新罪被判处有期徒刑应如何并罚问题，可根据案件的不同情况，个案处理，就本案而言，即可以只执行有期徒刑，拘役不再执行。"至此，我国对不同种自由刑的态度一直没有明确。

鉴于我国对不同种自由刑的并罚原则存在的争议，在相关部门的建议下，我国立法机关将其纳入了《刑法修正案（九）》的立法进程。《刑法修正案（九）（草案）》第四条规定："在刑法第六十九条中增加一款作为第二款：'数罪中有判处有期徒刑和拘役的，执行有期徒刑。数罪中有判处有期徒刑和管制，或者拘役和管制的，有期徒刑、拘役执行完毕后，管制仍须执行。原第二款作为第三款。'"在修法过程中，一些方面对草案的这一规定有不同意见。其中主要分歧集中在该规定内部对不同自由刑所采取的不同并罚原则，即数罪中判处有期徒刑和拘役的，草案采取的是吸收原则，只执行有期徒刑；数罪中有判处管制和其他自由刑的，则采取并科原则，不仅执行其他自由刑还要执行管制，但拘役比管制的处罚重都可以被吸收，管制比拘役轻却不能被吸收，不甚合理。不过，这一意见没有被国家立法机关采纳。《刑法修正案（九）》对有期自由刑的数罪并罚原则沿用了之前草案的规定。

五、理解适用

（一）不同种有期自由刑的数罪并罚原则

所谓折中说，即可根据具体情况的不同，分别采取吸收说和分别执行说。这种数罪并罚的方法，具有多方面的优势。（1）采用折中说能够适应各种情况的需要，防止数罪并罚时片面地追求某个适用方法，也可以防止单纯采用某个数罪并罚原则时不合理局面的出现。实际上，不同种有期自由刑的情况十分复杂，有管制与拘役、管制与有期徒刑，还有拘役与有期徒刑等各种搭配情形的出现，并且在各种搭配方式中各种刑罚的期限也可以出现各种情况。因此，在这种情况下，如果一律采取吸收说或者分别执行说，就可能出现一些不合理的现象。（2）采用折中说，针对不同情况下的数罪适用不同的并罚原则，有利于进一步强化数罪并罚制度的本质。数罪并罚制度的本质在哪里？国家为什么要设立数罪并罚制度？这是数罪并罚制度存在的基石。在我国刑法中，数罪并罚属于刑罚的具体运用。而刑罚追求的是什么呢？无外乎两点：一是公正；二是功利。公正表现在运用数罪并罚制度对罪犯刑罚的合理计算与执行，功利则在追求刑罚最小成本的同时力求效益最大化。在不同种有期自由刑的数罪并罚原则的选择上，片面追罚刑法适用的统一性，首先损害的将是刑罚的公正性，出现畸轻畸重的局面。其次损害的是刑罚的功利性。不当的处罚会对罪犯和社会心理产生不当影响进而影响刑罚的效益。因此可以说，公正性是前提。折中说对不同种有期自由刑数罪并罚的处理，形式上似乎影响了刑法适用的统一性，但实际上却合乎数罪并罚制度的本质要求，有利于实现刑罚的公正与功利追求。

（二）不同种有期自由刑的数罪并罚原则适用

（1）对数罪中判处有期徒刑和拘役的，采取吸收原则，只执行有期徒刑。

在我国刑法中，有期徒刑的跨度很大，单罪的刑期为六个月以上十五年以下。而拘役的期限相对较短，单罪的刑期为一个月以上六个月以下，且在司法实践中对单罪判处拘役最高刑期的情况较为少见。因此，在一般情况下，在同时判处有期徒刑和拘役刑罚时，对犯罪人只执行有期徒刑而不执行刑期较短的拘役，具有相当的合理性。不过，《刑法修正案（九）》第四条关于有期徒刑与拘役之间的吸收原则具有强制性，即无论有期徒刑与拘役之间的刑期差距如何，均一律执行有期徒刑，而不执行拘役。这意味着，即便犯罪人被判处六个月有期徒刑和六个月拘役，有期徒刑和拘役的期限相同，对犯罪人也只能执行有期徒刑。

（2）对数罪中判处有管制刑的，采取"并科"原则，管制刑必须执行。

在我国主刑位阶上，管制要轻于拘役。根据刑法修正案（九）第四条的规定，在有期徒刑和拘役的并罚原则上，《刑法修正案（九）》采取的是吸收原则，只执行有期徒刑；但在有期徒刑与管制、拘役与管制的并罚原则上，《刑法修正案（九）》却采取"并科"原则，必须在执行完毕有期徒刑、拘役后再执行管制。这客观上造成了一种不合理的局面：管制轻于拘役，但拘役可以为有期徒刑所吸收，管制却不能为有期徒刑所吸收。这在逻辑上存在一定的矛盾：重刑可以被吸收，轻刑却不能被吸收。这也是在《刑法修正案（九）》研拟过程中反对意见的依据所在。不过，立法机关的考虑更实际。笔者认为，其立法理由主要有两方面：一是因为我国对管制犯实行的是社区矫正，它客观上提供了犯罪人从羁押到融入社会的过渡，对预防犯罪人再犯罪具有实际作用。二是因为短期自由刑存在较为明显的弊端，而管制属于社会化刑罚执行制度，舍弃拘役这一短期自由刑而保留管制的执行，符合行刑社会化的现实要求。

据此，根据《刑法修正案（九）》第四条的规定，不同自由刑的并罚原则具体体现为三种方式：①数罪中有判处有期徒刑和拘役的，执行有期徒刑，拘役为有期徒刑所吸收；②数罪中有判处有期徒刑和管制的，先执行有期徒刑，在有期徒刑执行完毕后，再执行管制；③数罪中有判处拘役和管制的，先执行拘役，在拘役执行完毕后，再执行管制。

（三）发现漏罪和再犯新罪的不同种自由刑之并罚处理

在司法适用中，不同种有期自由刑的执行需要注意数罪中同时判处有期徒刑、拘役和管制的情形。对此情形，根据《刑法修正案（九）》第四条规定的精神，需采取折中原则：首先对数罪中被判处的有期徒刑和拘役采取吸收原则，只执行有期徒刑；然后，对有期徒刑和管制采取并科原则，明确先执行有期徒刑，在有期徒刑执行完毕后再执行管制。这意味着，在一次判决中，必须对主刑进行两次并罚处理。

但在发现漏罪或者再犯新罪的场合，该原则的适用可能会遇到一些难题。这主要体现在：一是行为人因两罪分别被判处拘役和管制，在拘役执行完毕后执行管制的过程中，发现行为人在判决宣告以前还犯有其他罪行，依法应当判处有期徒刑。按照我国《刑法》第七十条关于"先并后减"和《刑法修正案（九）》第四条的规定，对此应先将判处的有期徒刑、拘役和管制进行并罚，决定对行为人执行有期徒刑和管制，拘役则被有期徒刑吸收。但实际情况是，行为人的拘役刑已经执行完毕，那就面临着已经执行完毕的拘役能否折抵有期徒刑的问题，还是不考虑已经执行完毕的拘役，继续执行有期徒刑，待有期徒刑执行完毕后，再执行剩余的管制刑。这是《刑法修正案（九）》在司法适用中很难处理的问题。这一难题在所判决的拘役尚未执行完毕的情况下也存在。二是行为人因两罪分别被判处有期徒刑和管制，在有期徒刑即将执行完毕时，如仅剩余半个月，行为人再犯新罪应当判处五至六个月拘役。对此情形，根据我国《刑法》第七十一条关于"先减后并"的规定，应将行为人剩余的有期徒刑、拘役和管制放在一起并罚。依照《刑法修正案（九）》第四条的规定，拘役应该为有期徒刑所吸收，对行为人仍只执行剩余的有期徒刑，然后再执行管制刑。这可能造成一定的不合理局面，即行为人再犯的新罪不能得到刑法的合理评价。这两种情形，都是刑法修正案（九）第四条在司法适用中需要予以合理解决的难题。

刑法修正案（九）第五条

一、修正条文

根据《刑法修正案（九）》第五条，修正后的《刑法》第一百二十条的内容为："组织、领导恐怖活动组织的，处十年以上有期徒刑或者无期徒刑，并处没收财产；积极参加的，处三年以上十年以下有期徒刑，并处罚金；其他参加的，处三年以下有期徒刑、拘役、管制或者剥夺政治权利，可以并处罚金。

犯前款罪并实施杀人、爆炸、绑架等犯罪的，依照数罪并罚的规定处罚。"

二、原文表述

《刑法》第一百二十条规定："组织、领导恐怖活动组织的，处十年以上有期徒刑或者无期徒刑；积极参加的，处三年以上十年以下有期徒刑；其他参加的，处三年以下有期徒刑、拘役、管制或者剥夺政治权利。

犯前款罪并实施杀人、爆炸、绑架等犯罪的，依照数罪并罚的规定处罚。"

三、修正内容

根据《刑法修正案（九）》第五条的规定，《刑法》第一百二十条对"组织、领导恐怖活动组织的"在原有刑罚基础上增加了"并处没收财产"的规定；对"积极参加的"，在原有刑罚基础上增加了"并处罚金"的规定；对"其他参加的"，在原有刑罚基础上增加了"可以并处罚金"的规定。

四、修正缘由

（一）打击恐怖主义犯罪活动的现实需要

恐怖主义犯罪活动作为全世界社会治理的难题，一方面严重危害了国际社会的和平安全与稳定发展；另一方面严重危害国家安全、社会安全和公民的人身财产安全，破坏了社会安定和经济发展。近年来，我国宗教极端势力、民族分裂势力和暴力恐怖势力日渐抬头。这三股势力在恐怖活动组织的组织、策划和安排下，实施了一系列严重的恐怖主义、极端主义犯罪活动，如 2013 年 4 月 23 日的新疆巴楚县暴力恐怖活动、2013 年 10 月 28 日的北京天安门金水桥暴力恐怖活动、2014 年 3 月 1 日发生在云南昆明火车站的暴力恐怖活动、2014 年 5 月 22 日发生在新疆乌鲁木齐的暴力恐怖活动等。恐怖主义犯罪活动在我国各地频繁发生给民众造成了严重的心理恐慌，极大地破坏了社会的生产和生活秩序，日渐成为影响我国社会安定和谐，阻碍经济发展最为严重的恶性犯罪。

面对恐怖主义、极端主义犯罪活动愈演愈烈的态势，党和国家领导人也多次作出重要批示。其中，在 2014 年"3·1 云南昆明火车站暴力恐怖案件"后，根据新华社、《人民日报》公开报道统计发现，三个月以来，国家主席习近平 22 次在会议、会谈、与外国领导人通话、声明、署名文章中谈及反恐问题。2014 年十八届四中全会全面通过了中共中央《关于全面推进依法治国若干重大问题的决定》，提出全面推进依法治国总体战略。该《决定》提出将反恐和国家安全法治化的现实问题，贯彻落实总体国家安全观，加快国家安全法治建设，抓紧出台反恐怖等一批急需法律，推进公共安全法治化，构建国家安全法律制度体系。为增强刑法在恐怖主义犯罪活动预防、打击方面的及时性、针对性和系统性，发挥刑事立法在刑事执法和刑事司法上的引领和推动作用，构建明确具体、具有可操作性、富有实践性的反恐刑事法律体系。立法机关在 2015 年 8 月 29 日通过刑法修正案的形式对恐怖组织犯罪活动的刑法规定进行了修改和调整。

（二）恐怖组织犯罪的立法完善

恐怖主义犯罪活动具有严重的社会危害性，而组织、领导、参加恐怖主义活动的行为更是大大加剧了恐怖主义犯罪活动的犯罪规模和犯罪数量。与一般的恐怖主义犯罪活动相比，其社会危害性更为严重。因此，为预防和打击恐怖主义犯罪活动，我国立法机关对于组织、领导、参加恐怖主义组织行为的刑法规制问题一直较为关注。

1997 年《刑法》修改时立法机关将组织、领导、参加恐怖主义组织罪写入刑法，规定：组织、领导和积极参加恐怖活动组织的，处三年以上十年以下有期徒刑；其他参加的，处三年以下有期徒刑、拘役或者管制。犯前款罪并实施杀人、爆炸、绑架等犯罪的，依照数罪并罚的规定处罚。1997 年《刑法》将组织、领导、参加恐怖主义组织的行为纳入刑法规制范畴并规定为犯罪，表明和彰显了我国打击、遏制恐怖主义犯罪活动的立场和决心。然而，随着社会快速变革、经济快速发展、互联网等科学技术的广泛应用，恐怖主义、极端主义犯罪活动在犯罪工具、犯罪手段、犯罪方式上也逐渐趋于复杂化、多样化和现代化。恐怖主义、极端主义犯罪活动频发，无论是在犯罪规模和犯罪数量上都处于高位运行状态。恐怖主义、极端主义活动在我国日益猖獗，恐怖主义犯罪活动的预防、惩治、打击和治理形势极为严峻。在此情况下，为完善我国恐怖主义犯罪活动刑法规制体系，适应打击恐怖犯罪活动的现实需要，2001 年 12 月 29 日全国人大常委会通过了《刑法修正案（三）》，对《刑法》第一百二十条的规定进行了修改。《刑法修正案（三）》将组织、领导恐怖活动组织犯罪的法定刑由三年以上十年以下有期徒刑提高为十年以上有期徒刑或者无期徒刑。这一举措加大了刑法对于"组织"、"领导"恐怖活动组织行为的惩罚力度，对当时的恐怖主义犯罪活动的发展和蔓延起到了一定的震慑作用。

客观而言，虽然 1997 年《刑法》和 2001 年《刑法修正案（三）》对恐怖主义犯罪活动的刑法规制进行了较为严格的规定，但是，在司法实践中，刑事立法对于恐怖主义犯罪活动的规制仍然相对乏力，无法彻底打击和清除恐怖组织犯罪活动。针对恐怖犯罪的新形式、新问题，刑法应当与时俱进，及时修正刑事法网，对恐怖活动进行有效的规制，以维护公共安全。在实践中，恐怖组织总是以一定的经济实力为依托，恐怖组织招募成员、进行培训、配置装备、收集情报、发动袭击都需要物质支持，它可能通过外部捐助或表面合法的商业渠道获得资金，也可能通过违法犯罪活动获得资金。为了有效打击恐怖组织，彻底摧毁其蔓延和再次活动的能力，就有必要突出财产刑的功能，通过对该类罪适用财产刑，消除再犯可能性。充足的资金是恐怖组织活动的重要基础和前提。一方面，恐怖组织自身的建设发展需要大量的资金支持，包括招募、训练恐怖分子，建立情报收集、处理机构，购买武器装备等。另一方面，恐怖组织实施恐怖活动需要雄厚的资金来源，如恐怖分子的日常开支、筹备袭击以及实施袭击的经费等。从我国的立法规定来看，无论是 1997 年《刑法》还是 2001 年《刑法修正案（三）》，都没有对组织、领导、参加恐怖主义犯罪规定罚金刑。从刑法规定的适用效果来看，虽然 2001 年《刑法修正案（三）》提高了"组织"、"领导"恐怖活动组织行为的法定刑，加大了刑罚的惩罚力度，但是，并没有有效打击和遏制恐怖主义犯罪活动愈演愈烈的态势。

因此，从完善恐怖主义犯罪刑事法网的角度考量，应该完善恐怖组织犯罪的立法规定，在提高组织、领导、参与恐怖组织活动法定刑的同时，增加财产刑的规定。在剥夺犯罪分子人身自由的同时，进一步剥夺犯罪分子再次实施恐怖主义犯罪活动的经济能力。因此，2015 年 8 月 29 日通过了《中华人民共和国刑法修正案（九）》，对《刑法》第一百二十条进行了修改：对"组织、领导恐怖活动组织的”在原有刑罚基础上增加了“并处没收财产”的规定；对“积极参加的”在原有刑罚基础上增加了“并处罚金”的规定；对“其他参加的”在原有刑罚基础上增加了“可以并处罚金”的规定。

五、理解适用

（一）本罪的认定及处罚

修改后的《刑法》第一百二十条共分两款，具体而言：

“组织、领导恐怖活动组织的，处十年以上有期徒刑或者无期徒刑，并处没收财产；积极参加的，处三年以上十年以下有期徒刑，并处罚金；其他参加的，处三年以下有期徒刑、拘役、管制或者剥夺政治权利，可以并处罚金。

犯前款罪并实施杀人、爆炸、绑架等犯罪的，依照数罪并罚的规定处罚。”

从修正的内容来看，《刑法》第一百二十条第一款是关于组织、领导、参加恐怖活动组织罪及其处罚的规定。对于组织、领导、参加恐怖组织罪的认定，根据最高人民法院、最高人民检察院、公安部 2014 年 9 月 9 日公布的《关于办理暴力恐怖和宗教极端刑事案件适用法律若干问题的意见》（公通字〔2014〕34 号），具体为：

（1）为制造社会恐慌、危害公共安全或者胁迫国家机关、国际组织，组织、纠集他人，策划、实施下列行为之一，造成或者意图造成人员伤亡、重大财产损失、公共设施损坏、社会秩序混乱的，以组织、领导、参加恐怖组织罪定罪处罚：①发起、建立恐怖活动组织或者以从事恐怖活动为目的的训练营地，进行恐怖活动体能、技能训练的；②为组建恐怖活动组织、发展组织成员或者组织、策划、实施恐怖活动，宣扬、散布、传播宗教极端、暴力恐怖思想的；③在恐怖活动组织成立以后，利用宗教极端、暴力恐怖思想控制组织成员，指挥组织成员进行恐怖活动的；④对特定或者不特定的目标进行爆炸、放火、杀人、伤害、绑架、劫持、恐吓、投放危险物质及其他暴力活动的；⑤制造、买卖、运输、储存枪支、弹药、爆炸物的；⑥设计、制造、散发、邮寄、销售、展示含有暴力恐怖思想内容的标识、标志物、旗帜、徽章、服饰、器物、纪念品的；⑦参与制订行动计划、准备作案工具等活动的。此外，对于组织、领导、参加恐怖活动组织，同时实施杀人、放火、爆炸、非法制造爆炸物、绑架、抢劫等犯罪的，以组织、领导、参加恐怖组织罪和故意杀人罪、放火罪、爆炸罪、非法制造爆炸物罪、绑架罪、抢劫罪等数罪并罚。

（2）参加或者纠集他人参加恐怖活动组织的，或者为参加恐怖活动组织、接受其训练，出境或者组织、策划、煽动、拉拢他人出境，或者在境内跨区域活动，进行犯罪准备行为的，以参加恐怖组织罪定罪处罚。

（二）一罪与数罪、此罪与彼罪的界分

本罪是选择性罪名，行为人只要实施了组织、领导、积极参加或者参加恐怖组织行为之一的，即构成本罪。行为人实施本条第一款规定的两个或者两个以上的行为，也只成立一罪，不实行数罪并罚。在司法实践中要严格界分一罪与数罪，如行为人在实施了组织、领导、参加恐怖组织的行为后，又实施了杀人、爆炸、抢劫等犯罪行为的，应当以组织、领导、参加恐怖组织罪和行为人所实施的具体犯罪行为实行数罪并罚。在司法实践中，要注意区分本罪与组织、领导、参加黑社会性质组织罪的界限。《刑法》第二百九十四条规定了组织、领导、参加黑社会性质组织罪，并明确规定了黑社会性质组织的人员构成和具体特征。一些主要从事暗杀、抢劫、绑架、放火、爆炸的黑社会性质组织在人员构成、犯罪方式和犯罪手段等诸多方面与本罪有相似之处，但两者之间也存在巨大差异。

（三）刑事责任

《刑法修正案（九）》在第五条中增加了财产刑的立法规定。犯本罪的，除依法判处主刑外，还要依法区别具体情形判处不同的财产刑。

对于组织、领导恐怖活动组织的，处十年以上有期徒刑或者无期徒刑，并处没收财产；积极参加的，处三年以上十年以下有期徒刑，并处罚金；其他参加的，处三年以下有期徒刑、拘役、管制或者剥夺政治权利，可以并处罚金。

刑法修正案（九）第六条

一、修正条文

根据《刑法修正案（九）》第六条，修正后的《刑法》第一百二十条之一的内容为："资助恐怖活动组织、实施恐怖活动的个人的，或者资助恐怖活动培训的，处五年以下有期徒刑、拘役、管制或者剥夺政治权利，并处罚金；情节严重的，处五年以上有期徒刑，并处罚金或者没收财产。

为恐怖活动组织、实施恐怖活动或者恐怖活动培训招募、运送人员的，依照前款的规定处罚。

单位犯前两款罪的，对单位判处罚金，并对其直接负责的主管人员和其他直接责任人员，依照第一款的规定处罚。"

二、原文表述

《刑法》第一百二十条之一规定："资助恐怖活动组织或者实施恐怖活动的个人的，处五年以下有期徒刑、拘役、管制或者剥夺政治权利，并处罚金；情节严重的，处五年以上有期徒刑，并处罚金或者没收财产。

单位犯前款罪的，对单位判处罚金，并对其直接负责的主管人员和其他直接责任人员，依照前款的规定处罚。"

三、修正内容

根据《刑法修正案（九）》第六条的规定，《刑法》第一百二十条之一第一款中增加了对"资助恐怖活动培训的"行为的处罚。根据该规定，"资助恐怖活动培训的"与"资助恐怖活动组织、实施恐怖活动的"并列，"处五年以下有期徒刑、拘役、管制或者剥夺政治权利，并处罚金"。

增加第二款"为恐怖活动组织、实施恐怖活动或者恐怖活动培训招募、运送人员的"依照第一款规定处罚，即"处五年以下有期徒刑、拘役、管制或者剥夺政治权利，并处罚金"。

修正第三款，对"单位犯前两款罪的，对单位判处罚金，并对其直接负责的主管人员和其他直接责任人员，依照第一款的规定处罚"。

四、修正缘由

如何有效打击恐怖主义犯罪活动是一项全球性议题。从国际社会打击恐怖主义犯罪活动的实践经验来看，切断恐怖主义的经济来源，将资助恐怖活动组织或者实施恐怖活动的个人行为独立规定为犯罪，已经逐渐成为国际社会的共识。鉴于此，2001年9月29日联合国安理会通过了第1373号决议，要求各国将为恐怖活动提供或者筹集资金的行为规定为犯罪。对此，为应联合国安理会打击恐怖主义犯罪活动的策略转变和我国打击恐怖主义犯罪活动的现实需要，考虑到我国刑法对资助分裂国家、武装叛乱、暴乱、颠覆国家政权等危害国家安全犯罪的行为已有规定，为了惩治以提供资金、财物等方式资助恐怖活动组织的犯罪行为，拟在《刑法》第一百二十条后增加一条，作为第一百二十条之一："资助恐怖活动组织或者实施恐怖活动的个人的，处五年以下有期徒刑、拘役、管制或者剥夺政治权利，并处罚金；情节严重的，处五年以上有期徒刑，并处罚金或者没收财产。"因此，2001年12月29日全国人大常委会通过了《刑法修正案（三）》，增加了第一百二十条之一资助恐怖活动组织罪。

从当前我国恐怖主义犯罪活动的特点来看，我国恐怖主义犯罪活动多数是在宗教极端势力、民族分裂势力和暴力恐怖势力的支配、策划、组织和资助下实施的。从打击恐怖主义犯罪活动的实践经验来看，我国的恐怖犯罪活动多发生在宗教极端势力聚居区、少数民族分裂势力聚居区，最初仅仅局限于我国的边疆地区。在这些地区，恐怖组织通过向宗教极端分子、民族分裂分子和暴力恐怖分子灌输恐怖主义思想，进行恐怖活动训练和培训，不断吸纳恐怖主义分子，扩大组织规模，发展壮大自身力量。近年来，恐怖主义和恐怖组织不断由边疆地区向全国辐射蔓延，全国各地相继发生了各式各样的暴恐袭击和暴恐活动。究其原因，正是由于一些宗教极端势力、民族分裂势力资助恐怖活动培训，资助恐怖活动组织、实施恐怖活动，才造成了恐怖主义愈演愈烈的局面。恐怖主义和恐怖组织的蔓延和扩散，需要恐怖组织不断对恐怖分子进行恐怖主义培训和训练。而进行和展开恐怖主义培训和训练需要一定的资金和物质支持。如何对资助恐怖活动培训与资助恐怖活动组织、实施恐怖活动的行为进行刑事规制决定了打击恐怖主义组织犯罪的力度和深度。因此，我国未来打击恐怖主义犯罪活动的工作应侧重于打击资助恐怖组织和个人、资助恐怖活动培训的行为。

五、理解适用

本条是《刑法修正案（九）》的新增规定。从我国打击恐怖主义犯罪活动的经验并结合国际上打击恐怖主义犯罪的成功实践来看，将实施恐怖主义犯罪所需要进行的预备、联络、培训、策划等准备行为单独规定为犯罪是具有现实合理性的。恐怖主义犯罪活动一旦发生，往往会造成极大的破坏，引起严重的社会恐慌甚至造成社会混乱。因而，在极端主义、恐怖主义犯罪活动发生后再采取应对措施，消除极端主义、恐怖主义带来的社会恐慌和经济财产损失，将会使公民的人身财产权利无法得到有效保障，刑法防卫社会的功能无法有效发挥。在司法实践中，一些极端主义、恐怖主义犯罪组织多以个人形式存在。

实施犯罪活动，或者临时组成的团伙预备实施恐怖主义犯罪活动，由于没有明确且相对固定的组织形式，因而很难认定为恐怖主义活动组织。本罪的适用问题，主要在于本罪与组织、领导、参加恐怖组织罪的界分。本罪属于资助型犯罪，实质属于组织、领导、参加恐怖组织罪的帮助犯，但在刑法已经明确单独定罪的情形下，对恐怖组织提供资助或者为其招募、运送人员的行为应适用本罪。两罪的关键区别是，本罪仅限于对恐怖组织予以资助，不能有组织、领导、参加恐怖组织的实行行为，否则可能构成组织、领导、参加恐怖组织罪的共犯。

刑法修正案（九）第七条

一、修正条文

根据《刑法修正案（九）》第七条，修正后的《刑法》第一百二十条之一后增加五条，作为第一百二十条之二、第一百二十条之三、第一百二十条之四、第一百二十条之五、第一百二十条之六：

"第一百二十条之二，有下列情形之一的，处五年以下有期徒刑、拘役、管制或者剥夺政治权利，并处罚金；情节严重的，处五年以上有期徒刑，并处罚金或者没收财产：

（一）为实施恐怖活动准备凶器、危险物品或者其他工具的；

（二）组织恐怖活动培训或者积极参加恐怖活动培训的；

（三）为实施恐怖活动与境外恐怖活动组织或者人员联络的；

（四）为实施恐怖活动进行策划或者其他准备的。

有前款行为，同时构成其他犯罪的，依照处罚较重的规定定罪处罚。

第一百二十条之三，以制作、散发宣扬恐怖主义、极端主义的图书、音频视频资料或者其他物品，或者通过讲授、发布信息等方式宣扬恐怖主义、极端主义的，或者煽动实施恐怖活动的，处五年以下有期徒刑、拘役、管制或者剥夺政治权利，并处罚金；情节严重的，处五年以上有期徒刑，并处罚金或者没收财产。

第一百二十条之四，利用极端主义煽动、胁迫群众破坏国家法律确立的婚姻、司法、教育、社会管理等制度实施的，处三年以下有期徒刑、拘役或者管制，并处罚金；情节严重的，处三年以上七年以下有期徒刑，并处罚金；情节特别严重的，处七年以上有期徒刑，并处罚金或者没收财产。

第一百二十条之五，以暴力、胁迫等方式强制他人在公共场所穿着、佩戴宣扬恐怖主义、极端主义服饰、标志的，处三年以下有期徒刑、拘役或者管制，并处罚金。

第一百二十条之六，明知是宣扬恐怖主义、极端主义的图书、音频视频资料或者其他物品而非法持有，情节严重的，处三年以下有期徒刑、拘役或者管制，并处或者单处罚金。"

二、原文表述

《刑法》第一百二十条规定："组织、领导恐怖活动组织的，处十年以上有期徒刑或者无期徒刑；积极参加的，处三年以上十年以下有期徒刑；其他参加的，处三年以下有期徒刑、拘役、管制或者剥夺政治权利。

犯前款罪并实施杀人、爆炸、绑架等犯罪的，依照数罪并罚的规定处罚。"

第一百二十条之一规定："资助恐怖活动组织或者实施恐怖活动的个人的，处五年以下有期徒刑、拘役、管制或者剥夺政治权利，并处罚金；情节严重的，处五年以上有期徒刑，并处罚金或者没收财产。

单位犯前款罪的，对单位判处罚金，并对其直接负责的主管人员和其他直接责任人员，依照前款的规定处罚。"

三、修正内容

根据《刑法修正案（九）》第七条的规定，《刑法》第一百二十条之后增设的五种新的涉恐犯罪类型是：

（1）第一百二十条之二，通过准备凶器、组织培训等方式为实施恐怖活动进行策划、准备的犯罪；

（2）第一百二十条之三，以制作资料、散发资料、发布信息、当面讲授等方式或者通过音频视频、信息网络等宣扬恐怖主义、极端主义，或者煽动实施恐怖活动的犯罪；

（3）第一百二十条之四，利用极端主义煽动、胁迫群众破坏国家法律确立的婚姻、司法、教育、社会管理等制度实施的犯罪；

（4）第一百二十条之五，以暴力、胁迫等方式强制他人在公共场所穿着、佩戴宣扬恐怖主义、极端主义服饰、标志的犯罪；

（5）第一百二十条之六，非法持有图书、音频视频资料或者其他物品，情节严重的犯罪。

根据修正的内容，修正后的第一百二十条变为："组织、领导恐怖活动组织的，处十年以上有期徒刑或者无期徒刑，并处没收财产；积极参加的，处三年以上十年以下有期徒刑，并处罚金；其他参加的，处三年以下有期徒刑、拘役、管制或者剥夺政治权利，可以并处罚金。

犯前款罪并实施杀人、爆炸、绑架等犯罪的，依照数罪并罚的规定处罚。

第一百二十条之一，资助恐怖活动组织、实施恐怖活动的个人的，或者资助恐怖活动培训的，处五年以下有期徒刑、拘役、管制或者剥夺政治权利，并处罚金；情节严重的，处五年以上有期徒刑，并处罚金或者没收财产。

为恐怖活动组织、实施恐怖活动或者恐怖活动培训招募、运送人员的，依照前款的规定处罚。

单位犯前两款罪的，对单位判处罚金，并对其直接负责的主管人员和其他直接责任人员，依照第一款的规定处罚。

第一百二十条之二，有下列情形之一的，处五年以下有期徒刑、拘役、管制或者剥夺政治权利，并处罚金；情节严重的，处五年以上有期徒刑，并处罚金或者没收财产：

（一）为实施恐怖活动准备凶器、危险物品或者其他工具的；

（二）组织恐怖活动培训或者积极参加恐怖活动培训的；

（三）为实施恐怖活动与境外恐怖活动组织或者人员联络的；

（四）为实施恐怖活动进行策划或者其他准备的。

有前款行为，同时构成其他犯罪的，依照处罚较重的规定定罪处罚。

第一百二十条之三，以制作、散发宣扬恐怖主义、极端主义的图书、音频视频资料或者其他物品，或者通过讲授、发布信息等方式宣扬恐怖主义、极端主义的，或者煽动实施恐怖活动的，处五年以下有期徒刑、拘役、管制或者剥夺政治权利，并处罚金；情节严重的，处五年以上有期徒刑，并处罚金或者没收财产。

第一百二十条之四，利用极端主义煽动、胁迫群众破坏国家法律确立的婚姻、司法、教育、社会管理等制度实施的，处三年以下有期徒刑、拘役或者管制，并处罚金；情节严重的，处三年以上七年以下有期徒刑，并处罚金；情节特别严重的，处七年以上有期徒刑，并处罚金或者没收财产。

第一百二十条之五，以暴力、胁迫等方式强制他人在公共场所穿着、佩戴宣扬恐怖主义、极端主义服饰、标志的，处三年以下有期徒刑、拘役或者管制，并处罚金。

第一百二十条之六，明知是宣扬恐怖主义、极端主义的图书、音频视频资料或者其他物品而非法持有，情节严重的，处三年以下有期徒刑、拘役或者管制，并处或者单处罚金。"

四、修正缘由

（一）恐怖活动犯罪愈演愈烈

2001年美国"9·11"事件的爆发，使世界各国更加认识到了恐怖主义犯罪的反人类性质和极端危害，并将其视为人类社会共同的敌人。随着科学技术的不断发展，恐怖活动犯罪无论在数量和规模上，还是在破坏程度和影响范围上，都有愈演愈烈的趋势。近年来，与中国毗邻的中亚、南亚地区宗教极端主义、民族分裂主义和暴力恐怖主义情绪不断高涨，也波及了中国的新疆、西藏等地区，导致了中国境内以"宗教极端势力、民族分裂势力和暴力恐怖势力"为代表的"三股势力"的产生和抬头。在恐怖组织的策划下，宗教极端主义、民族分裂主义和暴力恐怖主义者实施了一系列严重危害公共安全的恐怖案件，如 2013 年 4 月 23 日新疆巴楚县暴力恐怖案件、10 月 28 日天安门金水桥案件，2014 年 3 月 1 日云南昆明火车站暴力恐怖案件、5 月 22 日乌鲁木齐爆炸案件、7 月 28 日新疆莎车县严重暴力恐怖案件等。当前，暴恐案件呈现出如下特点：

1. 犯罪方式科技化

如今，恐怖活动犯罪已经不只局限于直接危害公共安全和扰乱社会秩序，而是深入到了虚拟的网络世界中。随着科学技术的快速发展，恐怖分子利用先进的通信技术，通过互联网组织、教唆和煽动他人实施恐怖活动犯罪，甚至直接攻击计算机网络系统以造成大范围、大规模的恐慌。网络世界将恐怖活动分子与恐怖活动犯罪在实体上进行分离，给犯罪的打击、证据的收集以及行为的认定带来了极大的困难。

2. 行为主体多元化

早期的恐怖活动犯罪大多以集团的方式实施，组织和领导者明确，主体成员基本固定，呈现出高度组织性、密切性的形式。随着社会的不断发展，恐怖活动犯罪组织呈现多元化，由早期的恐怖组织演化成民族分裂组织、宗教极端组织、邪教极端主义组织、种族主义等多种组织形态。

3. 涉案范围国际化

目前，国内的恐怖组织与国外的恐怖组织联系起来，呈现出在国外接受训练后被潜回国内犯罪的趋势。还有的恐怖组织与国外的反华势力相勾结，接受国外资助，在国内发动暴力事件，西方反华势力对中国反恐一直实施双重标准，想方设法拖住中国发展的步伐，借机向中国施加压力并支持民族分裂势力，中国的恐怖活动往往借此披上政治的外衣。

（二）极端主义性质的恐怖活动犯罪逐渐凸显

我国现阶段面临的恐怖主义威胁具有暴力恐怖主义、宗教极端主义、民族分裂主义相混杂的特点。随着信息网络的迅猛发展，境外"三股势力"利用互联网或现代通信技术，大肆传播暴恐音视频、图片、电子书，进行极端思想宣传，煽动文化程度较低、社会经验欠缺的青年发动"圣战"。从近年来北京、昆明、乌鲁木齐等地发生的系列暴恐犯罪案件来看，暴恐分子通常具有强烈的极端思想和狂热情绪，这说明恐怖活动日趋呈现"极端化"的特点，迫切需要刑法作出及时、有效的回应。《刑法修正案（九）》将极端主义视为诱发暴恐犯罪的原因之一，将"去极端化"纳入反恐怖工作的整体格局之中，并采取有针对性的刑事制裁措施：将宣扬极端主义，持有宣扬极端主义的相关物品，强制他人在公共场所穿戴宣扬极端主义的服饰、标志的行为纳入犯罪，阻断"三股势力"对社会公众的蛊惑；将利用极端主义煽动、胁迫群众破坏国家法律制度等纳入犯罪，保障国家法治的贯彻实施；将拒绝向司法机关提供极端主义犯罪证据的行为纳入犯罪，强化公民配合相关工作的义务。

（三）响应国际反恐立法的新趋势

一方面，注意贯彻落实联合国安理会决议的新要求。2013年12月，联合国安理会通过第2129号决议，其特别之处在于对恐怖组织或恐怖分子利用互联网实施恐怖行为，包括煽动、招募、资助或策划等活动表示严重关切，明确要求联合国反恐机构会同各国和有关国际组织加强对上述行为的打击力度。上述内容在我国《刑法修正案（九）》中均得到了体现，除涉恐条款之外，该修正案还特别强调了网络服务提供者应履行法律、行政法规规定的信息网络安全管理义务，以及任何人不得为网络犯罪提供互联网接入等帮助。这说明我国注意加强与国际社会在共同打击包含网络恐怖主义方面的合作，履行相应的国际义务，贯彻落实国际反恐立法。另一方面，注意借鉴吸收国外立法的新经验。在实践中，行为人持有特定物品往往是发动恐怖袭击的前行阶段，而在恐怖活动犯罪案件的处理中，行为人主观目的的证明始终是一个难题。为此，英国、澳大利亚等国均规定了"持有与恐怖主义相关物品罪"等罪名，以降低控方对行为人主观目的的证明难度。同样，我国《刑法修正案（九）》针对持有型犯罪的证明特点，亦将持有宣扬恐怖主义、极端主义的物品、图书、音频视频资料规定为犯罪行为，这样有利于阻断极端思想传播，发挥防范恐怖袭击的作用。

五、理解适用

（一）对第一百二十条之二的理解与适用

本条是关于准备实施恐怖活动的犯罪及处罚规定。

本条分为两款：第一款是关于准备实施恐怖活动的犯罪及其处罚规定；第二款是关于实施本条规定的犯罪同时，构成其他犯罪应如何处理的规定。

第一款规定了以下几种准备实施恐怖活动的犯罪行为：

（1）为恐怖活动准备凶器、危险物品或者其他工具的。这一行为的前提是"为实施恐怖活动"。根据2011年10月29日第十一届全国人民代表大会常务委员会第二十三次会议通过的《全国人民代表大会常务委员会关于加强反恐怖工作有关问题的决定》的规定，恐怖活动是指以制造社会恐慌、危害公共安全或者胁迫国家机关、国际组织为目的，采取暴力、破坏、恐吓等手段，造成或者意图造成人员伤亡、重大财产损失、公共设施损坏、社会秩序混乱等严重社会危害的行为，以及煽动、资助或者以其他方式协助实施上述活动的行为。需要注意的是，全国人大常委会正在审议《反恐怖主义法（草案）》，其中拟对恐怖活动的定义作出修改。在反恐怖主义法通过后，应当适用反恐怖主义法的规定认定恐怖活动。这里规定的"凶器"，是指用来实施犯罪行为，能够对人身健康、生命安全造成危险的枪支等武器，如刀具、棍棒、爆炸物等物品。这里所说的"危险物品"是指具有燃烧性、爆炸性、腐蚀性、毒害性、放射性等特性，能够引起人身伤亡，或者造成公共利益和人民群众重大财产损害的物品。"其他工具"是指能够为恐怖活动犯罪提供便利，或者有利于提高实施暴力恐怖活动能力的物品。

（2）组织恐怖活动培训或者积极参加恐怖活动培训的。从犯罪的实施方式来看，恐怖活动犯罪对犯罪分子的犯罪能力要求极高，因此往往需要在实施之前经过专门的训练。换句话说，接受恐怖活动培训通常是恐怖分子实施犯罪的前提。尤其是在当今社会科学技术的迅猛发展下，恐怖活动培训在恐怖活动犯罪中的作用尤为凸显。这里所说的"恐怖活动培训"，在内容上，既可以是传授、灌输恐怖主义思想、主张，使恐怖活动人员形成顽固的思想，也可以是进行心理、体能训练或者传授、训练制造工具、武器、炸弹等方面的犯罪技能和方法，还可以是进行恐怖活动的实战训练等。在具体的组织方式上，包括当面讲授、开培训班、组建训练营、开办论坛、组织收听观看含有恐怖主义内容的音频视频材料、在网上注册成员建立共同的交流指导平台等。

（3）为实施恐怖活动与境外恐怖活动组织或者人员联络的。随着信息网络的迅猛发展和沟通方式的日益多元化，恐怖活动犯罪已经走出了一国之内，呈现出向国际化发展的趋势。这里的联络目的具有多元性，有的是为了参加境外的恐怖活动组织，有的是为了出境参加"圣战"、接受培训，有的是为了寻求支持、支援或者帮助，有的是要求对方提供情报信息等。进行联络的方式有直接见面、写信、打电话、发电子邮件等。总之，只要是为了实施恐怖活动而与境外恐怖活动组织或者人员联络的，都要求依照本款的规定追究刑事责任。

（4）为实施恐怖活动进行策划或者其他准备。这里的"策划"，是指制订恐怖活动计划，选择实施恐怖活动的目标、地点、时间，分配恐怖活动任务等行为。"其他准备"是关于准备实施恐怖活动犯罪的兜底性规定，是指上述规定的四种准备行为之外的其他为实施恐怖活动而进行的准备活动。

第二款是关于实施本条规定犯罪的同时，构成其他犯罪应如何处理的规定。犯罪嫌疑人实施本条第一款规定的犯罪行为，也可能同时触犯刑法的其他规定，构成刑法规定的其他犯罪。对于这些犯罪行为，如果与本款规定的犯罪行为出现了竞合的情况，则应当依照处罚较重的规定进行处罚。

（二）对第一百二十条之三的理解与适用

本条是关于宣扬恐怖主义、极端主义，煽动实施恐怖活动的犯罪及其处罚的规定。这里所说的"宣扬"，是指以各种方式散布、传播恐怖主义、极端主义观念、思想和主张的行为。这里所说的煽动，是指以各种方式对他人进行要求、鼓动、怂恿，意图使他人产生犯意，去实施所煽动的行为。煽动的具体内容，包括煽动参加恐怖活动组织、煽动实施暴力恐怖活动，也包括煽动资助或者以其他方式帮助暴力恐怖活动。对于煽动类的犯罪来说，只要行为人实施了煽动行为就构成犯罪，被煽动人是否接受煽动而实施恐怖活动犯罪，不影响犯罪的构成。具体的行为形式包括：

（1）制作、散发宣扬恐怖主义、极端主义的图书、音频视频资料或者其他物品。这里所说的"制作"，是指编写、出版、印刷、复制载有恐怖主义、极端主义思想内容的图书、音频视频资料或者其他物品的行为。"散发"是指通过发行，当面散发，以邮寄、手机短信、电子邮件等方式发送，或者通过网络、微信等即时通信工具公开发帖、转载，以使他人接触到恐怖主义、极端主义信息的行为。"图书、音频视频资料或者其他物品"，包括图书、报纸、期刊、音像制品、电子出版物，载有恐怖主义、极端主义思想内容的传单、图片、标语等，在手机、移动存储介质、电子阅读器、网络上展示的图片、文稿、音频、视频、音像制品，以及带有恐怖主义、极端主义标记、符号、文字、图像的服饰、纪念品、生活用品等。

（2）讲授、发布信息等方式。这里所说的"讲授"，是指为宣扬对象讲解、传授恐怖主义、极端主义思想、观念、主张的行为。

讲授的对象，可以是明确的一人或者数人，也可以是一定范围内的不特定的人。"发布信息"，则是面向特定个人或者不特定个人，通过手机短信、电子邮件等方式宣扬恐怖主义、极端主义，也可以是在网络平台上发布相关信息，使特定人或者不特定人看到这些信息的行为。

（3）其他方式。这里所说的"等方式"，意思是说宣扬恐怖主义、极端主义，煽动实施恐怖活动的方式不限于本条所列举的情形。

根据本条规定，宣扬恐怖主义、极端主义，或者煽动实施恐怖活动的，处五年以下有期徒刑、拘役、管制或者剥夺政治权利，并处罚金；情节严重的，处五年以上有期徒刑，并处罚金或者没收财产。在实践中，对于是否属于"情节严重"，可以根据制作、散布的图书、音像制品等物品的数量，讲授、发布信息的次数和数量，宣扬、煽动的内容、场所和对象范围，以及引起恐怖活动发生的现实危险程度等因素综合进行衡量。例如，制作、散发宣扬恐怖主义、极端主义图书、音频视频资料数量特别巨大的，散布范围广大或者造成广泛影响的，接受讲授和信息的人员数量巨大的，在公共场所、人员密集场所公然散布图书、音频视频资料或者讲授、发布信息的，造成他人实施恐怖活动、极端主义行为的等，可以认定为情节严重的行为。

在实践中，应当注意以下两个方面：一是要注意区分煽动和教唆行为。不指向具体的恐怖活动，而是概括性地煽动实施恐怖活动的，属于本条规定的煽动行为。对于鼓动、要求、怂恿他人参加或者实施特定的恐怖活动的，则应当按照刑法关于教唆的规定定罪处罚。如果既有煽动行为也有教唆行为，两者出现竞合的情形，则应当按照处罚较重的规定定罪量刑。二是本罪属于选择性罪名。从司法实践情况看，宣扬恐怖主义、极端主义和煽动实施恐怖活动往往交织在一起。有些犯罪分子在宣扬恐怖主义、极端主义的同时，也会煽动被宣传对象去实施恐怖活动。因此，在适用本条规定时，任何人无论是同时实施了宣扬恐怖主义、极端主义和煽动实施恐怖活动行为中的哪一行为，都构成本罪，应当追究刑事责任。

（三）对第一百二十条之四的理解与适用

本条是关于利用极端主义煽动、胁迫群众破坏国家法律制度实施的犯罪及其处罚的规定。

（1）本罪的行为方式，表现为利用极端主义煽动、胁迫群众。这里所说的"极端主义"，是指通过歪曲宗教教义或者其他方法煽动仇恨、煽动歧视，崇尚暴力的思想和主张，以及以此为思想基础而实施的行为，经常表现为对其他文化、观念、族群等的完全歧视和排斥。这里所说的煽动，是指利用极端主义，以各种方式对他人进行要求、鼓动、怂恿，意图使他人产生犯意，去实施所煽动的行为。这里所说的"胁迫"，是指通过暴力、威胁或者以给被胁迫人或者其亲属等造成人身、心理、经济等方面的损害为要挟，对他人形成心理强制，迫使其从事胁迫者希望其实施的特定行为。

（2）本条中煽动、胁迫的目的，是破坏国家法律制度的实施。国家法律确立的婚姻、司法、教育、社会管理等方面的制度，涉及社会的基本生活，是国家对社会进行管理的基本形式和内容。我国宪法和法律保障公民的宗教信仰自由，保障各民族平等、共同发展和共同繁荣，尊重各民族的风俗习惯，并为保障这些权利制定了相应的法律制度。

根据本条的规定，利用极端主义煽动、胁迫群众破坏国家法律确立的婚姻、司法、教育、社会管理制度实施的，处三年以下有期徒刑、拘役或者管制，并处罚金；情节严重的，处三年以上七年以下有期徒刑，并处罚金；情节特别严重的，处七年以上有期徒刑，并处罚金或者没收财产。对于"情节严重"和"情节特别严重"的，可以根据其煽动、胁迫行为所使用的手段、涉及经济的人员多少和区域大小、造成的危害程度和影响等方面因素综合考虑，分别适用不同的刑罚。必要的时候，也可以由有关部门制定司法解释，进一步作出具体的规定。

在实践中，应当注意以下几个方面：一是"利用极端主义"是构成本罪的一个要件。对于煽动、胁迫他人破坏国家法律制度实施但没有利用极端主义的，应当根据具体情况分别处理。对于组织、利用会道门、邪教组织或者利用迷信破坏国家法律、行政法规实施，构成犯罪的，依照《刑法》第三百条的规定定罪处罚。有些人由于思想狭隘或者愚昧等原因，对宗教教义、民族风俗习惯产生不正确的理解，并进而破坏国家法律实施的，如果构成犯罪，可以按照刑法的规定定罪处罚。不构成犯罪的，依法予以行政处分或者进行批评、教育。二是在处理这类犯罪时，应当正确区分敌我矛盾和人民内部矛盾，处理好依法打击和分化瓦解的关系，在依法严厉打击少数极端分子的同时，对于被裹挟、蒙蔽的一般群众，应当最大限度地进行区分，并进行团结和教育。

（四）对第一百二十条之五的理解与适用

本条是关于强制他人穿着、佩戴恐怖主义、极端主义服饰、标志犯罪及处罚的规定。

本条规定的犯罪主体为一般主体，即任何强制他人在公共场所穿着、佩戴宣扬恐怖主义、极端主义服饰、标志的人。犯罪侵害的客体是多重客体，既在社会范围内渗透恐怖主义、极端主义思想，又侵犯被害人的人身权利、民主权利，同时也妨害社会管理秩序。犯罪的主观要件为故意，对强制他人在公用场所穿着、佩戴宣扬恐怖主义、极端主义服饰、标志的行为和结果都是明知并且希望发生的结果。

本条所说的"暴力"，是指殴打、捆绑、烧伤等直接伤害他人身体的方法，使被害人不能抗拒。"胁迫"，是指对被害人施以威胁、恐吓，进行精神上的强制，迫使被害人就范，不敢抗拒，如以杀害被害人、加害被害人的亲属相威胁，威胁对被害人、被害人的亲属施以暴力，以揭发被害人的隐私相威胁，利用职权、教养关系、从属关系或者被害人孤立无援的环境胁迫被害人服从等。除暴力、胁迫手段以外，通过采用对被害人产生肉体强制或者精神强制的其他手段，强制他人在公共场所穿着、佩戴宣扬恐怖主义、极端主义服饰、标志的，也构成本罪，如限制被害人的人身自由，强迫被害人长时间暴露在高温或者严寒中，负有监护责任的人对被监护人不给饭吃、不给衣穿等。这里所说的"公共场所"包括群众进行公开活动的场所，如商店、电影院等；也包括各类单位，如机关、团体、事业单位的办公场所，企业生产经营场所等；还包括公共交通工具，如火车、轮船、长途客运汽车等。

本条规定的"宣扬恐怖主义、极端主义服饰、标志"，指的是穿着、佩戴的服饰、标志包含了恐怖主义、极端主义的符号、旗帜、徽记、文字、口号、标语、图形或者带有恐怖主义、极端主义的色彩，容易使人联想到恐怖主义、极端主义。实践中比较普遍的是，穿着模仿恐怖活动组织统一着装的衣物，穿着印有恐怖主义、极端主义符号、旗帜等标志的衣物等。从实践来看，恐怖主义、极端主义势力通过强制他人在公共场所穿着、佩戴宣扬恐怖主义、极端主义的服饰、标志等手段，在社会上强化了人们的身份差别意识，用异类的标志或者身份符号，刻意地制造出隔膜和距离感，以达到其渲染恐怖主义、极端主义氛围甚至宣扬恐怖主义、极端主义的目的，社会危害性极大。

根据本条规定，对以暴力、胁迫等方式强制他人在公共场所穿着、佩戴宣扬恐怖主义、极端主义服饰、标志的，应当视情节的轻重，处三年以下有期徒刑、拘役或者管制，并处罚金。

（五）对第一百二十条之六的理解与适用

本条是关于非法持有宣扬恐怖主义、极端主义物品的犯罪及其处罚的规定。

根据本条的规定，非法持有宣扬恐怖主义、极端主义物品的犯罪，是指明知是宣扬恐怖主义、极端主义的图书、音频视频资料或者其他物品而非法持有，情节严重的行为。本条在主观上要求是故意，即行为人明知是宣扬恐怖主义、极端主义的图书、音频视频资料或者其他物品而非法持有的，才能构成本罪。这里所说的"明知"，是指知道或者应当知道。在实践中，行为人可能辩解其"不明知"所持有物品的性质和内容。在这种情况下，不能仅听行为人本人的辩解，对是否"明知"的认定，还应当结合案件的具体情况和有关证据材料进行全面分析。要坚持重证据、重调查研究，以行为人实施的客观行为为基础，结合其一贯表现，具体行为、程度、手段、事后态度，以及年龄、认知和受教育程度、所从事的职业、所生活的环境、所接触的人群等综合作出判断。

本罪在客观上要求行为人有非法持有的行为。这里所说的"持有"，是指行为人对恐怖主义、极端主义宣传品处于占有、支配、控制的一种状态。不仅随身携带可以认定为持有，在其住所、驾驶的运输工具上发现的恐怖主义、极端主义宣传品也可以认定为持有。持有型犯罪以行为人持有特定物品或者财产的不法状态为基本的构成要素。

从实践来看，宣扬恐怖主义、极端主义的图书、音频视频资料和其他物品主要包含了两类内容：一是含有恐怖主义、极端主义的思想、观念和主张，煽动以暴力手段危害他人生命和公私财产安全，破坏法律实施等内容的；二是含有传授制造、使用炸药、爆炸装置、枪支、管制刀具、危险物品实施暴力恐怖犯罪的方法、技能等内容的。这些宣传品在形式和内容上均表现多样。例如，有的宣扬参加暴力恐怖活动的，流血就能洗刷罪过，可以带自己和亲友上天堂，杀死一人胜做十年功，可以直接上天堂，在天堂中有仙女相伴等。在实践中，在网络存储空间内储存宣扬恐怖主义、极端主义的资料的，本质上与存储在个人电脑、手机、移动硬盘中没有区别，且更容易造成大面积传播，情节严重的，也构成本罪。关于恐怖主义、极端主义的内涵，全国人大常委会正在审议《反恐怖主义法（草案）》，其中拟对恐怖主义和极端主义作出定义性规定。在反恐怖主义法通过后，应当适用反恐怖主义法的规定对恐怖主义、极端主义作出认定。此外，对涉案物品因涉及专门知识或者语言文字等内容难以鉴别的，可以请宗教、民族、新闻出版等部门提供鉴别意见。

根据本条规定，明知是宣扬恐怖主义、极端主义的图书、音频视频资料或者其他物品而非法持有的行为，只有达到情节严重的，才构成犯罪。对于是否属于"情节严重"，根据所持有的恐怖主义、极端主义宣传品的数量多少，所包含内容的严重程度，曾经因类似行为受到处罚的情况，以及其事后的态度等因素作出认定。对于因为好奇或者思想认识不清，非法持有少量的恐怖主义、极端主义宣传品，没有其他恐怖主义、极端主义违法行为，经发现后及时销毁、删除的，不作为犯罪追究。

实践中认定本罪需要注意的是，本罪作为持有型犯罪，是一项补充性罪名，目的是严密法网，防止放纵犯罪分子。在实践中，对于被查获的非法持有恐怖主义、极端主义宣传品的人，应当尽力调查其犯罪事实，如果经查证是为通过散发、讲授等方式宣扬恐怖主义、极端主义，煽动实施恐怖活动而非法持有的，应当依照《刑法》第一百二十条之三、第一百二十条之四的规定定罪处罚。

刑法修正案（九）第八条

一、修正条文

根据《刑法修正案（九）》第八条，将《刑法》第一百三十三条之一修改为："在道路上驾驶机动车，有下列情形之一的，处拘役，并处罚金：（一）追逐竞驶，情节恶劣的；（二）醉酒驾驶机动车的；（三）从事校车业务或者旅客运输，严重超过额定乘员载客，或者严重超过规定时速行驶的；（四）违反危险化学品安全管理规定运输危险化学品，危及公共安全的。机动车所有人、管理人对前款第三项、第四项行为负有直接责任的，依照前款的规定处罚。有前两款行为，同时构成其他犯罪的，依照处罚较重的规定定罪处罚。"

二、原文表述

《刑法》第一百三十三条之一规定："在道路上驾驶机动车追逐竞驶，情节恶劣的，或者在道路上醉酒驾驶机动车的，处拘役，并处罚金。有前款行为，同时构成其他犯罪的，依照处罚较重的规定定罪处罚。"

三、修正内容

根据《刑法修正案（九）》第八条的规定，对《刑法》第一百三十三条主要做了两处修改：（1）新增了两种危险驾驶行为，即从事校车业务或者旅客运输，严重超过额定乘员载客，或者严重超过规定时速行驶；违反危险化学品安全管理规定运输危险化学品，危及公共安全。（2）扩大了危险驾驶罪的行为主体。《刑法修正案（九）》第八条第二款规定："机动车所有人、管理人对前款第三项、第四项行为负有直接责任的，依照前款的规定处罚。"根据该规定，危险驾驶罪的行为主体不仅包括机动车的驾驶人，还可以在一定条件下包括机动车的所有人和管理人。

四、修正缘由

该条修法的主要原因是进一步惩治部分危害严重的危险驾驶行为。我国2011年通过的《刑法修正案（八）》增设了危险驾驶罪，将醉酒驾驶和情节恶劣的追逐竞驶行为入罪。之后的司法实践表明，醉驾入刑对于减少醉酒驾驶行为起到了良好的社会效果，受到了各方面的一致肯定。在《刑法修正案（九）》立法研拟的过程中，有部门提出要适当扩大危险驾驶行为的入罪范围。我国立法工作机关经研究后认为可行，在2014年10月提交全国人大常委会进行第一次审议的《刑法修正案（九）》（草案）第七条原危险驾驶罪的基础上新增了两类危险驾驶行为，即"在公路上从事客运业务，严重超过额定乘员载客，或者严重超过规定时速行驶的"和"违反危险化学品安全管理规定运输危险化学品的"。

在草案一次审议稿征求各方面意见过程中，针对公路客运超载超速的规定，有意见建议删去"在公路上"的限定条件；将"在公路上从事客运业务"修改为"从事旅客运输"；明确规定了"严重超过"的幅度；提高了"情节严重"的入罪门槛。甚至有意见认为，超载、超速行为加强行政执法力度便可以解决，建议删除该项规定。针对危险化学品运输的规定，有意见建议将其中的"规定"限定为"国家规定"；将"危险化学品"修改为"危险品"；也有意见建议增加"情节严重"的入罪门槛。还有意见针对这两项规定提出，这两项规定的应受处罚对象是驾驶员还是雇主不清楚，有意见提出在实践中存在雇主强令机动车驾驶员危险驾驶的行为，建议扩大危险驾驶罪的主体。同时，有意见认为应当扩大危险驾驶的行为范围，增加规定：疲劳驾驶；在公路上从事货运业务，严重超过额定载货量，或者严重超过规定时速行驶，且被行政机关处罚三次以上，仍不改正；驾驶中使用与驾驶无关的通信工具、电子产品；无牌照、套牌照驾驶机动车辆；行驶中随意向车窗外投掷垃圾；在高速路行车道上倒车、逆行等行为。国家立法机关在综合各方面意见的基础上，对草案一次审议稿的内容作了两方面的修改：一是将"在公路上从事客运业务"修改为"从事校车业务或者旅客运输"；二是增加一款规定了机动车所有人、管理人的责任，即"机动车所有人、管理人对前款第三项、第四项行为负有直接责任的，依照前款的规定处罚"。

在草案第二次审议后，立法机关征求各方面意见，曾拟将"毒驾"规定为危险驾驶罪，并增加一款作为该罪的第四款，规定：毒驾犯罪在刑罚执行完毕后依法采取强制隔离戒毒措施。对此，支持意见赞成"毒驾"入刑，但同时提出了具体意见，包括罪与非罪的界限需要进一步厘清，如毒品的范围，与麻醉药品、精神药品如何区分等；"毒驾"入刑需限定入刑条件。反对意见则认为，"毒驾"入刑应当慎重。现有的快速检测技术还不成熟，毒品种类繁多，哪些毒品入罪，吸食、注射毒品后多长时间不能开车等，都需要进一步研究。立法机关经研究后认为，考虑到目前有关方面对"毒驾"入刑的认识尚不一致，对于"毒驾"入刑罪与非罪的界限、可执行性等问题还需深入研究，目前可依法采取注销机动车驾驶证、强制隔离戒毒等措施，对"毒驾"造成严重后果的还可以根据案件的具体情况追究其交通肇事、以危险方法危害公共安全的刑事责任，因此未将"毒驾"列入《刑法修正案（九）》。

五、理解适用

（一）危险驾驶的行为类型

根据《刑法修正案（九）》第八条的规定，修正后的《刑

法》第一百三十三条之一即危险驾驶罪的行为类型由原来的两种
增加为四种，分别是：（1）追逐竞驶，情节恶劣的；（2）醉酒驾
驶机动车的；（3）从事校车业务或者旅客运输，严重超过额定乘
员载客，或者严重超过规定时速行驶的；（4）违反危险化学品安
全管理规定运输危险化学品，危及公共安全的。

其中，所谓追逐竞驶，是指行为人出于竞技、追求刺激或者其
他目的，两人以上分别驾驶机动车在公路、城市道路或者其他道路
上竞相行驶，严重影响道路交通安全和社会秩序的驾驶行为。追逐
竞驶与通常所称的"飙车"有相似之处，但也存在一定的不同，
因为飙车可以是一个人独自飙车也可以是两人以上飙车。所谓醉酒
驾驶，是指在醉酒状态下驾驶机动车的行为。根据《车辆驾驶人
员血液、呼气酒精含量阈值与检验》的规定，车辆驾驶人员血液
中的酒精含量大于或者等于 20mg/100ml、小于 80gm/100ml，属于
饮酒后驾车；酒精含量大于或者等于 80mg/100ml，属于醉酒驾车。
除了追逐竞驶和醉酒驾驶，"从事校车业务或者旅客运输，严重超
过额定乘员载客，或者严重超过规定时速行驶"和"违反危险化
学品安全管理规定运输危险化学品，危及公共安全"是《刑法修
正案（九）》新增的两种危险驾驶行为。

从内涵上看，"从事校车业务或者旅客运输，严重超过额定乘
员载客，或者严重超过规定时速行驶"行为的成立需同时具备两
个条件：一是必须"从事校车业务或者旅客运输"。其中，校车主
要是指中小学的校车，同时也包括高等院校的校车。与其他业务相
比，校车运送的对象主要是学生（特定情况下也可以包括教师及
其家属），有予以特殊保护的必要。而"旅客运输"主要针对的是
长途汽车的旅客运输和旅行社从事的旅客运输等。旅客运输一般都
具有人数多的特点，对驾驶安全的要求更高。二是必须严重超载或
者严重超速。所谓超载，是指超过汽车核定的载客人数。超速，是
指超过汽车驾驶的时速要求。至于何为严重超载、严重超速，法律
没有作明确规定。我国《道路交通安全法》第九十二条第一款规

定："公路客运车辆载客超过额定乘员的，处二百元以上五百元以下罚款；超过额定乘员百分之二十或者违反规定载货的，处五百元以上二千元以下罚款。"第九十九条规定："有下列行为之一的，由公安机关交通管理部门处二百元以上二千元以下罚款：……（四）机动车行驶超过规定时速百分之五十的。"据此，严重超速应该是至少超速50%以上，而严重超载应该是至少超载20%以上。

同理，"违反危险化学品安全管理规定运输危险化学品，危及公共安全"的成立则需要具备三个基本条件：（1）违反危险化学品安全管理规定。违反危险化学品安全管理规定主要是指违反我国国务院颁发的《危险化学品安全管理条例》。《危险化学品安全管理条例》第五章"运输安全"对危险化学品的运输许可、从业人员、安全防护措施、核定载质量等作了明确规定。（2）运输危险化学品。危险化学品的管理涉及生产、储存安全、使用安全、经营安全和运输安全等多个方面。危险驾驶主要涉及运输安全。其针对的行为类型则限于危险化学品的运输行为。对于违反化学品生产、储存、使用、经营等方面安全的管理规定，可依照我国刑法的其他规定进行处理。（3）危及公共安全。这是对违反危险化学品管理规定运输危险化学品行为的性质要求。对于不危及公共安全的危险化学品运输行为，即便是违反了危险化学品的管理规定，也不构成危险驾驶罪。

（二）危险驾驶罪的主体范围

《刑法修正案（九）》第八条第二款规定："机动车所有人、管理人对前款第三项、第四项行为负有直接责任的，依照前款的规定处罚。"根据该规定，危险驾驶罪的行为主体不仅包括机动车的驾驶人，还可在一定条件下包括机动车的所有人和管理人。不过，机动车所有人、管理人构成危险驾驶罪是有条件的。这包括：一是只限于修正后的《刑法》第一百三十三条之一第一款第三项、第四项行为，即"从事校车业务或者旅客运输，严重超过额定乘员载客，或者严重超过规定时速行驶"和"违反危险化学品安全管理规定运输危险化学品，危及公共安全"。二是机动车所有人、管理人对修正后的《刑法》第一百三十三条之一第一款第三项、第四项行为负有直接责任。所谓直接责任，主要是指车辆所有人、管理人与危险驾驶行为之间具有直接的因果关系。例如，车辆所有人、管理人强令、授意驾驶人违反规定从事危险驾驶行为。从内涵上看，车辆所有人、管理人对驾驶人的危险驾驶行为应当出于故意，因为危险驾驶罪是一个故意犯罪。如果车辆所有人、管理人不是故意而是过失导致驾驶人从事危险驾驶行为的，则不构成危险驾驶罪。

（三）危险驾驶罪的司法适用

对于危险驾驶罪的司法适用，需着重把握危险驾驶罪的罪与非罪的界限。对于《刑法修正案（九）》修正后的《刑法》第一百三十三条之一，这主要涉及《刑法》第一百三十三条之一第一款第三项、第四项规定的行为是否有情节严重的限制。

在《刑法修正案（八）》修正后，人们对醉驾入刑是否应该有情节的要求认识不一。有的观点主张醉驾行为应该一律入刑，但也有观点认为醉驾行为不应一律入刑。目前，我国在司法实践中对醉驾入刑采取的是"醉驾入刑但允许特殊情况例外"的做法。对于一些情节显著轻微的醉驾行为，如在血液酒精含量大于或者等于 80mg/100ml 的情况下在停车场临时挪车的行为，实践中有不予追究的案例。经《刑法修正案（九）》第八条修正后，对于新增的两种危险驾驶行为入罪是否应当有情节的要求，也必将是我国司法适用中需要解决的问题。

对于从事校车、旅客运输超载和违规运输危险化学品这两类危险驾驶行为，显然一般都应当入刑。但在实践中，这两种危险驾驶行为也可能出现情节显著轻微的情况，如行为人虽然从事的是校车或者旅客运输业务，但行为人超速时车上没有学生或者旅客，对此是否有必要追究行为人危险驾驶罪的刑事责任，显然值得研究。笔者认为，危险驾驶行为入罪是指在一般情况下符合《刑法》第一百三十三条之一规定的危险驾驶行为都应入罪，但《刑法》第一百三十三条之一的规定同时也要受《刑法》第十三条"但书"的限制。对于一些情节显著轻微危害不大的危险驾驶行为，从法理上看，也存在不入罪的余地和空间。

刑法修正案（九）第九条

一、修正条文

根据《刑法修正案（九）》第九条，修正后的《刑法》第一百五十一条第一款为："走私武器、弹药、核材料或者伪造的货币的，处七年以上有期徒刑，并处罚金或者没收财产；情节特别严重的，处无期徒刑，并处没收财产；情节较轻的，处三年以上七年以下有期徒刑，并处罚金。"

二、原文表述

《刑法》第一百五十一条第一款规定："走私武器、弹药、核材料或者伪造的货币的，处七年以上有期徒刑，并处罚金或者没收财产；情节特别严重的，处无期徒刑或者死刑，并处没收财产；情节较轻的，处三年以上七年以下有期徒刑，并处罚金。"

三、修正内容

根据《刑法修正案（九）》第九条的规定，《刑法》第一百五十一条第一款取消了"走私武器、弹药、核材料或者伪造的货币""情节特别严重的"法定最高刑死刑的规定，属于法定刑的修改。根据该规定，"走私武器、弹药、核材料或者伪造的货币""情节特别严重的""处无期徒刑，并处没收财产"。

四、修正缘由

（一）落实贯彻党的十八届三中全会《决定》和宪法关于"尊重和保障人权"的精神

党的十八届三中全会《决定》明确提出"逐步减少适用死刑罪名"。取消这三种罪名的死刑适用切实落实了党的十八届三中全会的这一要求，有助于进一步推进我国死刑改革和人权保障事业的发展。

刑法具有社会保护和人权保障的双重功能，死刑只是众多刑罚种类中的一种，实践证明死刑并不是最有效的刑罚手段。慎用死刑体现了打击犯罪与人权保障的统一，也体现了宪法关于"尊重和保障人权"的精神。

（二）符合我国"保留死刑，严格控制和慎重适用死刑"的死刑政策的要求

近年来，我国的死刑政策被重新规范和表述为"保留死刑，严格控制和慎重适用死刑"。一方面，我国的现实情况决定了在目前及今后相当长一段时间内，尚不可能废除死刑。另一方面，又要求我们从人道主义出发、从"以人为本"的社会主义和谐社会核心理念出发，与世界接轨严格控制和慎用死刑。

我国现阶段应严格控制死刑的适用，确保死刑只适用于极少数罪行极其严重的犯罪分子，针对犯罪的社会危害性决定是否适用死刑，对于罪行极其严重的犯罪才考虑适用死刑，要以行为的社会危害性、行为人的主观恶性和人身危险性加以综合判定，将死刑的规定仅仅保留在关于严重犯罪的刑法条款中，在立法上对死刑进行限制，这可以为死刑的最终废止提供基础性支持和制度性保障。

（三）符合国际社会限制与废止死刑的趋势

在世界范围内，死刑的历史漫长，其产生与发展经历了从滥用死刑到慎用死刑，由刑罚严苛到刑罚轻缓的过程，死刑已经成为一种历史而全面退出了刑罚舞台。在保留死刑的大国中，除中国外，

还有美国、日本和印度。目前在为数不多的保留死刑的国家中，对死刑的适用均持严格的限制态度，主要表现在立法和司法两个方面。在立法上，大幅度削减、废止经济犯罪等非暴力普通犯罪的死刑规定，仅在少数严重的暴力犯罪（如谋杀、叛逆等罪）中保留死刑。

全面废除死刑已经成为多数国家的政治选择，而在保留死刑的情况下不适用死刑或限制减少死刑的适用，乃是很多国家的实际做法。我国加入的有关国际公约对死刑的适用也提出了严格限制，这对我国死刑制度改革提出了更高的要求。

（四）符合我国的司法实践

《刑法修正案（九）》取消这些罪名的死刑适用，其中一个原因是这些犯罪根据其实际危害情况在司法实践中已较少适用死刑，目前取消死刑是顺势而为，并不会对相关司法力度产生妨碍。

另外，取消死刑后这些犯罪的法定最高刑是仅次于死刑的无期徒刑，完全可以做到对这些犯罪中的危害严重情形进行严厉惩治，可以贯彻罪责刑相适应原则的要求，从而做到整体惩治力度不减，以确保社会治安形势的稳定。

五、理解适用

（一）走私武器、弹药罪

走私武器、弹药罪，是指违反海关法规，逃避海关监管，非法携带、运输、邮寄武器、弹药进出国（边）境的行为。

本罪的主体为一般主体，包括自然人，也包括公司、企业、事业单位、机关、团体等单位；本罪的主观方面为故意，过失不能构成本罪。故意即明知是武器、弹药而仍然非法进出国（边）境。如果行为人不知自己所携带、运输或邮寄的是武器、弹药，则不能以本罪论处；构成犯罪的，应以他罪如走私普通货物、物品罪等处罚。

本罪在客观方面表现为违反海关相应法规，逃避海关监管，非法将武器、弹药进出国（边）境的行为。它是指采用各种方法，躲避海关的监督、检查，企图使武器、弹药通过国（边）境。有的绕过关口，在没有海关或边卡检查站的地方，非法携带、运输武器、弹药进出境；有的虽通过关口，但企图以隐匿、伪装、假报等手段，欺骗海关，蒙混过关；有的则是采用藏匿、伪报等方法，以逃过邮检和海关的查验，非法邮寄武器、弹药进出国（边）境等。这些行为都是走私武器、弹药的典型行为。此外，走私武器、弹药还有一些非典型行为，根据本法的有关规定，主要包括下列情形：（1）直接向走私人非法收购武器、弹药的；（2）在内海、领海运输、收购、贩卖武器、弹药的；（3）与走私武器、弹药的犯罪嫌疑人进行通谋，为其提供贷款、资金、账号、发票、证明或为其提供运输、保管、邮寄或者其他方便条件的。

本罪所侵害的客体是国家对武器、弹药的禁止进出口制度，对象是武器、弹药。所谓武器及弹药，是指各种具有直接杀伤力、破坏力的器械、装置或其他物品。根据《中华人民共和国禁止进出境物品表》的规定，既包括各种军用武器、弹药和爆炸物，如手枪、步枪、冲锋枪、机枪等常规武器，核武器、化学武器、细菌武器等现代化武器，枪弹、炮弹、炸弹、地雷、手榴弹等弹药；又包括各种类似军用武器的枪支、弹药和爆炸物，如射击运动用的枪支，狩猎用的霰弹枪及其子弹等。

（二）走私核材料罪

走私核材料罪是指违反海关法规，逃避海关监管，非法从事运输、携带、邮寄国家禁止、限制进出口的核材料。

本罪的主体为一般主体，既包括自然人，也包括公司、企业、事业单位、机关、团体等单位。本罪在主观方面必须出于故意，即明知是核材料而仍然非法携带、运输、邮寄，企图使之进出国（边）境。过失不能构成本罪，如果行为人不知自己所携带、运输或邮寄的是核材料，则不能以本罪论处；构成犯罪的，应以他罪如走私普通货物、物品罪等处罚。

本罪在客观方面表现为违反海关法规，逃避海关监管、非法携带、运输、邮寄核材料进出国（边）境的行为。所谓逃避海关监管，是指采用各种方法，躲避海关的监督、检查，企图将核材料通过国（边）境。有的绕过关口，在没有海关或边卡检查站的地方，非法携带、运输核材料进出境；有的虽通过关口，但企图以隐匿、伪装、假报等手段，以欺骗海关，蒙混过关；有的则是采用藏匿、伪报等方法，以逃过邮检和海关的查验，非法邮寄核材料进出国（边）境等。这些行为都是走私材料的典型行为。此外，走私核材料还有一些非典型行为，根据本法的有关规定，主要包括下列情形：（1）直接向走私人非法收购核材料的；（2）在内海、领海运输、收购、贩卖核材料的；（3）与走私核材料的犯罪嫌疑人进行通谋，为其提供贷款、资金、账号、发票、证明或为其提供运输、保管、邮寄或者其他方便条件的。

本罪所侵害的客体是国家对核材料的禁止进出口制度，对象是核材料。所谓核材料，根据我国1989年1月10日加入的《核材料实物保护公约》的规定，是指除钚—238同位素含量超过80%以外的钚、铀—233、同位素235或233浓缩的铀、非矿石或矿渣形成的含天然存在的同位素混合物的铀，任何含有上述一种或多种成分的材料。

（三）走私假币罪

走私假币罪，是指违反国家货币管理及海关法规，逃避海关监管，明知是伪造的货币而非法运输、携带或者邮寄进出国（边）境的行为。

本罪的主体为一般主体，年满十六周岁具有刑事责任能力的自然人，都可成为本罪主体；单位亦可构成本罪。本罪在主观方面必须出于故意并且为直接故意，即行为人明知是伪造的货币，而仍决意逃避海关的监管并将其运输、携带或邮寄进出国（边）境，过失不能构成本罪。如果行为人在不知情或者完全受到蒙骗的情况下运输、携带或者邮寄了伪造的货币进出境的，就不构成本罪。当然，这并不排除可以构成他罪，如走私普通货物、物品罪等。

本罪在客观方面表现为违反国家有关货币的管理法规及海关法规，逃避海关监管，非法携带、运输、邮寄伪造的货币进出国（边）境的行为。所谓逃避海关监管，是指采取各种方法，以躲避海关对其所运输、携带、邮寄的伪造货币进行监督和检查的行为。逃避海关监管是走私行为最为本质的特征之一，对于本罪当然亦不例外。走私伪造货币的犯罪嫌疑人要达到其目的，只有采取各种不正当手段，使其所运输、携带或邮寄的伪造货币逃避海关的检查与监督。另外，还有一些非典型的走私伪造货币的行为，在理论上又常被称为间接走私或准走私的行为。根据本法的有关规定，准走私的行为主要包括下列几种情形：（1）直接向走私伪造货币的犯罪嫌疑人收购伪造的货币的；（2）在内海、领海收购、运输、贩卖伪造的货币的；（3）与走私伪造货币的犯罪嫌疑人同谋，为其提供贷款、资金、账号、发票、证明或为其提供运输、保管、邮寄或者其他方便条件的。

本罪所侵害的客体是复杂客体，其不仅侵犯了国家对货币的管理制度，而且破坏了国家对外的贸易管理。本罪的对象，与其他诸如走私毒品罪、走私淫秽物品罪不同，它仅限于伪造的货币。所谓伪造的货币，是指依照人民币或外币的图案、形状、色彩、线条等特征而通过印刷、复印、石印、手描、照相等方法制作的以假充真的货币。既包括伪造的人民币，又包括伪造的外币。按照伪造的方法，其可分为机制胶印、凹印假币，石版、木版、蜡版印假币，复印、誊印假币，照相假币，描绘假币，版印假币，复印、制版技术合成假币，模仿硬币铸造的假币等多种。对于变造的货币即对货币通过采用剪贴、挖补、揭层、涂改等方法加工处理，而使其改变形态、升值产生的货币，严格来说并不属于伪造的货币，对其走私的不宜以本罪论处。

刑法修正案（九）第十条

一、修正条文

根据《刑法修正案（九）》第十条，修正后的《刑法》第一百六十四条第一款为："为谋取不正当利益，给予公司、企业或者其他单位的工作人员以财物，数额较大的，处三年以下有期徒刑或者拘役，并处罚金；数额巨大的，处三年以上十年以下有期徒刑，并处罚金。"

二、原文表述

《刑法》第一百六十四条第一款规定："为谋取不正当利益，给予公司、企业或者其他单位的工作人员以财物，数额较大的，处三年以下有期徒刑或者拘役；数额巨大的，处三年以上十年以下有期徒刑，并处罚金。"

三、修正内容

根据《刑法修正案（九）》第十条的规定，《刑法》第一百六十四条第一款增加了对非国家工作人员行贿罪"并处罚金"的规定，"为谋取不正当利益，给予公司、企业或者其他单位的工作人员以财物，数额较大的，处三年以下有期徒刑或者拘役，并处罚金"。

四、修正缘由

（一）商业贿赂形势严峻危害增强

在我国，随着市场经济的逐步建立，市场竞争日益激烈，商业贿赂行为也逐渐蔓延，严重扰乱了市场经济秩序，破坏了竞争机制，加剧了行业不正之风，滋生了腐败现象。非国家工作人员行贿、受贿作为商业贿赂的一种，也呈现出愈演愈烈之势，对我国政治经济的发展都有极大的危害。具体如下：

（1）商业贿赂从根本上背离了市场经济对公平竞争的要求，破坏了正常的交易秩序，使在经营中坚持诚信的企业在竞争中处于劣势，影响了企业的生产、技术的进步和产品质量的提高，妨碍了经济发展。

（2）商业贿赂破坏了市场资源的合理配置。由于它比较普遍地存在于各种商业活动之中，而且往往披着"正当"商业回报的外衣，具有一定程度的隐蔽性和欺骗性，对公平竞争的市场经济原则和秩序具有极大的破坏性和危害性。为假冒伪劣产品大开方便之门，最终损害了消费者的合法权益。

（3）造成物价虚高，加大群众负担。当前，我国医疗费用和药品价格普遍虚高，其中很大一部分被用来支付医院采购主管人员的高额回扣，提高了医疗费用的成本，并转嫁到了患者身上。

（4）商业贿赂已成为滋生经济犯罪的温床。商业贿赂虽然发生在经营者的交易活动中，但与一些政府机关及其工作人员滥用职权、以权谋私有密切关系。商业贿赂是大量腐败行为的一个现实载体，会滋生大量的腐败现象。厦门远华特大走私案就是一个典型案例，案件中共有600多个涉案人员被审查，近300人被追究了刑事责任。

（5）造成税收流失。出于掩盖违法行为的目的，行贿的经营者做假账虚报成本，接受贿赂的单位或个人不入账或隐瞒收入，前者抵税，后者不纳税，造成国家和地方税收的大量流失。

（6）损害我国的国际形象。商业贿赂也使一些外国人产生了中国人不守规矩的错误印象。特别是当外资企业或外国公司在我国的商业贿赂行为在外国被查处而在我国得不到法律制裁时，这种正反效应将严重影响国际评估机构对我国腐败程度的印象。

（7）会给安全质量带来很大的风险。不通过正常的招标，有一些企业的技术标准达不到，会使一些产品和工程质量达不到标准，如一些河堤决口、倒塌等；医药产品回扣会使假冒医药产品盛行，给医药产品的使用带来很大的风险；安全设施、产品采购的商业贿赂，会给安全生产带来隐患。

（二）需要加大对行贿犯罪的处罚

对非国家工作人员行贿罪作为非国家工作人员受贿罪的对象犯，其处罚的力度明显轻于后者，这与其社会危害性明显不相当，有违背罪责刑相适应原则的嫌疑。

行贿与受贿是对向性行为，是引发受贿犯罪的温床，因此，在打击受贿犯罪的同时，也要打击行贿犯罪。然而从刑法条文所体现的对行贿罪和受贿罪的惩罚力度来看，反而出现对受贿的打击强于对行贿的打击的不合理现象。因此，在严惩受贿罪的同时，更要加大对行贿罪的惩处力度，对主动行贿的应当与受贿"同坐"。只有行贿受贿共同治理，双管齐下，才能从根本上遏制贿赂犯罪。

（三）罚金刑的适用范围扩大

罚金刑是法院依法对犯罪人（包括犯罪单位）所判处向国家缴纳一定数额金钱的刑罚方法。罚金刑的本质就是强制犯罪人向国家缴纳一定的金钱，使犯罪人的财产遭受损失，从而实现刑罚的惩罚。罚金刑主要适用于贪财图利的犯罪、过失犯罪、轻微的故意犯罪等犯罪种类。

在现代社会，财产权是人的重要权益，在某种程度上是人的价值的体现，是人的健康、自由、尊严、财富甚至生命的重要支撑和基础。对金钱权益的剥夺，必然会使人产生痛苦，有时甚至是强烈的痛苦。从这一意义上说，罚金刑也是人格刑的刑罚。即使不像自由刑那样明显，但在一定程度内也仍能收到教育的效果。而随着经济、社会的发展，社会主义市场经济体制的完善，我国罚金刑地位的提高实属必然。

对非国家工作人员的行贿行为本质上是为了谋取不正当利益，是一种贪利性行为，符合罚金刑的适用特点。通过适用罚金刑能增强打击的效果，明确刑法立法的目的性，使行贿人获取不正当利益的犯罪故意落空，从而起到积极的惩治作用。

五、理解适用

对非国家工作人员行贿罪是指为谋取不正当利益，给予公司、企业的工作人员以财物，数额较大的行为。

本罪的主体既可以是自然人，也可以是单位。

本罪主观上均为故意。其目的是谋取不正当利益，此处的谋利，不同于经济活动中的依法经营，获取的正当利益，而是牟取暴利、追求不正当的高额经济利润。就行贿方而言，旨在通过对公司、企业人员行贿谋取高于其提供的商品、劳务服务所应得的公平利润，其动机还可能是为了垄断市场、排除竞争对手，最终进行垄断经营，牟取暴利。

本罪在客观上表现为谋取不正当利益，给予公司、企业的工作人员以财物数额较大的行为。支付回扣、手续费是本罪客观方面的主要表现形式。回扣是商品买卖或劳务服务活动中，卖方从其卖得的价款中按比例或不按比例返还给买方的一部分款项，返还方式、比例由双方商定。回扣专指买方所得的由卖方返还的价款。手续费指佣金以及买卖双方当事人、居间人所得的佣金、回扣性质以外的报酬佣金、回扣性质以外的报酬。这里的佣金专指买卖双方以外的第三人居间介绍买卖所得的，由买方或卖方单独给付或双方共同给付的款项，回扣、手续费在实践中名目繁多、花样翻新，是具有两面性的事物，有加速商品流通、促进经济发展的一面，但也有阻碍、破坏商品经济的一面。原则上，只要买卖双方和中间人本着诚实信用、公平交易的原则，在不违反国家政策法律的情况下支付收受，对经济发展是有利的，法律上也应予以承认和保护，但是在某些情况下，回扣、手续费的支付与收受会危害市场经济公平竞争机制、破坏市场经济秩序，严重的则可能构成本罪。

刑法修正案（九）第十一条

一、修正条文

根据《刑法修正案（九）》第十一条，修正后的《刑法》第一百七十条为："伪造货币的，处三年以上十年以下有期徒刑，并处罚金；有下列情形之一的，处十年以上有期徒刑或者无期徒刑，并处罚金或者没收财产：

（一）伪造货币集团的首要分子；

（二）伪造货币数额特别巨大的；

（三）有其他特别严重情节的。"

二、原文表述

《刑法》第一百七十条规定："伪造货币的，处三年以上十年以下有期徒刑，并处五万元以上五十万元以下罚金；有下列情形之一的，处十年以上有期徒刑、无期徒刑或者死刑，并处五万元以上五十万元以下罚金或者没收财产：

（一）伪造货币集团的首要分子；

（二）伪造货币数额特别巨大的；

（三）有其他特别严重情节的。"

三、修正内容

根据《刑法修正案（九）》第十一条规定，《刑法》第一百七十条删除了"伪造货币"并处罚金的具体数额，删除了伪造货币有"严重情节，处死刑"的规定。

四、修正缘由

（一）贯彻"少杀慎杀"的死刑政策

2007年3月9日最高人民法院、最高人民检察院、公安部、司法部颁布实施的《关于进一步严格依法办案确保办理死刑案件质量的意见》指出"保留死刑，严格控制死刑"，其主要目的是在贯彻"少杀慎杀"的理念。这一理念的司法贯彻具有直接的现实意义，能够直接减少死刑的司法适用；但是，司法限制死刑的作用毕竟有限，在总结司法实践经验的基础上，认为有的罪名的死刑备而不用、备而少用，且属于非暴力犯罪，废除这类犯罪的死刑不会造成社会秩序的动荡，也不会造成民意的膨胀，就应当适时地在立法上废除此类犯罪的死刑。

这也与联合国的相关规定相契合。我国刑法规定，死刑适用于罪行极其严重的犯罪嫌疑人，即我国死刑适用的条件是罪行极其严重，但罪行极其严重标准与联合国公约规定的"最严重的罪行"标准存在一定差距。联合国经济与社会理事会《关于保障面临死刑的人的权利的措施》第一条规定："在未废止死刑的国家，判处死刑只能是作为对最严重的罪行的惩罚，应当理解为其适用范围不应超过致命的或其他极度严重后果的故意犯罪。"可见，联合国公约所称的"最严重的罪行"是指所有犯罪中整体性质最为严重的犯罪。因而，本次刑法修改删除了伪造货币罪的死刑。

这与党的十八届三中全会关于"逐步减少适用死刑罪名"的主张也是一致的。逐步减少死刑罪名，表明我国不是立即全部废止所有犯罪的死刑，而是应当有步骤、有计划地废除刑法所规定的死刑。这次刑法修改，率先减少了包括伪造货币罪等九个犯罪的死刑，这是实现逐步减少适用死刑的一部分，是与党中央的文件精神相适应的。

（二）体现和贯彻国家治理体系现代化的精神

党的十八届三中全会提出："全面深化改革的总目标是完善和发展中国特色社会主义制度，推进国家治理体系和治理能力现代化。"国家治理体系和治理能力，其实指的是一个国家的制度体系和制度执行能力。国家治理体系和治理能力是一个有机整体，推进国家治理体系的现代化与增强国家的治理能力，是同一政治过程中相辅相成的两个方面。有了良好的国家治理体系，才能提高国家的治理能力；反之，只有提高国家治理能力，才能充分发挥国家治理体系的效能。《刑法修正案（九）》削减了伪造货币罪的死刑，完善了刑法体系，推动刑法从"厉而不严"向"严而不厉"转变。从罪与刑相应严与厉的关系上，罪刑配置不外四种：不严不厉、又严又厉、严而不厉、厉而不严。又严又厉的刑罚结构在当今世界不存在，典型的不严不厉似乎也不存在，多数经济发达国家和法治程度较高的国家大体上属于严而不厉的结构类型。而我国当前的刑罚结构基本上是厉而不严，不仅刑罚苛严而且法网不严，这种刑罚结构不仅导致刑法机制不畅，不仅不利于纸上的法律运用到社会生活中，而且不利于刑法功能的发挥。刑罚结构合理化的转变，不仅有利于刑法的贯彻实施，也有利于实现刑法的法律效果和社会效果。正是基于这样的考虑，《刑法修正案（九）》取消了伪造货币罪的死刑，取消了具体数额的罚金规定和设置。

（三）提高刑法的社会适应性

《刑法修正案（九）》改变了伪造货币罪的罚金刑设置模式，将罚金刑具体规定的"五万元以上五十万元以下"、"五万元以上五十万元以下罚金或者没收财产"修改为抽象罚金制，即仅抽象规定伪造货币的，应当判处罚金刑或者没收财产刑。这一修改，不仅使得刑法的规定较为科学化，也增强了司法实践的具体可操作性。众所周知，刑法与立法法、行政法相对应，属于司法法的范畴，其作为国家的裁判规范，是定罪量刑的标尺，应当以法的安定性为指导。此次刑法修改，变具体罚金为抽象罚金，将罚金的数额标准划归司法解释决定，一方面增强了刑法的适应性和稳定性；另一方面也增强了司法机关的可操作性，毕竟司法解释属于司法性文件，其与刑法相比稳定性较弱，修改起来程序也较为简单、容易，司法机关能够根据社会生活条件的变化，适时调整和变更司法解释的具体规定，增强刑法的可操作性。

五、理解适用

伪造货币罪是指没有货币发行权的人，非法制造出在外观上足以使一般人误认为是真货币的假货币，妨害货币的公共信用的行为。本罪的犯罪构成如下：

（一）客体方面

本罪保护的客体是国家的货币管理制度即货币发行权。关于本罪的客体，学界存在争议。一种观点认为是侵犯了货币的公共信用。这种观点是从公众交易安全的角度来考虑本问题的，认为只要对公众的交易安全不可能具有实际危险，就不构成本罪。另一种观点认为是侵犯了货币发行权。这种观点是以国家专有的货币发行权为保护利益的见解。一般来说，对货币公共信用的保障，是通过对货币发行权人的发行权的保护来加以实现的，因此，在考察伪造货币罪的保护法益的时候，完全不考虑对货币发行权的侵害是不行的。但是，保护货币发行权，也是为了保护公众对货币的信用。因此，即便是侵害了货币发行权的行为，但在没有侵害公众对货币的信用之虞的时候，也不能成立本罪。因此，伪造货币的行为，侵害了国家的货币发行权。

（二）客观方面

本罪在客观上表现为，制造出在外观上足以使一般人误认为是真货币的假货币。从理论上讲，伪造货币包括两种情况：（1）仿照真货币的形状、特征、图案、色彩等制造出与真货币的外观相同的假货币，在这种情况下，存在与伪造的货币相对应的（或相当）的真货币；（2）自行设计制作足以使一般人误认为是真货币的假货币，在这种情况下，不存在与伪造的货币相对应的真货币。但我国司法解释仅采用了前一种见解，即仿照真币而伪造。认为本条所说的"货币"是指可在国内市场流通或者兑换的人民币和境外货币，即在国内外市场流通的真实货币，包括人民币（含中国人民银行发行的普通纪念币和贵金属纪念币）、港元、澳门元、新台币，以及其他国家及地区的法定货币。因此，自行设计制作足以使一般人误认为是真货币的假货币的行为，骗取他人数额较大的财物的，可以构成诈骗罪，但不构成本罪。

（三）主体方面

本罪的主体必须是没有货币发行权的人，但必须是年满16周岁、具有辨认控制能力的自然人，单位不能成为本罪的主体。行为人制造货币版样或者与他人事前同谋，为他人伪造货币提供版样的，以本罪论处。

（四）主观方面

本罪的主观方面是故意。至于是否要求行为人具有特定意图，则存在争议。有学者主张，从刑事立法的角度看，或许要求"以使用为目的"较为合适，但我国刑法鉴于伪造货币行为的严重社会危害性，没有作出类似的要求。从解释论上而言，不应认为伪造货币罪是目的犯。但也有学者主张本罪是目的犯，应以营利或者谋取非法利益为目的，或者以使伪造的货币进入流通为目的。本书同意前一种观点。既然《刑法》第一百七十条并没有规定目的要求，就没有必要人为地加入其他主观要素，对其成立范围加以限定。

刑法修正案（九）第十二条

一、修正条文

根据《刑法修正案（九）》第十二条，删去《刑法》第一百九十九条。

二、原文表述

《刑法》第一百九十九条规定："犯本节第一百九十二条规定之罪，数额特别巨大并且给国家和人民利益造成特别重大损失的，处无期徒刑或者死刑，并处没收财产。"

三、修正内容

根据《刑法修正案（九）》第十二条的规定，删去《刑法》第一百九十九条，即集资诈骗罪的法定最高刑取消了死刑的规定。根据该规定"以非法占有为目的，使用诈骗方法非法集资"，数额特别巨大并且给国家和人民利益造成特别重大损失的，只能依照《刑法》第一百九十二条的规定，"数额特别巨大或者有其他特别严重情节的，处十年以上有期徒刑或者无期徒刑，并处五万元以上五十万元以下罚金或者没收财产"处罚，不再适用死刑。

四、修正缘由

（一）为进一步废除死刑作铺垫

中国非暴力犯罪的死刑罪名众多，一次性废除非暴力犯罪的死刑容易引起社会动荡，尤其是存在一系列诸如贪污受贿犯罪等容易引起民众骚动的非暴力性犯罪。因而，我国死刑罪名的取消应以非暴力犯罪为重点。集资诈骗罪属于典型的非暴力性经济犯罪，但是因为其受害人往往较多，且受害人损失较大，故《刑法修正案（八）》没有贸然废除集资诈骗罪的死刑，但随着社会的发展和实现中华民族伟大复兴中国梦的要求，《刑法修正案（九）》废除了集资诈骗罪的死刑。

从贝卡利亚提出死刑的废除到现在，世界上绝大多数国家已经或者正在努力废除死刑。在少数几个保留死刑的国家中，死刑设置也仅限于侵害生命权的犯罪而极少针对非暴力经济犯罪。应该说，经济类犯罪不设置死刑是国外的通常做法。从刑法理论上看，我国早已经签署《公民权利和政治权利国际公约》，就应在我国的刑法中贯彻其人道主义的精神。《公民权利和政治权利国际公约》规定只有对"最严重的罪行"才能判处死刑，"最严重的罪行"是指侵犯生命权利的暴力犯罪，这显然不包括非暴力的经济类犯罪。作为国际社会的重要成员，我国在签署《公民权利和政治权利国际公约》后就应遵照国际规则的要求合理设置或者废除死刑，《刑法修正案（九）》对集资诈骗罪死刑的废止，即为实现全面废除死刑作好铺垫。

（二）贯彻国际公约，有利于国际与区际司法协助

从司法实践上看，当今世界的绝大部分国家都已经废除了经济犯罪的死刑，我国对于集资诈骗罪等经济犯罪死刑的保留给我国的国际司法协助造成了巨大的障碍。当我国的经济罪犯携巨款逃到国外时，该国往往以"死刑不引渡"的国际惯例为由拒绝引渡罪犯，如欧盟已经禁止向管辖国引渡有判处死刑可能的罪犯，其他废除死刑的国家也有类似的规定。我国如果仍然坚持对该罪判处死刑，就不能得到外国的司法协助，从而使犯罪人逍遥法外，无法对其进行相应的法律制裁；但是，如果为引渡罪犯而承诺不判处死刑，就又违反了我国刑法的相关规定，会使刑法的权威性和公信力受到质疑。此外，我国的香港、澳门特别行政区早在回归之前就已经在其

刑法中废除了死刑。随着港澳地区与内地的联系日益紧密，出现了越来越多的跨区域犯罪，然而同一犯罪在内地和港、澳的处罚不同给双方的司法合作造成了消极的影响。由此看来，如若我国内地不废止包括集资诈骗罪在内的经济类犯罪的死刑，不仅会违反《公民权利和政治权利国际公约》的规定和人道主义的国际共识，而且不利于我国刑法与国际刑法的接轨，有碍国际刑事司法合作与适用。

（三）体现"人是目的"的理念

由于集资诈骗往往涉及众多社会公众，而且大多涉案数额特别巨大，一旦处理不好，就会引发社会问题，甚至直接影响社会稳定。这也许是集资诈骗罪保留死刑的重要原因。实践中集资诈骗的死刑适用，也许是基于平息社会波动或者安定社会情绪、软化社会矛盾甚至掩盖社会问题的一种选择。"尽管让死刑判决服务于被害者利益的企图是糟糕的，但它的确成功提升了死刑的地位，并且成功地将做出死刑判决的时刻与犯罪被害人的满意联系起来。"此时，对犯罪人的死刑适用变成了维持社会稳定的手段与工具，但"人从来不应该作为祭品而牺牲于现实状况"。

人一旦成为刑法适用的工具，刑法的人权保障机能就将荡然无存。一方面，对于个人自由的保障，不能说与法益保护无关，保障机能所强调的自由权，仍不失为保护机能所保护的法益。另一方面，在适用法律解释规范时，"必须判断在什么分界线上我们能够做到法益保护和自由保障的恰当平衡"。没有以正义为基础的刑罚适用，刑法永远都是一种异己的力量，不可能得到民众包括受刑人的认同与尊重。

（四）废除集资诈骗罪死刑具有民意基础

2009 年武汉大学进行了一次死刑民意调查，本次调查结果显示：普通民众认为应当适用死刑的主要是暴力犯罪、毒品犯罪和贪污犯罪等社会危害严重的犯罪，并不包括集资诈骗罪。集资诈骗罪等大部分经济犯罪是伴随着我国改革开放和经济发展而设立的，我国对集资诈骗罪等经济犯罪配置死刑的时间并不长。在 1979 年立法机关制定的刑法中，并没有对经济犯罪适用死刑作出规定，后来为了打击日益泛滥的经济犯罪，才陆续对经济犯罪规定了死刑。赵秉志教授指出，我国在 1979 年《刑法》中对经济犯罪、财产犯罪等非暴力犯罪一概没有规定死刑，当前从立法上对该类犯罪的死刑予以废止，既容易被公众接受又不会在社会上造成大的负面影响。集资诈骗罪等经济犯罪并不具有暴力犯罪所具有的残酷性、反伦理性等特征，我国对集资诈骗罪规定死刑更多的是出于保证经济发展的政治需要，而并非因为存在适用极刑的道德基础。对于被害人来讲，其实他们更希望犯罪人能够对他们进行经济补偿以弥补他们的损失，而不是让犯罪人以命抵债。如在吴英案中，凤凰网财经收获的 6532 份投票中，反对对吴英判处死刑的占九成。

（五）体现宽容的理念

集资诈骗罪发生于金融领域，金融的垄断经营导致了民间融资的无序与混乱，集资诈骗犯罪的发生，社会本身有一定的责任。金融市场的垄断经营，使得融资市场产生了许多"逼良为娼"的现象，众多集资诈骗犯罪本身就反映出社会体制与机制的问题与漏洞。银行尤其是国有银行对金融业的垄断，使民间资本市场无法有序形成，民营企业难以获得有效融资，不得不进入地下融资市场获得贷款资源或者面向不特定人进行非法集资。在此背景下，将所有的责任让行为人个人承担，且承担的是生命刑的代价，就一定违反罪责刑相适应原则。

参与集资的"被害人"往往有过错或者重大过错。集资诈骗罪中的被害人大多具有贪利甚至投机的心理与动机，并且对高息所产生的风险有认识或者概括认识，属于明知有风险但基于高利息的诱惑而进行的"投资"或者"投机"行为人。其被骗，既有值得同情之处，也有应当苛责之点。就像集资进行期货交易的诈骗案件，因为商品期货交易属于高风险、高回报市场。就连专门的投资家、投机家，也一直伴随着稍有疏忽就会一下子丢掉自己资产的风险。

刑法修正案（九）第十三条

一、修正条文

根据《刑法修正案（九）》第十三条，修正后的《刑法》第二百三十七条的内容为："以暴力、胁迫或者其他方法强制猥亵他人或者侮辱妇女的，处五年以下有期徒刑或者拘役。

聚众或者在公共场所当众犯前款罪的，或者有其他恶劣情节的，处五年以上有期徒刑。

猥亵儿童的，依照前两款的规定从重处罚。"

二、原文表述

《刑法》第二百三十七条规定："以暴力、胁迫或者其他方法强制猥亵妇女或者侮辱妇女的，处五年以下有期徒刑或者拘役。

聚众或者在公共场所当众犯前款罪的，处五年以上有期徒刑。

猥亵儿童的，依照前两款的规定从重处罚。"

三、修正内容

《刑法修正案（九）》第十三条一方面修正了猥亵罪的对象，根据该规定，对猥亵行为的处罚不仅限于猥亵妇女、儿童，而且推及"以暴力、胁迫或者其他方法强制猥亵"的一切"他人"；另一方面增加了加重处罚的情节，即有其他恶劣情节的，也适用五年以上有期徒刑之规定。

四、修正缘由

（一）近年来，猥亵男性的案件时有发生

猥亵行为，主要是指为满足、发泄性欲，行为人利用自己或他人的身体或其他工具，直接接触妇女的身体，明显带有性行为色彩但又不属于奸淫的行为。① 根据《刑法修正案（九）》，本处的"妇女"应当修改成"他人"，猥亵以男性猥亵女性居多，但近年来男性成为猥亵对象的案件不时发生，主要就是男性遭遇"性侵"，这类案件发生后多以治安处罚或者民事赔偿了事，少数以寻衅滋事罪或故意伤害罪等罪名处理。例如，重庆一男子小刚（化名）深夜被另一男子小勇（化名）性侵。合川区公安局合阳派出所抓捕犯罪嫌疑人后，发现犯罪嫌疑人是名男性，碍于同性性侵尚属法律空白，加之没有造成明显的身体伤害、犯罪嫌疑人又是酒后失态并承认错误，警方只有将小勇教育一番后放行。但是这种处理方式和结果难以令人满意，凸显了刑法对于男性性权利保护的缺失，基于落实我国《宪法》第三十三条"中华人民共和国公民在法律面前一律平等"的精神，也应当在刑法领域将男性的性权利和女性的性权利同等地加以保护。中国政法大学教授阮齐林认为，"根据草案，猥亵罪不再分男女，比强奸罪的主体范围要广。如果草案审议通过后，性侵对象不分男女，都可以构成强制猥亵。如此一来，性侵成年男性便不需要被定性为违反治安管理处罚条例或者故意伤害罪，因为猥亵罪就包括了对被害人实施暴力及故意伤害行为等，而且不需要数罪并罚"。因此，将猥亵类型的犯罪对象扩大到十四岁以上的成年男性是必要和迫切的。

（二）猥亵男性的行为具有严重的社会危害性

猥亵是指除性交之外的带有性行为色彩内容的行为，而性交则

---

① 王作富主编：《刑法分则实务研究》，中国方正出版社 2013 年版，第770 页。

是男性生殖器插入女性阴道的过程，男性之间当然不可能产生性交。司法部预防犯罪研究所吴宗宪研究员说："男性性侵犯一般都采取肛交的方式，这样对受害者的身体会造成很大的伤害。"① 肛交可以被认为是一种猥亵行为，它虽没有奸淫的可能性，但确是为了追求性刺激。这种伤害表现在两个方面。一方面，"肛交是男性同性强奸的主要性行为方式，因为肛口括约肌的敏感反应及直肠黏膜无法分泌润滑液，所以一般人在被阴茎插入肛门后会感到疼痛难忍，且容易造成肛门括约肌失禁、肌肉损伤、感染。而且因为男性间同性性行为性交方式特殊、易造成直肠黏膜损伤、避孕套使用率低、性伴侣相对不固定等特点，使传播性病和艾滋病的风险大大增加"。② 另一方面，肛交的危害还表现在导致被害人精神上的折磨和痛苦，在男性仍占相对主导地位的当下，对于被猥亵的经历和痛苦，不少人还是难以启齿的，不免会产生巨大的精神压力。

（三）猥亵儿童的事件不断涌现

近年来，猥亵儿童的事件充斥于社会中，引发了大众对于保护儿童健康成长的强烈关注，要求严惩猥亵分子的呼声不绝于耳。例如，2009 年至 2013 年，被告人魏某多次以给付零用钱等为手段，采取抚摸、让被害人吸吮其生殖器等方式对 6 名男童多次进行猥亵，严重侵害了未成年人的身心健康，法院根据对未成年人特殊保护的刑事政策，在法定刑幅度内对其顶格判处有期徒刑五年。再如，2011 年上半年至 2012 年 6 月 4 日，被告人李某某在甘肃省武山县某村小学任教期间，先后将 26 名年龄在四至十一周岁的幼女骗至宿舍、教室、村外树林等处奸淫、猥亵，同时还多次对同一名被害人或同时对多名被害人实施了奸淫、猥亵。天水市中级人民法

---

① 龚亭亭：《男性间同性强奸问题的犯罪化研究》，载《犯罪研究》2013 年第 6 期。

② 龚亭亭：《男性间同性强奸问题的犯罪化研究》，载《犯罪研究》2013 年第 6 期。

院以强奸罪判处李某某死刑，剥夺政治权利终身；以猥亵儿童罪判处有期徒刑五年，数罪并罚，决定执行死刑，剥夺政治权利终身。本案的发生触动了全国人民的神经，本案被告人利用教师身份，多次强奸、猥亵多名幼女，其犯罪行为更为隐蔽，本案被害人为年龄较小的农村留守儿童，被告人利用被害人年幼、无知、胆小的弱点及其家中没有监护人的便利，采取哄骗的手段在校园内外实施犯罪，严重摧残幼女的身心健康，社会影响极为恶劣。

从这两起重大猥亵儿童的案件中，我们看到：一方面，未成年人受到惊恐、威吓往往不会告诉家长甚至没人可告诉，更加放纵了行为人的肆意；另一方面，我们看到法院对于此类案件基本上都是以猥亵儿童罪判处五年有期徒刑，也就是以顶格的法定刑判处刑罚，这是由于这些犯罪往往是非聚众或非在公共场所进行的，难以适用五年以上的法定刑。但鉴于猥亵儿童事件的激增，特别是近年来曝光的教师猥亵多名学生以及多次猥亵学生的事件，造成严重后果，社会影响恶劣，仅处以五年以下有期徒刑或者拘役，难以做到罪责刑相适应，因而有必要增加"情节恶劣"这一法定情形，才方可适用五年以上法定刑，切实保护未成年人的合法权益，为儿童营造安全、健康的成长环境。

五、理解适用

（一）行为内容为强制猥亵他人、侮辱妇女

猥亵他人，应当作广义的理解，主要指违背他人的意愿，以搂抱、抠摸等除性交外的淫秽下流手段侵犯他人性权利的行为，包括直接对他人猥亵的行为、强迫他人对自己猥亵以及观看猥亵行为、强迫他人对第三人的猥亵等行为方式。

（二）暴力、胁迫的程度

我国刑法条文中多处出现"暴力"字样，但罪名不同，暴力的含义也不尽相同。对于本罪中"暴力、胁迫或者其他方法"，应当与强奸罪中的"暴力、威胁或者其他手段"作相同的解释。但本罪的暴力程度显然不要求达到强奸罪所要求压制被害人反抗的程度，只要达到致使被害人明显难以反抗的程度即可，即强奸罪的暴力程度要高于本罪的暴力程度，行为人对他人采用伤害、殴打等危害他人的人身自由和人身安全的行为，使他人不能抗拒即可。

（三）本款规定的其他恶劣情节的理解

《刑法》第二百三十七条第二款新增有其他恶劣情节，加重处罚之规定。其他恶劣情节与聚众、公共场所相对应，为了严密法网，加强惩治力度，对于多次猥亵或者猥亵多人、主观恶性极大、社会影响极其恶劣、造成严重后果的都可以归于"其他恶劣情节"。

六、司法认定疑难问题

（一）婚恋存续期间能否构成强制猥亵他人罪

猥亵行为侵犯了他人的性羞耻心，而在婚姻或者恋爱期间，夫妻之间有法定的同居义务不必言说，而恋人之间的性行为随着社会的发展和人们性观念的开放，也已打破传统"男女授受不亲"的观念，类似爱抚、亲吻的动作即使在公众场合也能为大家所接受，这些都是以不违背对方意志实现的，但如果强制对对方做出下流动作，还是可以构成强制猥亵他人罪。例如，被告人包某在女友叶某房内，违背叶某的意愿，不顾叶某处于生理期，使用暴力手段强行脱去其裤子，摸其阴部，强行解开叶某的胸罩，摸其胸部。法院判决被告人犯强制猥亵妇女罪。法院认为，虽然包某与叶某是男女朋友关系，但他在女友来月经期间不顾女友的反抗而强制猥亵女友，已经构成了强制猥亵妇女罪，双方是否是男女朋友关系并不影响罪名的认定。可见，基于婚恋期间的违背对方意志的诸如强行脱去其内衣、抠摸搂抱他人身体，可以成立猥亵他人罪，但也应当结合当事人之间的感情状况以及违背对方意志的程度及其所受到的伤害综合判断。

（二）犯本罪致人重伤、死亡的情况应如何处理

根据犯本罪前后的主观方面不同，如果以故意致人重伤、死亡心态猥亵他人的，则直接定故意伤害罪或者故意杀人罪；如果在猥亵过程中采用暴力手段故意致人重伤、死亡的，则一行为触犯两罪名，构成故意伤害罪、故意杀人罪和强制猥亵他人罪的想象竞合；如果在猥亵过程中过失致人重伤、死亡，必定是该暴力导致的死亡，因而不能评价为过失致人死亡，而是故意伤害罪与强制猥亵妇女罪的想象竞合犯。

（三）本罪与侮辱罪的区分

本罪可拆分为强制猥亵他人罪和强制侮辱妇女罪，而强制侮辱妇女罪中的侮辱和侮辱罪中的侮辱都带有贬低妇女人格和尊严的内容，但区分两者的关键还是在于动机不同。本罪的动机是出于满足犯罪人的性刺激，在侮辱中带有性色彩；而侮辱罪中的动机则不包含前者，而是出于嫉妒、报复等原因败坏他人名誉而进行侮辱。

刑法修正案（九）第十四条

一、修正条文

根据《刑法修正案（九）》第十四条，修正后的《刑法》第二百三十九条的内容为："以勒索财物为目的绑架他人的，或者绑架他人作为人质的，处十年以上有期徒刑或者无期徒刑，并处罚金或者没收财产；情节较轻的，处五年以上十年以下有期徒刑，并处罚金。

犯前款罪，杀害被绑架人的，或者故意伤害被绑架人，致人重伤、死亡的，处无期徒刑或者死刑，并处没收财产。

以勒索财物为目的偷盗婴幼儿的，依照前两款的规定处罚。"

二、原文表述

《刑法》第二百三十九条规定："以勒索财物为目的绑架他人的，或者绑架他人作为人质的，处十年以上有期徒刑或者无期徒刑，并处罚金或者没收财产；情节较轻的，处五年以上十年以下有期徒刑，并处罚金。

犯前款罪，致使被绑架人死亡或者杀害被绑架人的，处死刑，并处没收财产。

以勒索财物为目的偷盗婴幼儿的，依照前两款的规定处罚。"

三、修正内容

根据《刑法修正案（九）》第十四条的规定，《刑法》第二百三十九条第二款修正了绑架罪的法定刑升格的情形。根据该规定，升格法定刑情形：由原本的"致被绑架人死亡或者杀害被绑架人的"，修改为"杀害被绑架人的，或故意伤害被绑架人，致人重伤、死亡的"情形；法定刑由原来的一律"处死刑，并处没收财产"，修改为"处无期徒刑或者死刑，并处没收财产"。

四、修正缘由

（一）"致被绑架人死亡"一律加重处罚受到学界的长期诟病

绑架罪作为侵犯人身权、财产权的一项严重犯罪，历来受到学界的广泛关注。犯罪分子以控制人质人身自由、加害人质等相要挟，引起与人质密切关系之人的担忧，从而实现自己的不法利益和目的。在1997年《刑法》修订时，"绑架勒索罪"经修正和补充，形成"绑架罪"。绑架罪在设立之初，起刑就是十年以上有期徒刑，致使被绑架人死亡或者杀害被绑架人的，处死刑，并处没收财产。后经由《刑法修正案（七）》第四条，在原刑罚基础上，增加了"情节较轻的，处五年以上十年以下有期徒刑，并处罚金"，并将"致使被绑架人死亡或者杀害被绑架人的"仍作为提升法定刑幅度的情节，作为第二款。对于《刑法修正案（七）》对绑架罪的修正，虽增加了情节较轻的量刑规定，但仍引起学者的争议，认为修改不够彻底，是"半截子的革命"。[①] 尤其对绑架罪"致被绑架人死亡"同"杀害被绑架人"两种情形并列，加重法定刑，更是引起了大量争议，学者认为应该将致使被绑架人死亡或者杀害被绑架人两者明确区别。根据体系解释"致被绑架人死亡"，行为人对被绑架人的死亡结果出于过失的心理而造成结果的危害行为则既可以是故意也可以是过失，甚至可能是意外事件。而如果不加区别地只要造成死亡结果一律加重法定刑显然有失偏颇。故多数学者

---

① 付立庆：《论绑架罪的修正构成的解释与适用——兼评修正案对绑架罪的修改》，载《法学家》2009年第3期。

呼吁应对"致被绑架人死亡"进行限制解释。法律解释效力和范围具有有限性，并不能从根本上解决立法上的不完备，因此《刑法修正案（九）》中，明确了致被绑架人死亡的危害行为，将其限定为故意伤害行为。

（二）原规定中对重伤结果的评价有纰漏

根据原刑法的规定，加重刑罚设置针对"致被绑架人死亡"的死亡结果和"杀害被绑架人"行为两种情形。而对于非基于杀害的故意，而是为了实施绑架，故意伤害，造成被绑架人重伤等严重后果则只能依据第一款基本刑罚的规定处罚。这很容易导致在同样的危害行为下个案不公现象的产生。犯罪分子在绑架过程中对被绑架人施加暴力，造成被绑架人重伤或死亡。此时，很难评价死亡和严重的重伤结果对被害人造成损害何者更重。甚至在某些个案中，犯罪分子砍下被害人四肢，被绑架人奄奄一息，可能生不如死。有时甚至会在产生由于救治条件等其他因素的影响下，同样重伤的情形，死亡或救活，对应法定刑的起刑是死刑或是十年以上有期徒刑的显著差别。为了防止死亡结果的必要性成为犯罪嫌疑人的开脱之门，《刑法修正案（九）》在加重刑罚设置中增加了故意伤害被绑架人，致重伤，也提升了法定刑的规定，完善了第二款法定刑升格的规定。

（三）修改绝对死刑规定，符合"严格控制和慎重适用死刑"政策

近年来，我国死刑改革的进程正在逐步推进，这是在依法治国的前提下刑法改革的重要方面。最高人民法院在其出台的《关于贯彻宽严相济刑事政策的若干意见》中明确要求依法严格控制死刑适用。"保留死刑，严格控制和慎重适用死刑"已成为一项重要的刑事政策。死刑改革的一个重要方面就是要尽量避免绝对确定的死刑条款。所谓绝对确定的死刑，是指只要行为符合绝对死刑条款规定的情形，除非被告人具有法定从轻、减轻、免除处罚情节或者被告人具有法定不能适用死刑的情形（犯罪的时候未满十八周岁

的人和审判的时候怀孕的妇女），否则，法官只能对被告人适用死刑的刑罚。绝对确定的死刑剥夺了司法者对该类罪行适用其他刑罚的自由裁量权，极大地阻碍了司法的能动性。司法机关在处理个案时，对于判处死刑的情形，即使有值得商榷的地方，也无法逾越法律自由裁量。绝对确定的死刑，使得"少杀"、"慎杀"思想难以贯彻，与"严格控制和慎重适用死刑"相去甚远。

五、理解适用

本罪的适用主要是为了与非法拘禁罪的区分。本罪与非法拘禁罪在客观方面均表现为行为人以暴力、胁迫或其他方法非法剥夺和限制人身自由。两罪的区别在于：第一，在主观方面，本罪的主观动机是勒索钱财或者其他非法利益，绑架扣押人质只是实现主观目的的手段；而非法拘禁罪的主观意图就是为了非法限制人身自由。第二，在客观方面，本罪的行为人一般都采取超强度的暴力手段，致使被害人不能反抗、不知反抗或不敢反抗，给被害人的心理上造成了极大的恐慌；而非法拘禁罪一般表现为行为人低强度限制人身自由。第三，在因果关系方面，本罪中的行为人和被害人之间一般没有个人恩怨和经济往来，行为人的目的就是通过绑架的实施达到勒索钱财的目的，或通过扣押人质获取其他非法利益；而非法拘禁罪较多地表现为行为人与被害人之间存在经济纠纷和其他利害关系，被害人往往有过错。

刑法修正案（九）第十五条

一、修正条文

根据《刑法修正案（九）》第十五条，修正后的《刑法》第二百四十一条第六款为："收买被拐卖的妇女、儿童，对被买儿童没有虐待行为，不阻碍对其进行解救的，可以从轻处罚；按照被买妇女的意愿，不阻碍其返回原居住地的，可以从轻或者减轻处罚。"

二、原文表述

《刑法》第二百四十一条第六款规定："收买被拐卖的妇女、儿童，按照被买妇女的意愿，不阻碍其返回原居住地的，对被买儿童没有虐待行为，不阻碍对其进行解救的，可以不追究刑事责任。"

三、修正内容

根据《刑法修正案（九）》第十五条的规定，《刑法》第二百四十一条第六款，对于"收买被拐卖的儿童"，"对被买儿童没有虐待行为，不阻碍对其进行解救的"，修正了"可以不追究刑事责任"的规定，改为"可以从轻处罚"；对"收买被拐卖的妇女"，"按照被买妇女的意愿，不阻碍其返回原居住地的"，修正了"可以不追究刑事责任"的规定，改为"可以从轻或者减轻处罚"。

四、修正缘由

本次修正，取消了"可以不追究刑事责任"的规定，以顺应征求意见中"没有买卖，就没有伤害"的呼声。收买被拐卖的妇女、儿童的行为，是将人作为商品进行买卖，严重践踏基本人权，导致许多家庭骨肉分离、使很多妇女背井离乡，社会危害相当严重。收买被拐卖的妇女、儿童罪是指故意用金钱或是其他财物收买被拐卖的妇女、儿童的行为。刑法之所以将这种行为规定为犯罪，是因为该行为严重侵犯了被害妇女和儿童的人身自由与身体安全，主要表现在将妇女、儿童当作商品置于自己的支配范围内。

1991 年全国人民代表大会常务委员会在《关于严惩拐卖、绑架妇女、儿童的犯罪分子的决定》中首次将收买被拐卖的儿童罪规定为犯罪。1997 年《刑法》将收买被拐卖妇女、儿童罪规定为第二百四十一条，并将可以不追究刑事责任的内容作为第六款。当时对这种行为之所以可以不追究刑事责任，是考虑到当时的社会情况。在当时的农村地区，买卖婚姻、重男轻女的思想依然占据着主流，很多地区出现了暴力阻止解救的事件。为了减少解救的阻力，保护被害的妇女和儿童，刑罚权不得不向社会现实和传统观念让步。近年来，拐卖妇女、儿童罪与收买被拐卖妇女、儿童罪犯罪率日益上升，很多学者从没有"买方市场"就"没有卖方市场"等观点出发，开始质疑、反对《刑法》第二百四十一条第六款的规定，要求对其进行修改。

修正之前的《刑法》第二百四十一条第六款中的"可以不追究刑事责任"不符合我国刑法规定的罪责刑相适应原则。刑罚的轻重，应当与犯罪嫌疑人所犯罪行和承担的刑事责任相适应。犯多大的罪就要承担多大的刑事责任，法院也应当判处其相应的刑罚。正所谓重罪重罚、轻罪轻罚、罪行相称、罚当其罪。当然，在惩罚犯罪时，不仅要看犯罪的客观社会危害性，还要考虑行为人的主观恶性及人身危险性。就单纯的收买被拐卖的妇女、儿童的罪犯来说，虽然这类收买者的主观恶性没有实施虐待甚至强奸行为的收买者的主观恶性、人身危险性大，客观上也没有造成相当严重的社会危害，但是，他们仍是抱着一种故意的心态，明知是被拐卖的妇女、儿童还进行收买。这种行为不仅侵犯了被害妇女、儿童的人身自由权，而且视人如商品，严重践踏了人权。如果对这类收买者可以不追究刑事责任，不仅使他们所犯的罪行与他们因此种犯罪行为所要承担的刑事责任不相符合，而且，法院也不能对其判处相应的刑罚。另外，不阻碍被拐卖妇女返回原居住地、对儿童没有虐待行为且不阻碍对其进行解救并不能等同于自首或重大立功。所以，"可以不追究刑事责任"的规定违反了罪责刑相适应原则。

刑罚的目的是预防犯罪，根据预防对象的不同分为一般预防和特殊预防。修正前的《刑法》第二百四十一条第六款规定的可以不追究收买人的刑事责任并未实现刑罚的目的。刑罚预防犯罪是通过刑法对各种犯罪配置不同的法定刑和不同的刑罚方式，来对意图实施犯罪的人产生心理影响。同时，也用具体的事实说明了什么是法律禁止的行为，实施了这种行为将会有什么样的法律后果。修改之前的《刑法》第二百四十一条第六款规定的可以不追究收买人的刑事责任不仅没有产生预防犯罪的效果，更没有实现刑罚威慑、警诫犯罪的目的。正是因为如此，收买被拐卖的妇女、儿童的行为才越来越猖獗。刑罚的功能是指国家制定、适用、执行刑罚所直接产生的社会效应，如威慑功能、安抚功能、教育功能等。这些社会效应，可以分为对犯罪人的效应和对社会其他成员的效应。刑罚的目的正是通过这两方面的社会效应得以实现的。刑罚的个别威慑功能是指对犯罪人产生威吓遏制，而一般威慑功能是指对潜在的犯罪人产生震慑作用。刑罚的安抚功能是通过对犯罪人的惩罚来抚慰和补偿被害人身心的痛苦。刑罚的教育功能则是通过制定、适用、执行刑罚改变犯罪人的价值观念和行为方式，使其成为对社会有用的新人。《刑法》第二百四十一条第六款规定的可以不追究收买人的刑事责任，对犯罪人和意图犯该罪的人都没有产生任何的威慑、警诚作用。被害人也未从此规定中获得任何的安慰、抚慰和补偿。同时，更没有体现出刑罚的教育作用。在《刑法修正案（九）》出台之前，收买被拐卖妇女、儿童罪的法定刑只有三年以下有期徒刑、拘役或者管制。加上此款的规定，对收买人的威慑作用就明显不足。而该条款对收买人又未规定可以从轻、减轻处罚，一旦收买人为了传宗接代等目的先把妇女收买，后又不阻止其返回原居住地，并以较好的条件对待被收买的妇女，事实上收买人已经犯罪，但却可以不追究刑事责任。而我国刑法之所以将收买被拐卖妇女、儿童的行为明确规定为犯罪，除保护人权外，更大的一个立法目的还在于通过对收买行为的打击和惩罚，进而有效地遏制买方市场，减少拐卖现象的发生。但是《刑法》第二百四十一条第六款的规定在实际中不但没有打击到拐卖行为，还使得收买被拐卖的行为越来越多。

此外，我国地区发展的不平衡，导致收买被拐卖妇女、儿童中同类主体的相同犯罪由于地区、办案人员、法官的差异而不同。没有统一的标准不仅不利于打击此类犯罪，甚至有时还会枉纵犯罪。21世纪，随着时代的进步，公民的法治与权利意识有了极大的提高，而且随着立法思想的发展以及保护人权的迫切需要，我国在逐步推行刑事政策来试图扭转"重打击人贩子轻处罚买主"的立法精神。我国禁止任何有关买卖妇女、儿童的行为，其打击此类事件的态度和行动一直是明确和果敢的。刑法规定了可以让犯罪行为人免于追究刑事责任的"但书"条款，主要目的在于改良社会风气以及促进公民普法意识的提高。而经过这些年社会不断的进步、经济高速的发展、公民自身人权意识的逐步增长和法治素养的逐渐提高，当年规定的"但书"行为已经不符合时代的要求了，应当得以摒弃。拐卖妇女、儿童的犯罪活动之所以无法杜绝，其中一个很重要的原因就是社会上存在庞大的人口买卖市场。收买被拐卖的妇女、儿童罪既遂后却不予追究刑事责任的规定，客观上会起到一定的助推作用，但是其不符合刑法本质的原则和目的，对收买行为的打击也显得极为不够。

因此，收买被拐妇女、儿童的行为一律追究刑事责任，是符合社会发展要求的做法，不能免除处罚，对于买方行为具有震慑作用，长久来看可以减少需求，从源头上减少拐卖妇女、儿童行为的发生。

五、理解适用

（一）本罪与拐卖妇女、儿童罪的界限

拐卖妇女、儿童中包括收买妇女、儿童的行为。两罪的区别在于是否以出卖为目的。在本罪中，行为人收买被拐卖的妇女、儿童不以出卖为目的；而在拐卖妇女、儿童罪中也有收买的行为，此处的收买是指犯罪嫌疑人基于出卖的目的而收买，收买是拐卖行为的一部分。

（二）一罪与数罪的界限

本罪是结果犯，行为人将被拐卖的妇女、儿童收买以后置于自己的实力支配之下成立犯罪的既遂。行为人收买被拐卖的妇女、儿童之后，如果有下列的行为，应当数罪并罚。

收买被拐卖的妇女后，行为人强行与其发生性关系的，以本罪和强奸罪实行数罪并罚。

收买被拐卖妇女、儿童后，有非法剥夺、限制其人身自由或者伤害、侮辱、猥亵等行为，符合相关犯罪构成的，应分别以本罪和非法拘禁罪、伤害罪、侮辱罪、强制猥亵罪（猥亵儿童罪）实行数罪并罚。

收买被拐卖妇女、儿童后，国家机关工作人员前来解救收买的妇女、儿童时，行为人以暴力、威胁方法阻碍解救的，以本罪和妨害公务罪实行数罪并罚。如果行为采用聚众的方式，阻碍国家机关工作人员解救被收买的妇女、儿童的，视其作用而定，如果是首要分子，以本罪和聚众阻碍解救被收买的妇女、儿童罪实行数罪并罚。

刑法修正案（九）第十六条

一、修正条文

根据《刑法修正案（九）》第十六条，修正后的《刑法》第二百四十六条的内容为："以暴力或者其他方法公然侮辱他人或者捏造事实诽谤他人，情节严重的，处三年以下有期徒刑、拘役、管制或者剥夺政治权利。

前款罪，告诉的才处理，但是严重危害社会秩序和国家利益的除外。

通过信息网络实施第一款规定的行为，被害人向人民法院告诉，但提供证据确有困难的，人民法院可以要求公安机关提供协助。"

二、原文表述

《刑法》第二百四十六条规定："以暴力或者其他方法公然侮辱他人或者捏造事实诽谤他人，情节严重的，处三年以下有期徒刑、拘役、管制或者剥夺政治权利。

前款罪，告诉的才处理，但是严重危害社会秩序和国家利益的除外。"

三、修正内容

根据《刑法修正案（九）》第十六条的规定，《刑法》第二百四十六条增加了"通过信息网络实施"的侮辱诽谤行为，"人民法院可以要求公安机关提供协助"的规定。根据该规定，对于"通过信息网络实施"的公然侮辱他人或者捏造事实诽谤他人，情节严重的，"被害人向人民法院告诉，但提供证据确有困难的，人民法院可以要求公安机关提供协助"。

四、修正缘由

（一）原告取证困难

尽管侮辱、诽谤罪早已入刑，但立法者在制定这两个罪名时，主要针对的是在现实世界中所施行的侮辱、诽谤行为。随着信息网络的兴起，网络上存在的多数侮辱、诽谤行为均系通过匿名、在不同的平台上发表。考虑到侮辱、诽谤罪一般情况下告诉才处理，此时该行为的被害人在维权或希望追究行为人的刑事责任时，则面临取证困难、被告不明确等情况，很多时候被害人甚至连行为人的真实姓名、住所地都不清楚。

正是考虑到该行为被害人取证难甚至根本无力取证的情况，立法者在原条文中增加了第三款，此时，对于被害人难以取证的情形，人民法院可以要求公安机关提供必要的协助，以维护被害人的合法权益。

（二）遏制网络侮辱、诽谤犯罪态势的现实需要

近年来，我国网络侮辱、诽谤案件呈不断增长的态势。随着网络科技的发达，人们从过去在现实社会中对他人的侮辱、诽谤，逐渐发展为在网络上对他人的侮辱、诽谤。这种方式更加便捷，传播的范围更广，对被害人造成的伤害更大。网友经常出于对他人名誉上的打击需要，甚至以获取利益为目的，在网络上集体炒作某个话题或人物，通过有偿删帖的方式获取利益。很多被害人因为取证手段的困难，无法亲自告诉，导致助长了犯罪分子的嚣张气焰。这样低成本的犯罪手段，使得很多网民争相效仿。而《刑法》第二百四十六条的出台，将更有助于维护被害人的合法权益，打击网络侮辱、诽谤案的高增长态势，进一步净化网络的生态环境。

五、理解适用

（一）通过信息网络实施侮辱、诽谤行为的认定

实务中，考虑到信息网络的传播速度快、传播范围广泛等特点，许多在现实世界中进行的侮辱、诽谤行为亦会通过信息网络进行传播，即在实施相关行为的过程中，现实与网络存在一定的交叉。故在适用该罪名第三款规定时，应严格把握通过公安机关协助获取的证据能够证明行为人系通过信息网络实施相关行为这一事实。

如行为人通过张贴大字报对被害人进行侮辱，并将照片传到微博、微信等平台中，此时若被害人取证确有困难，则公安机关予以协助取证的应系行为人通过信息网络平台传播相关图片的证据，而非其张贴大字报的相关行为。否则，将会导致该条文的滥用，与侮辱、诽谤罪"不告不理"的特点相违背。

（二）提供证据确有困难的认定

尽管《刑法修正案（九）》为被害人取证提供了新的途径，但在实践中应对何为"提供证据确有困难"进行细致的划分，不能随意地认定，对此笔者认为，对于下列情况，可认定为"确有困难"：

1. 被害人因自身情况取证困难

对于年迈、身体患有严重疾病的被害人，由于对于其在刑事诉讼的进程中无法较好地进行取证事宜，故在面对此类被害人提起自诉而又未委托代理人的案件时，人民法院可认定其具有取证困难的情形，要求公安机关予以必要的协助。

2. 所需的证据被害人无法获取

刑事自诉案件中，往往需要被害人提供被告的信息，才可予以立案。在网络上，被害人了解的往往是被告的网名或是简称，并不了解其真实的身份信息。此时被害人并不具备查询被告真实信息的能力，而公民的身份信息公安机关的数据库中必然有备存且该信息

更为权威，故笔者认为，人民法院在此情况下可要求公安机关予以协助，而非要求被害人自行查实。

3. 需要第三方平台所确认的证据

信息网络平台上实施侮辱、诽谤行为的证据多为证据类型中的电子证据，而该电子证据又常体现为聊天记录、回复帖等。尽管被害人可以通过截图予以固定相关电子证据，但由于此时该证据属于传来证据，可能会因存在瑕疵等问题而不予采纳。故对于聊天记录等证据，公安机关可以通过向第三方平台调取，确认该证据真实、合法，并将证据用于刑事诉讼活动中，维护被害人的利益。

在《刑法修正案（九）》实施后，通过信息网络平台进行的侮辱、诽谤行为，被害人进行刑事自诉时，应注意以下问题：

1. 通过 IP 地址等，确认被告信息

被害人可通过实施行为的网络账号的 IP 地址、或是相关绑定手机号码、身份信息的社交账号，确定被告的信息。如通过 IP 地址查询该宽带的注册登记人、通过绑定的手机号码查询该号码登记的身份证等，以确定被告信息。

2. 证明相关行为达到情节严重的程度

侮辱、诽谤罪均需达到情节严重的程度才应科处刑罚。具体有关情节严重的情形可参考最高人民法院、最高人民检察院《关于办理利用信息网络实施诽谤等刑事案件适用法律若干问题的解释》第二条的规定：“利用信息网络诽谤他人，具有下列情形之一的，应当认定为刑法第二百四十六条第一款规定的‘情节严重’：（一）同一诽谤信息实际被点击、浏览次数达到五千次以上，或者被转发次数达到五百次以上的；（二）造成被害人或者其近亲属精神失常、自残、自杀等严重后果的；（三）二年内曾因诽谤受过行政处罚，又诽谤他人的；（四）其他情节严重的情形。”

3. 注意区分不同证据情况采取措施

被害人对于所持有的证据，应根据不同的情况予以固定。如对于已掌握的身份信息等，应通过法院申请公安机关协助，予以核实；对于已保存的聊天记录、帖子的截图等，亦可要求第三方平台出具证明该真实性的证明；而对于自身无法调取而又确实存在的证据，则应要求法院予以调取。

刑法修正案（九）第十七条

一、修正条文

根据《刑法修正案（九）》第十七条，修正后的《刑法》第二百五十三条之一内容为："违反国家有关规定，向他人出售或者提供公民个人信息，情节严重的，处三年以下有期徒刑或者拘役，并处或者单处罚金；情节特别严重的，处三年以上七年以下有期徒刑，并处罚金。

违反国家有关规定，将在履行职责或者提供服务过程中获得的公民个人信息，出售或者提供给他人的，依照前款的规定从重处罚。

窃取或者以其他方法非法获取公民个人信息的，依照第一款的规定处罚。

单位犯前三款罪的，对单位判处罚金，并对其直接负责的主管人员和其他直接责任人员，依照各该款的规定处罚。"

二、原文表述

《刑法》第二百五十三条之一规定："国家机关或者金融、电信、交通、教育、医疗等单位的工作人员，违反国家规定，将本单位在履行职责或者提供服务的过程中获得的公民个人信息，出售或者非法提供给他人，情节严重的，处三年以下有期徒刑或者拘役，并处或者单处罚金。

窃取或者以其他方法非法获取上述信息，情节严重的，依照前款的规定处罚。

单位犯前两款罪的，对单位判处罚金，并对其直接负责的主管人员和其他直接责任人员，依照各该款的规定处罚。"

三、修正内容

出售、非法提供公民个人信息罪是《刑法修正案（七）》增设的罪名，根据《刑法修正案（七）》的规定，出售、非法提供公民个人信息罪的犯罪主体只能是国家机关或者金融、电信、交通、教育、医疗等单位的工作人员，将本罪主体限制为具备公权力的单位及工作人员。《刑法修正案（九）》第十七条将出售、非法提供公民个人信息罪的犯罪主体从特殊主体修改为一般主体，可以是自然人，也可以是单位。另外《刑法修正案（九）》第十七条加大了对侵害公民个人信息罪的处罚力度，对于出售、非法提供公民个人信息罪规定了两种量刑。该条规定"违反国家有关规定，向他人出售或者提供公民个人信息，情节严重的，处三年以下有期徒刑或者拘役，并处或者单处罚金；情节特别严重的，处三年以上七年以下有期徒刑，并处罚金。窃取或者以其他方法非法获取公民个人信息的，依照该款的规定处罚"。《刑法修正案（九）》第十七条还规定了从重处罚的情况："违反国家有关规定，将在履行职责或者提供服务过程中获得的公民个人信息，出售或者提供给他人的，依照前款的规定从重处罚。"

四、修正缘由

（一）《刑法修正案（七）》对于出售、非法提供公民个人信息罪的犯罪主体限定范围过窄

《刑法修正案（七）》实施后，出售、非法提供公民个人信息罪在适用中受到许多质疑。出售、非法提供公民个人信息罪的犯罪主体只能是国家机关或者金融、电信、交通、教育、医疗等单位的工作人员，将本罪主体限制为具备公权力的单位及工作人员，但现

实中实施这一类行为的并非仅限于这些特殊主体，保险、旅游、房地产、会员制商业组织等其他单位以及个人都有机会获得公民个人信息。司法实践中侵犯公民个人信息犯罪的信息源头也多是交通运输、网购网站、物流快递、中介服务商等单位。例如，在上海市公安局网安总队 2012 年 11 月破获的 1 号店（家乐福公司经营的网上购物超市）员工泄露用户信息案中，大量公民个人信息被泄露，有人通过 QQ 来兜售 1 号店的数据，90 万名用户的资料卖五百元。警方查明是 1 号店网上商城员工与离职、外部人员内外勾结，造成部分客户信息泄露。但是，由于本案的行为主体属于购物网站工作人员，导致案件调查起诉工作面临困惑。

（二）公民个人信息泄露情况严重

立法机关对侵犯公民个人信息之网络行为的普遍危害性及其严重程度没有足够的前瞻，网络上公民个人信息泄露情况严重。《中国网民权益保护调查报告（2015）》显示，在个人信息保护方面，网民被泄露的个人信息涵盖范围非常广泛，其中 78.2% 的网民个人身份信息被泄露过，包括网民的姓名、学历、家庭住址、身份证号及工作单位等；63.4% 的网民个人网上活动信息被泄露过，包括通话记录、网购记录、网站浏览痕迹、IP 地址、软件使用痕迹及地理位置等。在个人信息泄露带来的不良影响上，82.3% 的网民亲身感受到了个人信息泄露对日常生活造成的影响。公安部也曾部署全国公安机关集中开展打击侵害公民个人信息犯罪，打掉利用非法获取的公民信息实施犯罪的团伙 468 个，查获被盗取的各类公民个人信息 7 亿余条。

五、理解适用

（一）违反国家有关规定

只有违反国家关于公民个人信息保护的法律规定，才能构成此罪。这一前置性规定与《刑法修正案（七）》的内容相同。我国目前还没有出台个人信息保护法（正在制定之中），但这并不意味着我国对个人信息不进行保护。现阶段，我国对个人信息的保护，表现为两个方面：一是在与个人信息保护有关的法律法规中设置个人信息保护条款对个人信息加以保护。个人信息的法律保护又分为法律的直接保护和法律的间接保护，法律的直接保护即法律法规明确提出对"个人信息"进行保护；间接保护即法律法规通过提出对"人格尊严"、"个人隐私"、"个人秘密"等与个人信息相关的范畴进行保护从而引申出对个人信息的保护。二是通过信息控制人的单方承诺或特定行业自律规范的承诺对个人信息加以自律性质的保护。如企业通过单方承诺以某种市场运作方式对个人信息加以保护，特定行业组织通过行业自律规范对个人信息确立行业保护标准进而进行保护。由于单方承诺是平等主体之间的合同行为，行业自律规范不属于我国法律体系的组成部分，不能因违反行业规范构成犯罪。

《刑法》第九十六条规定："本法所称违反国家规定，是指违反全国人民代表大会及其常务委员会制定的法律和决定，国务院制定的行政法规、规定的行政措施、发布的决定和命令。"目前我国直接对公民个人信息加以保护的相关立法包括《关于加强网络信息保护的决定》、《护照法》、《居民身份证法》等，其中《关于加强网络信息保护的决定》第一条规定，任何组织和个人不得窃取或者以其他非法方式获取公民个人电子信息，该决定首次提出了对个人信息收集、使用"合法性、正当性和必要性"三个原则。间接对公民个人信息加以保护的相关立法包括《宪法》、《民法通则》、《刑法》、《侵权责任法》、《民事诉讼法》、《刑事诉讼法》、《妇女权益保护法》、《未成年人保护法》、《档案法》等。另外，自2015年7月6日起，网络安全法（草案）在中国人大网站上全文公布，并向社会公开征求意见。该草案明确规定网络运营者对其收集的公民个人信息必须严格保密，不得泄露、篡改、毁损，不得出售或者非法向他人提供，网络运营者应当采取技术措施和其他必要措施，确保公民个人信息的安全，防止其收集的公民个人信息泄露、毁损、丢失。

（二）行为人实施"出售"或者"非法提供"两种行为

"出售"是指出于商业目的，以金钱或者实物作价，将自己掌握的公民个人信息卖给他人的行为。"非法提供"是指不应将自己掌握的公民个人信息提供给他人而予以提供的行为。"他人"既包括个人，也包括单位。如果是为了提高行政效率、维护国家安全或者公共利益，基于侦查、起诉、审判工作需要等，而向政府有关部门、司法机关等提供公民个人信息，则属合法提供。如果依法掌握公民个人信息的单位或者个人，违背当初获取公民信息时的目的，擅自利用公民个人信息，或者没有依据约定，改变公民个人信息用途，但是并未违反国家规定，由于我国没有将非法利用个人信息的行为入罪，此类行为虽有一定危害性，但依据罪刑法定原则，不构成犯罪。如用人单位未经员工同意，擅自使用掌握的员工信息办理信用卡，虽然没有取得员工授权，但是并未获利出售或者非法向银行提供信息，所以不构成此罪。

本罪是选择性罪名，行为人实施了"出售"或"非法提供"行为之一的，即可构成本罪，具体罪名可认定为出售公民个人信息罪或非法提供公民个人信息罪。行为人同时实施了"出售"和"非法提供"行为的，也只认定为一罪，即出售、非法提供公民个人信息罪，不实行数罪并罚。

（三）公民个人信息的范围

公民个人信息包括姓名、身份证号码、职业、职务、年龄、婚姻状况、学历、专业资格、工作经历、家庭住址、电话号码、信用卡号码、指纹、网上登录账号和密码等能够识别公民个人身份的信息。需要注意的是，本罪侵犯的对象仅限于"公民个人信息"，而不包括单位信息。《刑法修正案（九）》并没有限定公民个人信息的具体范围，这说明对公民个人信息给予毫无例外之全面刑法保护。当然，公民个人信息的范围也不是无限扩大，公民个人信息应具备两个基本特征：一是个人的专属性，即其与公民的个人身份紧密相关，既包括其生理特征的信息，也包括其本人在社会上从事各种活动的社会特征的信息。由此可将国家秘密、情报或者商业秘密、交易信息排除在外。二是信息的重要性，即公民的诸多个人信息关乎公民的人格、尊严，甚至影响其财产权利、人身安全。这一点也可以认为是个人信息的保护价值。

（四）必须达到情节严重

出售、非法提供公民个人信息的危害行为只有在"情节严重"时才成立犯罪，而"情节严重"并不必然包括给他人实际造成危害结果的情形。这里的"情节严重"一般包括下列几种情形：出售公民个人信息获利较大或者销售金额较大；出售或者非法提供公民个人信息数量较大；多次出售或者非法提供公民个人信息；公民个人信息被出售或非法提供给他人后，给公民造成了经济上的损失或者其他严重后果；非法获取公民个人信息用于实施犯罪活动；非法获取公民个人信息手段恶劣；形成公民个人信息非法购销组织网络；其他可认定为情节严重的情形。

（五）司法认定疑难问题

1. 本罪与一般违法行为的区别

本罪要求情节严重才能成立，如果行为人有出售或者提供公民个人信息的行为，但是没有达到情节严重的程度，如出售或者提供公民个人信息较少，对于被出售信息的公民影响较小，则只能通过民事途径予以解决。

2. 本罪与其他犯罪的界定

出售、非法提供公民个人信息的行为，还可能构成其他犯罪。如犯罪人在实施出售、非法提供公民个人信息时，所出售或者提供的个人信息中，有的属于国家机密，可能构成故意泄露国家机密罪与出售、非法提供公民个人信息罪的想象竞合，应以较重犯罪论处。如果非法获取的公民信息符合商业秘密的特点，则可能构成侵犯商业秘密罪与非法获取公民个人信息罪的想象竞合，依然以较重犯罪论处。

刑法修正案（九）第十八条

一、修正条文

根据《刑法修正案（九）》第十八条，修正后的《刑法》第二百六十条的内容为："虐待家庭成员，情节恶劣的，处二年以下有期徒刑、拘役或者管制。

犯前款罪，致使被害人重伤、死亡的，处二年以上七年以下有期徒刑。

第一款罪，告诉的才处理，但被害人没有能力告诉，或者因受到强制、威吓无法告诉的除外。"

二、原文表述

《刑法》第二百六十条规定："虐待家庭成员，情节恶劣的，处二年以下有期徒刑、拘役或者管制。

犯前款罪，致使被害人重伤、死亡的，处二年以上七年以下有期徒刑。

第一款罪，告诉的才处理。"

三、修正内容

根据《刑法修正案（九）》第十八条规定，《刑法》第二百六十条增加了对虐待家庭成员告诉才处理的例外规定，根据该规定，对于"虐待家庭成员，情节恶劣的"，"被害人没有能力告诉，或者因受到强制、威吓无法告诉的"，不受告诉才处理的限制。

四、修正缘由

我国刑法将本罪规定为亲告罪，是考虑到虐待行为属于家庭内的危害行为，为了维护社会伦理与家庭稳定，只要并未因虐待致使被害人重伤、死亡的或触及其他犯罪，被害人选择容忍，公权力就选择不介入。将该罪设为亲告罪有以下优点：其一，有利于保障被害人的权利，虐待罪涉及被害人的名誉和隐私，是否对加害人的虐待行为予以刑法追究，应尊重被害人自身的选择；其二，有利于促进家庭成员之间的矛盾化解，促进家庭和谐与维护社会伦理。亲告罪本身便是国家诉权对个人诉权的尊重，以及国家诉权与个人诉权之间寻求的某种平衡。但国家诉权的退让是有限度的，刑法规定，若因虐待致使被害人重伤、死亡的，则为普通的公诉案件。

被害人的自由意志便是将虐待罪设定为亲告罪的初衷，但若受害者的意志自由受到限制，或者由于其他原因不能行使告诉的，若刑法仍然坚持客观标准，排除必要的社会干预，便背离了亲告罪的初衷。

实际上，虐待罪的侵害对象往往是妇、老、幼、残等，被害人难以实现自己的诉权，意志自由也受到极大限制，难以追求实现诉权。例如，受虐儿童并非完全民事行为能力人，因此本身无法独立行使自己的诉权，当自诉案件被害人丧失行为能力时，应由其法定代理人、近亲属代为起诉，但现实中的施虐者常为其法定代理人，其法定代理人又如何代理他人告诉自己呢？加上家庭内部虐待儿童的行为较隐蔽，法律无法期待施虐者本身自告其有罪或保存并提供证据。况且中华传统中的"亲亲"、"尊尊"更是使得儿童在受到尊长虐待时逆来顺受，如何期待其主张自己的权力？又如，妇女、老人等弱势群体，要求其承担告诉的义务并不现实，在难以实现告诉的同时，甚至可能遭受更严重的报复性虐待。《刑法修正案（九）》增加了"但被虐待的人没有能力告诉，或者因受到强制、威吓无法告诉的除外"条款，虽然仍认可虐待罪为亲告罪，但已初步增加了例外情形，切实维护了受害人的利益，使得告诉才处理制度更为科学合理。

五、理解适用

（一）罪与非罪

本罪是指行为人对共同生活的家庭成员，进行肉体和精神上的虐待，情节恶劣的行为。

本罪的客体为复杂客体，即受害人的人身权利，以及家庭成员之间的家庭关系。家庭关系是基于婚姻、血缘或者收养关系，形成的善意抚养、看护义务的关系，常指夫妻、父母子女，但祖父母、外祖父母、外子女、外孙子女等也在可能的含义之内。家庭的封闭性与亲密性，使得家庭成员往往互为关系最亲密的人，同时家庭是基础的社会单位，受政治、经济、社会伦理的影响，因此家庭成员间表现为互助平等、尊老爱幼等。虐待罪所述行为所侵害的不止是受害人的人身权利，还包含着对家庭关系的破坏。

本罪的客观方面为虐待家庭成员，情节恶劣的行为。虐待，是指以暴力或者非暴力的方式损害被害人肉体和精神的行为。虐待行为既可针对肉体，也可针对精神，如恫吓、谩骂、羞辱等。虐待行为既可表现为作为的方式，如殴打、冻烤、打骂、侮辱、剥夺自由、强迫劳动等；也可指不作为的方式，如不给饭吃、不给衣服穿、有病不给治。虐待行为具有经常性、一贯性，正是由于家庭成员关系，因此不具有经常性、一贯性的一般性过激的教育并不能认定为虐待罪。构成虐待罪还需要情节恶劣，常表现为虐待手段残酷、动机卑劣、持续时间长等。

本罪的犯罪主体为特殊主体，即只有具有亲属关系或者抚养关系的家庭成员，才能构成本罪。现实中往往是在经济、家庭地位、体力上具有一定优势的一方虐待弱势一方。

本罪的主观方面为故意，即行为人明知自己的虐待行为会侵害受害人的人身权利以及家庭成员互相帮扶的关系，而希望或者放任该行为的发生。虐待罪的犯罪动机并非定罪要件，但是恶劣的犯罪动机会影响到量刑。

（二）虐待罪与其他犯罪的适用问题

实践中，由于行为人在虐待家庭成员的过程中经常伴有故意伤害的手段，容易发生被虐待人伤害甚至死亡的结果，对这种案件，有观点认为应该依照虐待罪与故意伤害罪的构成标准，结合具体案情分情况处理。行为人对被虐待人有故意伤害行为，但没有给被害人造成轻伤以上伤害后果的，应该视为虐待；在经常性虐待过程中，其中一次行为人明知其行为会给被害人身体造成伤害，且客观上已经给被害人造成伤害后果的，应当认定为故意伤害罪；如果将该行为分离出来独立评价后，其他虐待行为能够充足虐待罪构成要件的，则应当以虐待罪与故意伤害罪实行数罪并罚；如果将故意伤害罪分离之后，其余虐待行为不构成虐待罪的，则只能以行为人犯故意伤害罪一罪处罚。按照《刑法修正案（九）》对虐待罪的规定，在将故意伤害行为独立出来后，剩余的行为仍然构成虐待罪的，是为想象竞合，应该按照处罚较重的规定处罚，并没有采取数罪并罚的处理方法。

刑法修正案（九）第十九条

一、修正条文

根据《刑法修正案（九）》第十九条，修正后的《刑法》第二百六十条之一的内容为："对未成年人、老年人、患病的人、残疾人等负有监护、看护职责的人虐待被监护、看护的人，情节恶劣的，处三年以下有期徒刑或者拘役。

单位犯前款罪的，对单位判处罚金，并对其直接负责的主管人员和其他直接责任人员，依照前款的规定处罚。

有第一款行为，同时构成其他犯罪的，依照处罚较重的规定定罪处罚。"

二、原文表述

无。

三、修正内容

根据《刑法修正案（九）》第十九条，《刑法》第二百六十条增加了对"未成年人、老年人、患病的人、残疾人等负有监护、看护职责的人虐待被监护、看护的人"的处罚，作为《刑法》第二百六十条之一。根据该规定，虐待罪的主体不仅限于家庭成员，增加了"未成年人、老年人、患病的人、残疾人等负有监护、看护职责的人"和单位。同时，规定了"构成其他犯罪的，依照处罚较重的规定定罪处罚"的处罚原则。

四、修正缘由

（一）社会多元化发展使得传统的虐待罪对身份的限制不足以规制新行为

随着现代社会人口流动与工作节奏的加快，传统生活模式也产生了相应的变化，部分传统家庭责任向社会转移，如越来越多的托儿所、养老院负责照料婴幼儿、老年人。当非家庭成员之间居住在一起时，负有监护、看护职责的护理人员、护理机构，虐待欺凌被监护对象，是传统的虐待行为所不能包含的内容，是法律的不及之地。传统的虐待行为强调主体是家庭成员，而非家庭成员的虐待行为不能被评价为虐待罪，而把监护、看护职责的人的规制交由职业道德。

（二）曝光虐童事件引起社会关注，群众呼吁填补立法空缺

随着网络曝光的越来越多的虐童事件，如浙江温岭某幼儿园教师使用封口、拎耳朵、倒置于垃圾桶内等方法虐待儿童，山西太原某幼儿园一个5岁女童被教师扇了几十个耳光，广东汕头某幼儿园3岁男童被教师无端猛踹数下，河南郑州某幼儿园员工逼男童互吻并拍照放于互联网上等，负有监护、看护职责的人虐待被监护、看护的人开始受到社会关注。而虐童事件并非社会曝光的网络旋涡之一，虐待老人的案例也是时有发生，如河南郑州某养老院逼老人喝尿，殴打老人；吉林长春某养老院，用刷锅水泡馒头喂老人；浙江安吉一敬老院虐待老人至老人的左小腿烂掉。

以上行为虽符合虐待行为的本质特征，即职务或者人身的依附性、行为的经常性与一贯性，但在《刑法修正案（九）》实施之前，在司法实践中若不能构成故意伤害罪，则常以寻衅滋事罪定罪处罚，这也是司法实践为弥补立法漏洞的无奈选择。其实，刑法中的虐待罪从1979年至2011年，对于主体要件有过争论，却从未修改。全国政协委员、中国社会科学院社会政法学部工作室主任刘白驹此次提交了提案，建议修改刑法中关于虐待罪的条款，扩大虐待

罪的主体。由于现行刑法"虐待罪"针对的是家庭成员之间的虐待，"故意伤害罪"必须有人身伤害后果，地方公安机关提出的"寻衅滋事罪"的指控也不成立。最终，虐童的行为人没有受到刑罚。对此，群众呼吁刑法增设"虐待儿童罪"。刘白驹认为"但增设独立的'虐待儿童罪'并不是最佳选择。单独设立'虐待儿童罪'，增加了一个罪名，会与已有的'虐待罪'的规定构成法条竞合，造成立法混乱，影响司法效率"。

五、理解适用

（一）罪与非罪

本罪是指对未成年人、老年人、患病的人、残疾人等负有监护、看护职责的人虐待被监护、看护的人，情节恶劣的行为。

其客观方面，表现为负有监护、看护职责的人违背监护、看护职责，虐待被监护、看护的人，情节恶劣的行为。负有看护、监护职责的人或者机构，是由于合同关系或者其他法律规定，负有看护、监护职责。虐待行为主要指对被监护、看护人的打骂、冻饿、捆绑、限制自由等。其行为也因不同领域而表现不同，如给婴幼儿喂食安眠药，限制甚至剥夺老人、病人的人身自由，对病人放任不管、不进行必要的护理或者救助等。"情节恶劣"需要结合被害人的身体与精神状况、社会常理与普遍评价来综合认定。

其主体仍为特殊主体，即对未成年人、老年人、患病的人、残疾人等负有监护、看护职责的人，且不属于家庭成员关系。自然人与单位都可构成本罪。学界也有"去身份化"的呼吁，《刑法修正案（九）》的修改也是对现实与呼吁的回应。

其主观方面为故意，即负有监护、看护职责的人明知自己的虐待行为会损害被监护、看护的人的人身权利，而希望或者放任损害结果的发生。

（二）本罪与虐待罪的区别

两罪在客观方面上几乎一致，皆为对属于从属地位的人的打骂、冻饿、捆绑、限制自由等虐待行为，但存在以下区别：其一，犯罪客体不同。本罪侵犯的客体是被监护人、被看护人的人身权利，而虐待罪侵害的是复杂客体，包括人身权利以及因身份关系而有的其他家庭权利。其二，犯罪主体存在区别。本罪的犯罪主体是对未成年人、老年人、患病的人、残疾人负有监护、看护义务的人，且单位可构成本罪，而虐待罪的犯罪主体是与被害人属同一家庭成员，仅自然人可以构成本罪。其三，想象竞合情形下的处罚模式不同。在想象竞合情形下，触犯本罪与他罪，适用想象竞合的一般处罚原则，即从一重处罚。而触犯虐待罪中，与其他罪名想象竞合，以虐待罪一罪处罚。其四，案件告诉模式不同。本罪属于公诉案件，而虐待罪既可公诉亦可自诉。其五，量刑幅度不同。本罪量刑幅度为三年以下有期徒刑或者拘役，虐待罪是两年以下有期徒刑、拘役或者管制。

（三）本罪罪数问题

行为人因虐待行为致使被监护、看护人重伤、死亡的，同时触犯故意伤害罪、故意杀人罪、过失致人重伤、死亡罪时，为想象竞合，从一重罪处罚。

若行为人并非因虐待行为本身而是独立的其他行为致使他人重伤、死亡的，以数罪论处。

刑法修正案（九）第二十条

一、修正条文

根据《刑法修正案（九）》第二十条的规定，将《刑法》第二百六十七条第一款修改为："抢夺公私财物，数额较大的，或者多次抢夺的，处三年以下有期徒刑、拘役或者管制，并处或者单处罚金；数额巨大或者有其他严重情节的，处三年以上十年以下有期徒刑，并处罚金；数额特别巨大或者有其他特别严重情节的，处十年以上有期徒刑或者无期徒刑，并处罚金或者没收财产。"

二、原文表述

《刑法》第二百六十七条第一款规定："抢夺公私财物，数额较大的，处三年以下有期徒刑、拘役或者管制，并处或者单处罚金；数额巨大或者有其他严重情节的，处三年以上十年以下有期徒刑，并处罚金；数额特别巨大或者有其他特别严重情节的，处十年以上有期徒刑或者无期徒刑，并处罚金或者没收财产。"

三、修正内容

新增了"多次抢夺"的内容，进一步降低了抢夺罪的入罪门槛。

四、修正缘由

该条的修改主要是为了填补劳动教养制度取消后的法律空白。

2013 年 12 月 28 日，全国人大常委会通过了关于废止有关劳动教养法律规定的决定。根据决定，在劳教制度废止前，依法作出的劳教决定有效；在劳教制度废止后，对正在被依法执行劳教的人员，解除劳动教养，剩余期限不再执行。为了做好劳动教养制度废除后法律上的衔接，《刑法修正案（八）》在立法上通过降低盗窃罪的入罪门槛等措施适度扩张了刑法的适用范围，但仍存在一定的不足，如没有考虑多次抢夺、多次扰乱国家机关工作秩序等行为的治理问题。对此，《刑法修正案（九）》再次将做好劳动教养制度废除后的法律衔接作为立法的重要考虑因素，从多方面完善刑法立法。其中，修改抢夺罪的入罪门槛就是其中一个重要例证。

《刑法修正案（九）》关于抢夺罪的立法修改，在立法过程中总体上争议不大。2014 年 11 月对外公布的《刑法修正案（九）（草案）》第十九条规定："将刑法第二百六十七条第一款修改为：'抢夺公私财物，数额较大的，或者多次抢夺的，处三年以下有期徒刑、拘役或者管制，并处或者单处罚金；数额巨大或者有其他严重情节的，处三年以上十年以下有期徒刑，并处罚金；数额特别巨大或者有其他特别严重情节的，处十年以上有期徒刑或者无期徒刑，并处罚金或者没收财产。'"其修改的内容是增加了"多次抢夺"的规定。在征求意见过程中，只有个别意见认为，多次抢夺属于屡教不改、性质恶劣的情形，建议单设刑罚，加大惩处力度，但该意见没有被国家立法机关采纳。最终通过的《刑法修正案（九）》保留了第一次审议稿的规定。

五、理解适用

（一）"多次抢夺"的内涵

《刑法修正案（九）》第二十条规定："将刑法第二百六十七条第一款修改为：抢夺公私财物，数额较大的，或者多次抢夺的，处三年以下有期徒刑、拘役或者管制，并处或者单处罚金；数额巨大或者有其他严重情节的，处三年以上十年以下有期徒刑，并处罚金；数额特别巨大或者有其他特别严重情节的，处十年以上有期徒刑或者无期徒刑，并处罚金或者没收财产。"与《刑法》原第二百六十七条第一款的规定相比，该规定增加了"多次抢夺"的内容。从内涵上看，对"多次抢夺"可以从以下两个方面进行理解：

第一，行为人必须实施了"抢夺"行为。在刑法理论上，抢夺是指趁人不备、公然夺取他人财物的行为。从行为的角度上看，抢夺行为的成立要求具备两个条件：一是行为人主观上具有趁人不备、公然夺取他人财物的故意；二是行为人客观上实施了趁人不备、公然夺取他人财物的行为。至于行为人是否成功夺取他人财物或者夺取他人财物的数量，不影响抢夺行为的成立。换言之，行为人的抢夺行为既可以是已经成功夺取了他人的财物，也可以是实施了抢夺行为但未能夺取他人的财物；既可以是针对数额较大的财物，也可以是针对数额较小的财物。

第二，行为人实施的"抢夺"行为必须达到"多次"。在刑法理论上，"多次"通常是指三次以上。但对于行为人在多长时间内抢夺三次以上构成抢夺罪，有待司法解释对之加以明确。最高人民法院、最高人民检察院于2013年4月4日施行的《关于办理盗窃刑事案件适用法律若干问题的解释》第三条对"多次盗窃"作了规定："二年内盗窃三次以上的，应当认定为'多次盗窃'。"鉴于抢夺行为与盗窃行为在危害性上具有很高的相似性，对于"多次抢夺"，也可以采取"多次盗窃"的认定标准，将其限定为"二年内抢夺三次以上"的情形。

（二）多次抢夺的司法适用

对于多次抢夺，在司法适用中，需要重点把握以下两个具体问题：

第一，多次抢夺的既遂问题。如前所述，多次抢夺是一种行为描述，并不要求抢夺行为既遂。即便行为人三次以上的抢夺行为一次都没有既遂，亦可认定行为人成立"多次抢夺"。但在处罚上，应当按照抢夺未遂进行处理，对行为人可适用我国《刑法》第二十三条第二款关于未遂犯的规定。但问题是，如果在行为人多次抢夺的行为中，有一次或者两次抢夺行为既遂，如某一次抢夺他人数额不大的财物，对行为人还能否继续适用《刑法》第二十三条第二款的规定呢？笔者认为，答案是否定的。只要行为人多次抢夺行为中有一次行为既遂，即可认定行为人的抢夺行为既遂，对行为人的多次抢夺行为不能再适用《刑法》第二十三条第二款的规定。

第二，多次抢夺的认定问题。根据《刑法修正案（九）》第二十条的立法精神，"多次抢夺"的规定是为了弥补《刑法》原第二百六十七条抢夺罪单一入罪门槛（即"数额较大"）的不足，力图解决数额虽未达到较大的标准但抢夺次数较多情形的处理问题。不过，《刑法修正案（九）》第二十条新增"多次抢夺"后，实践中可能会遇到这样的问题：行为人进行了多次抢夺，其中有一次抢夺的财物数额达到了数额较大的标准，对行为人是适用抢夺"数额较大"的情形还是适用"多次抢夺"的情形？对此，笔者认为，应当适用抢夺财物"数额较大"的情形。这是因为，如果行为人的某次抢夺行为符合"数额较大"的标准，行为人的这一次行为即可单独构成抢夺罪，其他抢夺行为则可作为抢夺罪的从重考量因素；而如果对行为人适用"多次抢夺"的情形，则意味着行为人的多次抢夺行为只能受到一次法律评价，作为其是否构成犯罪的标准，而不能在量刑上再作专门的考虑。

刑法修正案（九）第二十一条

一、修正条文

根据《刑法修正案（九）》第二十一条，修正后的《刑法》第二百七十七条的内容为："以暴力、威胁方法阻碍国家机关工作人员依法执行职务的，处三年以下有期徒刑、拘役、管制或者罚金。

以暴力、威胁方法阻碍全国人民代表大会和地方各级人民代表大会代表依法执行代表职务的，依照前款的规定处罚。

在自然灾害和突发事件中，以暴力、威胁方法阻碍红十字会工作人员依法履行职责的，依照第一款的规定处罚。

故意阻碍国家安全机关、公安机关依法执行国家安全工作任务，未使用暴力、威胁方法，造成严重后果的，依照第一款的规定处罚。

暴力袭击正在依法执行职务的人民警察的，依照第一款的规定从重处罚。"

二、原文表述

《刑法》第二百七十七条规定："以暴力、威胁方法阻碍国家机关工作人员依法执行职务的，处三年以下有期徒刑、拘役、管制或者罚金。

以暴力、威胁方法阻碍全国人民代表大会和地方各级人民代表大会代表依法执行代表职务的，依照前款的规定处罚。

在自然灾害和突发事件中，以暴力、威胁方法阻碍红十字会工作人员依法履行职责的，依照第一款的规定处罚。

故意阻碍国家安全机关、公安机关依法执行国家安全工作任务，未使用暴力、威胁方法，造成严重后果的，依照第一款的规定处罚。"

三、修正内容

根据《刑法修正案（九）》第二十一条的规定，《刑法》第二百七十七条中增加了有关"暴力袭击正在依法执行公务的人民警察的规定"，按照该规定，"暴力袭击正在依法执行职务的人民警察的，依照第一款的规定从重处罚"。原条文根据修正的内容，增加一款作为第五款，即该条第五款为："暴力袭击正在依法执行职务的人民警察的，依照第一款的规定从重处罚。"

四、修正缘由

（一）近年来，暴力袭警案件事件时有发生

暴力袭警，是指以暴力方法阻碍公安民警依法履行职务或明知是人民警察故意实施暴力袭击的行为。据公安部提供的相关资料显示，2010年至2014年，公安民警因公负伤20741人（重伤2643人、轻伤18098人），平均每年4148人。除2012年有所下降外，总体呈上升趋势。其中，同犯罪分子做斗争是民警负伤的首要原因，因此遭受暴力袭击负伤8880人，占负伤民警总数的42.8%，连续5年总体上升。据全国人大常委会相关人员介绍，"针对当前社会矛盾多发，暴力袭警案件时有发生的实际情况，在妨害公务罪中将袭警行为明确列举出来，可以更好地起到震慑和预防犯罪的作用"。这也是《刑法修正案（九）》将袭警行为单独列举出来的主要原因。

（二）近年来，袭警案件呈现出一些新态势

（1）从手段上看，暴力程度不断增加。袭警行为已经不再局限于谩骂、侮辱、诬告、威胁、妨碍等行为，而是出现了围攻、阻挠、暴力抗法、殴打袭击等人身伤害，甚至使用棍棒、刀具、枪支，采用爆炸、投毒等恶劣手段进行直接的人身伤害。例如，2011年1月4日，山东省泰安市山东科技大学附近2名命案嫌疑人在警察准备盘查时向警方开枪，造成3名民警、1名协警死亡。2014年2月14日，在阿克苏地区乌什县，犯罪嫌疑人驾驶车辆，携带爆燃装置，手持砍刀，袭击公安巡逻车辆，致2名群众和2名民警受伤。

（2）引发袭警行为的原因呈现多元化。就中国的现状而言，警察不仅要履行基本职能，还要履行其编外职能，如处理因拆迁、征地、财产补偿、矿产纠纷等案件时，他们出于某种原因也要发挥积极作用。这些纠纷极易导致公私矛盾激化，引发警民冲突。另外，特殊因素如恐怖势力和民族分裂分子引发的袭警行为也逐渐增多。

（3）袭警行为的主体呈现多元化。过去的袭警主体主要为逃避罪责的犯罪嫌疑人，或者被执法者。而近年来的袭警主体已经扩展到农民、青少年、无业人员，甚至是一些知识分子和国家公务人员及其亲属。例如，2010年9月7日，陕西省扶风县几个民工头戴安全帽、手持钢管与群众发生冲突并砸车，在民警制止时，几人持钢管猛打3位民警头部、胸部等部位，致3人受伤。2012年6月23日晚，海南洋浦经济开发区30余名青少年持刀具、石块袭击民警，并利用手中的钩刀、砍刀和石块打砸警车。

（三）一些全国人大代表、中央政法委以及公安部等有关部门和人员多次呼吁在刑法中增加规定"袭警罪"

自2003年由王午鼎等35位全国人大代表提出在刑法中增设"袭警罪"的建议以来，设立"袭警罪"的呼声经常出现在"两会"上。其中，全国人大代表、江苏省徐州市公安局副局长刘丽涛连续10年为此建言。全国人大代表、宁夏回族自治区石嘴山市公安局惠农分局副局长张仙蕊连续3年建议袭警入刑。在2015年召开的十二届全国人大三次会议上，全国人大代表、山西省副省长、山西省公安厅厅长刘杰也建议在刑法中设置"袭警罪"。呼吁者认为，设立"袭警罪"可以维护国家法律的尊严和权威，保障警察依法执行职务，更好地维护社会治安秩序，保护人民群众的生命财产安全。把造成正在执行警务活动的警察重伤或者死亡的袭击行为，完全等同于普通的故意伤害或者故意杀人罪，实际上是抹杀了袭警行为的特殊性与严重性。按照这些法条处罚，都无法突出袭警行为的严重危害性以及警察作为国家执法主体的特殊性，这种现状将无法对日趋复杂的社会治安形势产生积极而有效的影响，而警察执法的严肃性也得不到充分的保障。《刑法修正案（九）》虽然没有增设"袭警罪"，但是立法机关将原本包括在妨害公务罪内的袭警行为单独列举出来，并从重处罚，不能不说是对这些呼吁的一种折中处理。

五、理解适用

（一）袭警行为所针对的对象必须是在"依法"执行职务的人民警察

我国《宪法》第五条规定："……一切国家机关和武装力量、各政党和各社会团体、各企业事业组织都必须遵守宪法和法律。一切违反宪法和法律的行为，必须予以追究。任何组织和个人都不得有超越宪法和法律的特权。"人民警察在执行职务时必须按照法律规定，在职务权限范围内，按照法定的条件、方式与程序进行，即不仅实体上合法，而且程序上也要合法。暴力袭击非法执行公务的人民警察不能以妨害公务罪论处。

（二）袭警行为只能发生在人民警察依法执行职务期间

本款所规定的袭警行为只能发生在人民警察依法执行职务期间，在事前或者事后对有关人员进行袭击，不会影响职务或职责的履行，不能依妨害公务罪论处。但是从保护依法执行职务的角度考虑，将要开始执行职务的准备过程以及与执行职务密切联系的待机状态也应认定为执行职务期间。虽然在司法实践中经常发生事后报复警察的案件，对其也不能按照本罪论处，而应按行为人所犯罪行相应定罪处罚，但可以将其袭击报复警察行为作为量刑情节从重处罚。

（三）必须是以暴力方法袭击人民警察

关于妨害公务罪中的"暴力方法"，是指对国家机关工作人员、各级人大代表或红十字会工作人员的身体实行打击和强制，如殴打、捆绑、非法拘禁、非法限制人身自由等。有学者认为，对于上述人员执行公务的车辆、物品等实施暴力，也应认定为"暴力方法"。因此，本款中以暴力方法袭击人民警察的暴力方法可以认定为对人民警察实行殴打、捆绑、非法拘禁、非法限制人身自由等侵犯民警人身权益及侵犯民警生命权的行为，同时也包括毁损民警正在使用的武器、警械及其他警用装备的行为。

（四）本款所规定的暴力行为不要求造成严重后果

同本条第一款、第二款、第三款的规定相同，本款规定的也是行为犯，只要行为人实施了暴力袭击正在依法执行职务的人民警察的行为，即构成妨害公务罪，并按照第一款的规定加重处罚。在以往的司法实践中，一些地方公、检、法联合发文，认定妨害公务罪必须是民警伤势达到轻微伤以上，这就使得大量袭击、殴打民警的犯罪嫌疑人逃避刑事处罚。据公安部提供的资料显示，2013年全国查处暴力抗法袭警案件达7000多起，而对袭警者进行刑事处罚的却不足50%。经过《刑法修正案（九）》第二十一条的修正，只要行为人暴力袭击正在依法执行职务的人民警察即可构成本罪，司法机关应根据法律规定从重处罚此类行为，以保障人民警察合法职务行为的正常进行以及人身权利不受侵害。

（五）司法认定疑难问题

1. 暴力袭击协警、辅警的能否构成此罪

在司法实践中，由于公安机关编制有限，为缓解居高不下的刑事犯罪率与警力严重不足的矛盾，各地公安机关通过增加各种形式的辅助警力来缓解警力不足的问题。出警时，特别是在110接处警务活动中，常常无法保证有两名或者两名以上正式的在编警察共同出警，经常是一名警察带几名辅警人员去执行任务。他们在依法执行任务受到暴力袭击的，行为人可否构成妨害公务罪？我们认为，上述人员编制虽然不属于国家机关工作人员，但由于其依法从事行政执法活动，行使国家机关工作人员的职权，履行国家机关工作人员的职责。如果行为人对其进行暴力袭击，与袭击人民警察并无区别。因此，暴力袭击协警、辅警的也构成妨害公务罪。

2. 犯本罪造成人民警察重伤、死亡的情况应如何处理

根据本条第一款之规定，暴力袭击正在依法执行职务的人民警察的，依照第一款的规定从重处罚，而第一款规定的法定刑为三年以下有期徒刑、拘役、管制或者罚金。本款并未对暴力袭击人民警察的后果有所规定，如果造成人民警察重伤、死亡结果的仍然以上述法定刑对其进行定罪处罚，无疑会严重违背罪责刑相适应原则，并助长犯罪分子的嚣张气焰，与本款规定之目的相违背。因此，在实践中行为人如果采用暴力方法造成人民警察重伤或死亡结果的，属于妨害公务罪与故意伤害罪、故意杀人罪的想象竞合犯，按照"择一从重处罚"的原则，应以故意伤害罪或故意杀人罪论处。

刑法修正案（九）第二十二条

一、修正条文

根据《刑法修正案（九）》第二十二条，修正后的《刑法》第二百八十条为："伪造、变造、买卖或者盗窃、抢夺、毁灭国家机关的公文、证件、印章的，处三年以下有期徒刑、拘役、管制或者剥夺政治权利，并处罚金；情节严重的，处三年以上十年以下有期徒刑，并处罚金。

伪造公司、企业、事业单位、人民团体的印章的，处三年以下有期徒刑、拘役、管制或者剥夺政治权利，并处罚金。

伪造、变造、买卖居民身份证、护照、社会保障卡、驾驶证等依法可以用于证明身份的证件的，处三年以下有期徒刑、拘役、管制或者剥夺政治权利，并处罚金；情节严重的，处三年以上七年以下有期徒刑，并处罚金。"

二、原文表述

《刑法》第二百八十条规定："伪造、变造、买卖或者盗窃、抢夺、毁灭国家机关的公文、证件、印章的，处三年以下有期徒刑、拘役、管制或者剥夺政治权利；情节严重的，处三年以上十年以下有期徒刑。

伪造公司、企业、事业单位、人民团体的印章的，处三年以下有期徒刑、拘役、管制或者剥夺政治权利。

伪造、变造居民身份证的，处三年以下有期徒刑、拘役、管制或者剥夺政治权利；情节严重的，处三年以上七年以下有期徒刑。"

三、修正内容

本条对《刑法》第二百八十条规定的伪造、变造、买卖国家机关公文、证件、印章罪，盗窃、抢夺、毁灭国家机关公文、证件、印章罪，伪造公司、企业、事业单位、人民团体印章罪，伪造、变造居民身份证罪作了一定程度的修改。其中《刑法》原第二百八十条规定的"伪造、变造、买卖或者盗窃、抢夺、毁灭国家机关的公文、证件、印章的，处三年以下有期徒刑、拘役、管制或者剥夺政治权利；情节严重的，处三年以上十年以下有期徒刑"，被修改为"伪造、变造、买卖或者盗窃、抢夺、毁灭国家机关的公文、证件、印章的，处三年以下有期徒刑、拘役、管制或者剥夺政治权利，并处罚金；情节严重的，处三年以上十年以下有期徒刑，并处罚金"；"伪造公司、企业、事业单位、人民团体的印章的，处三年以下有期徒刑、拘役、管制或者剥夺政治权利"，被修改为"伪造公司、企业、事业单位、人民团体的印章的，处三年以下有期徒刑、拘役、管制或者剥夺政治权利，并处罚金"。两处都增加了有关罚金刑的规定。"伪造、变造居民身份证的，处三年以下有期徒刑、拘役、管制或者剥夺政治权利；情节严重的，处三年以上七年以下有期徒刑"，被修改为"伪造、变造、买卖居民身份证、护照、社会保障卡、驾驶证等依法可以用于证明身份的证件的，处三年以下有期徒刑、拘役、管制或者剥夺政治权利，并处罚金；情节严重的，处三年以上七年以下有期徒刑，并处罚金"。不仅增加了伪造、变造身份证罪犯罪行为的种类，还增加了买卖身份证件的犯罪。

四、修正缘由

居民身份证、护照、社会保障卡、驾驶证均为国家机关颁发的，可以依法用于证明身份的证件。其中，居民身份证为公安机关给具有中国国籍的公民颁发的证明公民个人身份的证件。凡是居住在中华人民共和国境内的年满十六周岁的中国公民，都应当按照规定申请领取居民身份证。身份证登记的项目包括：姓名、性别、民族、出生日期、常住户口所在地住址、公民身份证号码、本人相片、指纹信息、证件的有效期和签发机关。而公民身份号码是每个公民唯一的、终身不变的身份代码，由公安机关按照公民身份号码国家标准编制。居民身份证的主要作用是证明公民的个人身份，《中华人民共和国居民身份证法》第十三条规定："公民从事有关活动，需要证明身份的，有权使用居民身份证证明身份，有关单位及其工作人员不得拒绝。"因身份证信息真实可靠，携带方便，其运用广泛，如在选民登记、婚姻登记、入学、就业、参加社会保险时等都需要出示居民身份证作为办理相应事项的依据。

护照是一个国家的公民出入本国国境和到国外旅行或居留时，由本国发给的一种证明该公民国籍和身份的合法证件。《中华人民共和国护照法》第二条规定："中华人民共和国护照是中华人民共和国公民出入国境和在国外证明国籍和身份的证件。任何组织或者个人不得伪造、变造、转让、故意损毁或者非法扣押护照。"护照具有证明身份的作用，《中华人民共和国公民出境入境管理法》第十四条规定："定居国外的中国公民在中国境内办理金融、教育、医疗、交通、电信、社会保险、财产登记等事务需要提供身份证明的，可以凭本人的护照证明其身份。"

社会保障卡是由我国人力资源和社会保障部统一规划，由各地人力资源和社会保障部门面向社会发行，用于人力资源和社会保障各项业务领域的集成电路卡。社会保障卡的作用十分广泛。持卡人不仅可以凭卡就医进行医疗保险个人账户实时结算，还可以办理养老保险事务；办理求职登记和失业登记手续，申领失业保险金，申请参加就业培训；申请劳动能力鉴定和申领享受工伤保险待遇；在网上办理有关劳动和社会保障事务等。同样，社会保障卡也可以用于证明持卡人的身份。

机动车驾驶证是指依法允许学习驾驶机动车的人员，经过学习，掌握了交通法规知识和驾驶技术后，经管理部门考试合格，核发许可驾驶某类机动车的法律凭证。驾驶证也是采用全国统一的公民身份证号码作为身份识别的标识。在日常生活中，驾驶证除了作为驾驶资格的证明文件，在与交通管理有关的许多场合也被作为身份证明加以使用。因此，驾驶证也可以用于依法证明持证人的身份。

因此，护照、社会保障卡、机动车驾驶证与身份证一样都是可以用于证明、确定相关人员身份信息的凭证。伪造、变造身份证的行为，会严重危害身份证件管理秩序，为不法分子实施违法犯罪活动、逃避法律追究提供便利。而随着经济社会的发展和改革开放的深入，除身份证之外，护照、社会保障卡、机动车驾驶证除了在各个领域内发挥自身用途，也都有了证明个人身份的作用。伪造、变造护照、社会保障卡、机动车驾驶证的行为与伪造、变造身份证一样具有相当程度的社会危害性。如果不对其进行法律上的规制，明确伪造、变造护照、社会保障卡、机动车驾驶证等依法可以用于证明身份的证件行为的责任，势必将使身份证明文件的管理秩序发生混乱，给犯罪分子以可乘之机。因此，《刑法修正案（九）》对伪造、变造居民身份证罪作了补充规定，将证件的范围扩大到："居民身份证、护照、社会保障卡、驾驶证等依法可以用于证明身份的证件"。

另外，为了打击社会中日益突出的买卖居民身份证件的行为，《刑法修正案（九）》还增加了买卖身份证件的犯罪。在日常生活中，有大量遗失、被盗的居民身份证被用于非法交易，甚至有的直接收购他人身份证用于出售。而这些被买卖的身份证又多被不法分子用于违法犯罪活动，如用于电信诈骗、逃避监管、非法经营等。这不仅损害了国家机关对这些证件的管理活动，也导致了国家机关管理能力和公信力的降低，具有较大的社会危害性，因此《刑法修正案（九）》对买卖身份证、护照、社会保障卡、驾驶证的行为也作了补充规定。由于本条涉及的罪名往往属于非法牟利性犯罪，为加大惩罚力度，本次刑法修正案全面增加了罚金刑。

五、理解适用

修改后的《刑法》第二百八十条规定了伪造、变造、买卖国家机关公文、证件、印章罪，盗窃、抢夺、毁灭国家机关公文、证件、印章罪，伪造公司、企业、事业单位、人民团体印章罪，伪造、变造、买卖居民身份证件罪。

（一）伪造、变造、买卖国家机关公文、证件、印章罪的理解适用

伪造、变造、买卖国家机关公文、证件、印章罪是指伪造、变造、买卖国家机关公文、证件、印章的行为。本罪侵犯的客体是国家机关的正常管理活动和信誉。国家机关制作的公文，使用的证件和印章，是其行使职权、管理社会的重要凭证和手段。伪造、变造、买卖国家机关公文、证件、印章的行为，不仅会影响其正常管理活动，而且会损害国家机关的声誉，进而破坏社会管理秩序。行为侵犯的对象仅仅限于国家机关的公文、证件、印章。其中，"国家机关"是指从事国家管理和行使国家权力的机关，包括国家元首、权力机关、行政机关、审判机关、检察机关和军事机关。"公文"是指国家机关在其职权范围内，以其名义制作的用于指示工作、处理问题或者联系事物的各种书面文件，如决定、命令、决议、指示、通知、报告、请示、信函、电文等。"证件"是指国家机关制作颁发的用于证明身份、权利义务关系或者有关事实的凭证，主要包括证件、证书。"印章"是指刻有国家机关组织名称的公章或者某种特殊用途的专用章。本罪在客观方面表现为实施了伪造、变造、买卖国家机关公文、证件、印章的行为。本罪主体为一般主体，主观方面为故意。

根据犯罪情节的轻重，《刑法》第二百八十条第一款对伪造、

变造、买卖国家机关公文、证件、印章罪规定了两档刑期：伪造、变造、买卖国家机关的公文、证件、印章的，处三年以下有期徒刑、拘役、管制或者剥夺政治权利，并处罚金；情节严重的，处三年以上十年以下有期徒刑，并处罚金。

（二）盗窃、抢夺、毁灭国家机关公文、证件、印章罪的理解适用

盗窃、抢夺、毁灭国家机关公文、证件、印章罪，是指盗窃、抢夺、毁灭国家机关公文、证件、印章的行为。本罪侵犯的客体、主体以及主观方面与伪造、变造、买卖国家机关公文、证件、印章罪相同。在客观方面表现为盗窃、抢夺、毁灭国家机关公文、证件、印章。"盗窃"是指秘密窃取国家机关公文、证件、印章的行为。"抢夺"是指趁保管人员或者经手人员不备的情况下，公然非法夺取国家机关公文、证件、印章的行为。"毁灭"是指以烧毁、撕烂、砸碎或者其他方法，故意损毁国家机关公文、证件、印章，使其失去效用或者不能正常使用的行为。根据《刑法》第二百八十条第一款之规定，盗窃、抢夺、毁灭国家机关的公文、证件、印章的，处三年以下有期徒刑、拘役、管制或者剥夺政治权利，并处罚金；情节严重的，处三年以上十年以下有期徒刑，并处罚金。

（三）伪造公司、企业、事业单位、人民团体印章罪的理解适用

伪造公司、企业、事业单位、人民团体印章罪是指伪造公司、企业、事业单位、人民团体印章的行为。本罪侵犯的客体为公司、企业、事业单位、人民团体的信誉以及上述单位的正常活动。犯罪对象是公司、企业、事业单位、人民团体的印章。根据《刑法》第二百八十条第二款之规定，伪造公司、企业、事业单位、人民团体的印章的，处三年以下有期徒刑、拘役、管制或者剥夺政治权利，并处罚金。

（四）伪造、变造、买卖居民身份证件罪的理解适用

伪造、变造、买卖居民身份证件罪是指伪造、变造、买卖居民

身份证件的行为。本罪侵犯的客体为国家机关对公民个人身份证件的管理活动。本罪在客观方面表现为伪造、变造、买卖居民身份证、护照、社会保障卡、驾驶证等依法可以用于证明身份证件的行为。"伪造"、"变造"的概念在此不再赘述，而所谓"买卖"是指对居民身份证、护照、社会保障卡、驾驶证等依法可以用于证明身份的证件实行有偿转让，包括了购买和销售两种行为。至于买卖的身份证、护照、社会保障卡、驾驶证等既可以是真实的，也可以是伪造的或者变造的。本罪的主体为一般主体，主观方面为故意。根据《刑法》第二百八十条第三款之规定，犯本罪的处三年以下有期徒刑、拘役、管制或者剥夺政治权利，并处罚金；情节严重的，处三年以上七年以下有期徒刑，并处罚金。

刑法修正案（九）第二十三条

一、修正条文

根据《刑法修正案（九）》第二十三条，修正后的《刑法》第二百八十条之一为："在依照国家规定应当提供身份证明的活动中，使用伪造、变造的或者盗用他人的居民身份证、护照、社会保障卡、驾驶证等依法可以用于证明身份的证件，情节严重的，处拘役或者管制，并处或者单处罚金。

有前款行为，同时构成其他犯罪的，依照处罚较重的规定定罪处罚。"

二、原文表述

无。

三、修正内容

本条在《刑法修正案（九）》第二十二条，对《刑法》第二百八十条修正的前提下又对该条增加了一条，作为第二百八十条之一。本条对使用伪造、变造的或者盗用他人的居民身份证、护照、社会保障卡、驾驶证等依法可以用于证明身份的证件的行为作了规定：在依照国家规定应当提供身份证明的活动中，使用伪造、变造的或者盗用他人的居民身份证、护照、社会保障卡、驾驶证等依法可以用于证明身份的证件，情节严重的，处拘役或者管制，并处或者单处罚金。

四、修正缘由

在经济社会生活中，公民不可避免地需要在不同的场合用居民身份证等身份证明文件来证明身份。同时为了加强社会管理，保障公民的人身财产安全，小到铁路、住宿、邮递、航空运输、网络、电信业，大到医疗、金融、教育业等多种行业都逐渐需要实行实名制。实名制有助于加强社会管理，有利于社会诚信体制的建立。然而，随着身份证明应用越来越广泛，实践中利用身份证件作假的情况也日益增多。一方面伪造、变造、买卖居民身份证、护照、社会保障卡、驾驶证等依法可以用于证明身份证件的行为大量出现，为不法分子使用伪造、变造的或者盗用他人身份证件提供了便利。另一方面，大量的人使用伪造、变造的居民身份证、护照、社会保障卡、驾驶证等虚假身份证件也为伪造、变造、买卖相关身份证件的行为提供了巨大的市场需求。实践中，使用伪造、变造的或者盗用他人身份证件的行为，又经常与诸如诈骗、洗钱、非法经营等其他违法犯罪相关联，大量从事诈骗、洗钱、非法经营等违法活动的不法分子，往往利用虚假身份逃避法律责任。例如，有报道称，近年来，网上非法买卖银行卡已经形成了一条完整的"灰色产业链"。产业链涉及四个重要环节：收购身份证，冒名办银行卡，网上卖银行卡，进行电信诈骗、伪卡盗刷、行贿受贿等下游犯罪。在电信诈骗犯罪中，买卖银行卡也成了其中不可分割的产业链和环节。诈骗分子将骗款用网银分转到买来的成百上千张银行卡中，化整为零，迅速转移资金并提现，这使得电信诈骗骗款极难追回。可见，实践中使用伪造、变造的或者盗用他人身份证件用于其他违法犯罪活动的手段日趋成熟，危害后果也日益严重。如果不对其进行规制，不仅会使以实名制为基础的社会管理制度难以落实，导致社会诚信缺失，还会导致其他严重后果。因此，在对伪造、变造、买卖相关身份证件的行为进行打击的同时，还应对使用伪造、变造的或者盗用他人身份证件的行为进行追究，情节严重的，还应追究其刑事责任。

目前社会中诚信缺失、背信行为多发的现象已经侵蚀了社会的公序良俗和诚信制度，已经形成了一定程度的社会危害，仅仅用民事手段和行政手段已经不能进行有效的治理。《刑法修正案（九）》针对这一实际情况，从加强诚信建设，惩处严重背信失信行为入手，增加了使用伪造、变造的或者盗用他人身份证等依法可以用于证明身份的证件犯罪。该规定从需求层面对伪造、变造、买卖相关身份证件的背后市场进行打击，使得彻底根除伪造、变造、买卖相关身份证件的行为成为可能，从而减少了目前大量与身份证明文件相关的诈骗、背信案件，维护了社会的诚信体系。

五、理解适用

根据《刑法修正案（九）》第二十三条之规定，新增加的关于伪造、变造的或者盗用他人的居民身份证、护照、社会保障卡、驾驶证等依法可以用于证明身份的证件的犯罪，是指在依照国家规定应当提供身份证明的活动中，使用伪造、变造的或者盗用他人的居民身份证、护照、社会保障卡、驾驶证等依法可以用于证明身份的证件，情节严重的行为。

（一）本罪的构成要件

1. 客观方面

行为人客观上表现为在依照国家规定应当提供身份证明的活动中，实施了使用伪造、变造的或者盗用他人的居民身份证、护照、社会保障卡、驾驶证等依法可以用于证明身份的证件的行为。其中，本罪的犯罪对象为居民身份证、护照、社会保障卡、驾驶证等依法可以用于证明身份的证件。对于"依法可以用于证明身份的证件"的理解，应是该证件记载的个人信息量和社会公信力与居民身份证、护照、社会保障卡、驾驶证相当。身份证、护照、社会保障卡、驾驶证是由国家机关制作，是社会公共信用的象征。具体而言，这类证件具备的社会公共信用表现在社会大众相信这类证件为国家机关制作，而且这类证件所描述的信息具有真实性。因此，有必要对"依法可以用于证明身份的证件"作限制解释，否则就有可能因刑法处罚的范围过宽，而导致刑罚权的滥用。

本条中"在依照国家规定应当提供身份证明的活动"中的"国家规定"，是指全国人民代表大会及其常务委员会制定的法律和决定，国务院制定的行政法规、行政举措、发布的决定和命令。在日常生活中需要出示身份证以证实自己身份的地方有很多，而使用假身份证的情况也相应地很多，但并非是只要使用伪造、变造的或者盗用他人的居民身份证、护照、社会保障卡、驾驶证等依法可以用于证明身份的证件的行为就构成此罪。国家规定的需要证明自己身份的活动都是比较重要的经济社会活动或者管理事项，在这些活动中使用虚假身份，会严重扰乱相关管理秩序，具有较为严重的社会危害性。如我国对枪支管理的规定十分严格，而枪支具有极大的杀伤力与破坏力，因此对申请枪支的居民核实身份信息十分重要。《中华人民共和国枪支管理法》第十条规定："猎民申请配置猎枪的，应当凭其所在地的县级人民政府野生动物行政主管部门核发的狩猎证和个人身份证件，向所在地的县级人民政府公安机关提出"；"牧民申请配置猎枪的，应当凭个人身份证件，向所在地的县级人民政府公安机关提出"。又如，在设立公司时，法定代表人、董事、监事的身份信息也十分重要，《中华人民共和国公司法》第九十二条规定："董事会应于创立大会结束后三十日内，向公司登记机关报送下列文件，申请设立登记：……（五）法定代表人、董事、监事的任职文件及其身份证明；（六）发起人的法人资格证明或者自然人身份证明。"

2. 犯罪客体、主体及主观方面

本罪侵犯的客体是社会公共信用，使用伪造、变造的或者盗用他人的居民身份证、护照、社会保障卡、驾驶证等依法可以用于证明身份的证件会对社会诚实信用秩序带来破坏。本罪的主体为一般主体，即年满十六周岁具有刑事责任能力的自然人。而主观方面为故意，且包括两种情形，一是明知这些身份证明文件是伪造、变造的或者可能是伪造、变造的而使用；二是行为人明知是他人的身份证明文件而盗用他人名义使用。

（二）本罪与其他犯罪的界限

实践中行为人使用伪造、变造的或者盗用他人的身份证件往往具有其他非法的目的，在很多情况下，本条规定的犯罪行为只是行为人实施其他犯罪行为的一个手段。如为了诈骗他人财物而使用伪造、变造的或者盗用他人的身份证与他人签订虚假合同，为了非法经营而使用伪造、变造的或者盗用他人的身份证等。行为人的行为既成立本罪又构成其他犯罪，应当按照牵连犯的"处断"原则，依照处罚较重的规定定罪处罚。

刑法修正案（九）第二十四条

一、修正条文

根据《刑法修正案（九）》第二十四条，修正后的《刑法》第二百八十三条为："非法生产、销售专用间谍器材或者窃听、窃照专用器材的，处三年以下有期徒刑、拘役或者管制，并处或者单处罚金；情节严重的，处三年以上七年以下有期徒刑，并处罚金。

单位犯前款罪的，对单位判处罚金，并对其直接负责的主管人员和其他直接责任人员，依照前款的规定处罚。"

二、原文表述

《刑法》第二百八十三条规定："非法生产、销售窃听、窃照等专用间谍器材的，处三年以下有期徒刑、拘役或者管制。"

三、修正内容

本条对原《刑法》第二百八十三条规定的非法生产、销售专用间谍器材罪作了一定程度的修改，一是将原来规定的"非法生产、销售窃听、窃照等专用间谍器材"，修改为"非法生产、销售专用间谍器材或者窃听、窃照专用器材"。二是增加了本罪的单位犯罪的规定。三是完善了本罪的刑法配置，将法定刑由原来的最高三年有期徒刑提高到七年有期徒刑，并增加了罚金刑。

四、修正缘由

原刑法中的非法生产、销售间谍专用器材罪是 1997 年《刑法》新增设的罪名，设立的目的主要是因为在政治、经济和社会生活中，采用非法手段窃取、刺探政治、经济情报和个人隐私的情况时有发生，非法生产、销售窃听、窃照等专用间谍器材的违法犯罪活动越来越严重，给正常的社会、生产和生活秩序带来了较大危害。但是，近年来随着电子信息技术的不断发展，市场上出现了许多具有窃听、窃照功能但又不属于专用间谍器材的工具、材料。这些器材具有窃听、窃照功能，给人们的生活、工作都带来了一定的风险，因此有必要将其纳入刑法的规制之中，严惩非法生产、销售专用间谍器材或者窃听、窃照专用器材的行为。具体而言，《刑法修正案（九）》对本条的修改原因有：

（一）非法生产、销售窃听、窃照专用器材现象严重，且社会危害性不比专用间谍器材小

"窃听"是指使用技术器材、设备，对窃听对象的谈话或者通话进行偷听的行为；"窃照"是指使用技术器材、设备，对窃照对象的活动或者形象进行秘密摄录、拍照的活动；而"窃听、窃照专用器材"，是指具有窃听、窃照功能，并专门用于窃听、窃照活动的器材，如窃听器、微型录音机、微型照相机等。在实际生活中，随着电子信息技术的发展，出现了各种各样的窃听、窃照器材，给人们的生活带来了非常大的隐患。如有的窃听、窃照器材被伪装成日常生活用品，隐蔽性很强，一般人难以发现。《福州晚报》曾报道过这样一则新闻，章女士与妹妹的同学艾小姐及其男友合租在仓山区上三路某小区内。某晚，章女士下班后，到卫生间准备洗澡，发现墙上的小通风窗口上多了一把女用黑色塑料梳子，她觉得很可疑，便踮脚将梳子取下。随后，她发现梳子柄上装着一个带摄像头的黑色物品。事后查明其为合租的林某放置于此用于偷拍女性洗澡的工具。《扬子晚报》也曾报道，居住在某小区的张小

姐在合租的房屋公共卫生间内准备洗澡时，一包放在卫生间进门处开关盒上的香烟盒引起了她的注意。张小姐打开香烟盒，烟盒里面的打火机让张小姐惊出了一身冷汗，原来打火机的底部有一个小红点在一闪一闪，仔细一看，这个打火机竟然是一个微型针孔摄像机。经调查其为合租的杨某放置在公共卫生间用于偷拍合租的女士洗澡、上卫生间情况的工具。有的窃听、窃照器材则功能强大，性能强劲，可以不间断地远距离获取他人信息，丝毫不逊色于专业的间谍器材。

另外，此类窃听、窃照器材也非常容易被不法分子作为工具用于其他违法犯罪活动，如敲诈勒索、诈骗、非法获取商业秘密等。如《辽宁晚报》曾报道，大连中山区某商场饰品店老板林某通过低价出售饰品招揽客户，在顾客刷卡消费时，趁机用"读卡器"刷取银行卡获取信息。而顾客在 POS 机键盘输入密码时，林某用微型针孔摄像机秘密录取被害人银行卡密码，之后由他人利用林某提供的被害人银行卡卡号等信息复制成伪造的信用卡并交予林某。林某在泰国、中国广东、江西、安徽、浙江、贵州、福建等地用伪造的信用卡提取大量现金。最后，林某被判犯信用卡诈骗罪、妨害信用卡管理罪。此类犯罪层出不穷，巨大的市场需求以及高额利润的吸引，导致生产、销售窃听、窃照专用器材的现象日益严重，不仅严重侵犯了公民的人身权利，还扰乱了市场管理秩序，甚至危害公共安全与国家安全，社会危害性十分严重，因此有必要用刑事手段打击此类行为。

（二）现有刑法不能有效打击非法生产、销售窃听、窃照专用器材的行为

根据《中华人民共和国国家安全法实施细则》之规定，专用间谍器材的确认，由国家安全部负责。"专用间谍器材"，是指进行间谍活动特殊需要的下列器材：（1）暗藏式窃听、窃照器材；（2）突发式收发报机，一次性密码本、密写工具；（3）用于获取情报的电子监听、截收器材；（4）其他专用间谍器材。从此规定

来看，目前社会上生产、销售的许多具有窃听、窃照功能的设备、材料不能归属于专用间谍器材，而只能称为窃听、窃照专用器材。而原刑法只对生产、销售专用间谍器材的行为进行了规制，导致实践中经常出现如果发现有生产、销售窃听、窃照专用器材的行为，需先由国家安全部门进行鉴定，国家安全部门确认是专用间谍器材，则以生产、销售窃听、窃照等专用间谍器材行为追究刑事责任。而如果国家安全部门鉴定其非专用间谍器材的，那么即便是具有窃听、窃照功能，也不能定罪处罚。立法的缺失导致公安机关查处此类违法犯罪行为的权限受到束缚，从而放纵了非法生产、销售窃听、窃照专用器材的行为。

因此，基于原刑法规范不能有效打击非法生产、销售窃听、窃照专用器材的行为的立法缺陷以及生产、销售窃听、窃照专用器材现象日益严重的现状，《刑法修正案（九）》增加了非法生产、销售窃听、窃照专用器材的规定。又由于实践中非法生产、销售窃听、窃照专用器材多由单位所为，因此《刑法修正案（九）》也增加了对本罪单位犯罪的规定。

五、理解适用

（一）本罪的犯罪构成

本罪侵犯的客体是国家对专用间谍器材和窃听、窃照专用器材的使用管理制度。本罪在客观方面表现为非法生产、销售专用间谍器材或者窃听、窃照专用器材的行为。根据国家工商行政管理总局、中华人民共和国公安部、国家质量监督检验检疫总局《禁止非法生产销售使用窃听窃照专用器材和"伪基站"设备的规定》，窃听专用器材，是指以伪装或者隐蔽的方式使用，经公安机关依法进行技术检测后作出认定性结论，有以下情形之一的：（1）具有无线发射、接收语音信号功能的发射、接收器材；（2）微型语音信号拾取或者录制设备；（3）能够获取无线通信信息的电子接收器材；（4）利用搭接、感应等方式获取通信线路信息的器材；（5）利用固体传声、光纤、微波、激光、红外线等技术获取语音信息的器材；（6）可遥控语音接收器件或者电子设备中的语音接收功能，获取相关语音信息，且无明显提示的器材（含软件）；（7）其他具有窃听功能的器材。窃照专用器材，是指以伪装或者隐蔽的方式使用，经公安机关依法进行技术检测后作出认定性结论，有以下情形之一的：（1）具有无线发射功能的照相、摄像器材；（2）微型针孔式摄像装置以及使用微型针孔式摄像装置的照相、摄像器材；（3）取消正常取景器和回放显示器的微小相机和摄像机；（4）利用搭接、感应等方式获取图像信息的器材；（5）可遥控照相、摄像器件或者电子设备中的照相、摄像功能，获取相关图像信息，且无明显提示的器材（含软件）；（6）其他具有窃照功能的器材。本罪的主体为一般主体，主观方面为故意。

（二）本罪的法定刑

根据犯罪情节的轻重，本条对非法生产、销售专用间谍器材或者窃听、窃照专用器材犯罪规定了两档刑期：实施非法生产、销售专用间谍器材或者窃听、窃照专用器材行为的，处三年以下有期徒刑、拘役或者管制，并处或者单处罚金；情节严重的，处三年以上七年以下有期徒刑，并处罚金。另外，单位犯罪的，对单位判处罚金，并对其直接负责的主管人员和其他直接责任人员，依照本条第一款的规定处罚。

刑法修正案（九）第二十五条

一、修正条文

根据《刑法修正案（九）》第二十五条，修正后的《刑法》第二百八十四条之一的内容为："在法律规定的国家考试中，组织作弊的，处三年以下有期徒刑或者拘役，并处或者单处罚金；情节严重的，处三年以上七年以下有期徒刑，并处罚金。

为他人实施前款犯罪提供作弊器材或者其他帮助的，依照前款的规定处罚。

为实施考试作弊行为，向他人非法出售或者提供第一款规定的考试的试题、答案的，依照第一款的规定处罚。

代替他人或者让他人代替自己参加第一款规定的考试的，处拘役或者管制，并处或者单处罚金。"

二、原文表述

无。

三、修正内容

本条在《刑法》第二百八十四条后增加了一条，作为第二百八十四条之一。本条新增加了对四种犯罪行为的规定：1. 对组织考试作弊的行为作了规定，在法律规定的国家考试中，组织作弊的，处三年以下有期徒刑或者拘役，并处或者单处罚金；情节严重的，处三年以上七年以下有期徒刑，并处罚金。2. 对为组织考试作弊提供帮助的行为作了规定，为他人实施前款犯罪提供作弊器材或者其他帮助的，依照第一款的规定处罚。3. 对考试作弊提供试题、答案的行为作了规定，为实施考试作弊行为，向他人非法出售或者提供第一款规定的考试的试题、答案的，依照第一款的规定处罚。4. 对代替他人或让他人代替自己参加国家规定考试的行为作了规定，代替他人或者让他人代替自己参加第一款规定的考试的，处拘役或者管制，并处或者单处罚金。

四、修正缘由

考试制度虽然历来为人们所诟病，但是不可否认，它也是最公平、公正的选拔人才的方式。普通人的一生可能要经历各种各样的考试，如中考、高考、研究生入学考试、驾驶资格考试、国家公务员考试、司法考试等，有戏言曰"活到老，考到老"。而考试作弊行为破坏了考试制度中最为重要的公平性，是对考试制度最直接、最严重的破坏。而且考试作弊还破坏社会诚信、败坏社会风气以及诱发其他违法犯罪行为。在以往的刑法规定中并没有针对考试作弊行为的单独罪名，而只是根据作弊行为的具体情况，分别依照刑法的相关规定进行处理。所涉及的罪名主要有故意泄露国家秘密罪，伪造公文、证件、印章罪，伪造居民身份证罪，非法使用窃听、窃照专用器材罪等。其他法律也鲜有对考试作弊行为的规定，只有教育部《国家教育考试违规处理办法》中对国家教育考试中的作弊行为进行了处罚：考生有一般考试作弊行为的，只是其所报名参加考试的各阶段、各科成绩无效，参加高等教育自学考试的，当次考试各科成绩无效，情节严重的给予暂停参加该项考试 1 ~ 3 年的处理，情节特别严重的，同时给予暂停参加各种国家教育考试 1 ~ 3 年的处理。该《办法》对其他替考者、考试工作人员的处罚也与此相似。因法律上没有对考试作弊行为有明确的处罚规定，使得考试作弊违法成本过低，考试作弊现象越发猖狂。

2015 江西南昌"6·7"高考替考作弊案引起了极大的社会关

注，成为 2015 年的社会热点之一。据江西省教育厅通报，南昌"6·7"高考替考事件是一起由外省替考组织在网上招揽高校在校学生或已毕业学生，通过请托江西旅游商贸职业学院教师和社会中介人员，串通南昌市东湖区、青云谱区招考办及医院有关工作人员，弄虚作假，为外省籍考生在江西违规报名、体检，从而实施替考的有组织、有预谋的高考舞弊案件。本案有 42 人被处理，6 名替考组织者及中介人员由公安、检察机关立案查处；7 名被替考考生和 7 名替考者，已按教育部第 33 号令及相关规定进行了处理，被替考考生成绩无效；对涉案的其他 22 名公职人员则基本都是给予行政处分。从此案可以看出，考试作弊行为组织越来越严密，手段也越来越多样化，但处罚结果却难以起到震慑作用。此种结果的产生与立法的缺失有着必然的联系。

针对考试作弊行为越来越猖獗的现象，为了保证考试制度的正常进行，维护社会诚信，《刑法修正案（九）》特在本条中增加了对组织考试作弊的行为，为组织考试作弊提供帮助的行为，为考试作弊提供试题、答案的行为，代替他人或让他人代替自己参加国家规定考试的行为作了规定。

五、理解适用

（一）对本条第一款组织考试作弊的行为规定的理解

本款中所称的"作弊"是指在考试中弄虚作假的行为，在实际生活中作弊的手段、方式花样繁多，教育部《国家教育考试违规处理办法》中对国家教育考试中考生的作弊行为规定为：（1）携带与考试内容相关的材料或者存储有与考试内容相关资料的电子设备参加考试的；（2）抄袭或者协助他人抄袭试题答案或者与考试内容相关的资料的；（3）抢夺、窃取他人试卷、答卷或者胁迫他人为自己抄袭提供方便的；（4）携带具有发送或者接收信息功能的设备的；（5）由他人冒名代替参加考试的；（6）故意销毁试卷、答卷或者考试材料的；（7）在答卷上填写与本人身份不符的姓名、考号等信息的；（8）传、接物品或者交换试卷、答卷、草稿纸的；（9）其他以不正当手段获得或者试图获得试题答案、考试成绩的行为。"组织"是指倡导、发起、策划、安排他人进行作弊的行为。所谓"法律规定的国家考试"是指由国家所颁布的法律中规定的，由国家相关主管部门确定实施，由经批准的实施考试的机构承办，面向社会公众统一进行的各种考试。目前，有二十余部法律中规定了"法律规定的国家考试"。值得一提的是，对于在"法律规定的国家考试"外的考试中作弊的，并非都是不予追究，而是仍然按照刑法的相关规定如故意泄露国家秘密罪，伪造公文、证件、印章罪，伪造居民身份证罪，非法使用窃听、窃照专用器材罪等进行处理。

犯本款规定之罪的，处三年以下有期徒刑或者拘役，并处或者单处罚金；情节严重的，处三年以上七年以下有期徒刑，并处罚金。情节严重的是指多次组织他人作弊，或者一次组织多人作弊，组织他人作弊手段恶劣造成较大影响等行为。

（二）对本条第二款为组织考试作弊提供帮助的行为规定的理解

本款规定的犯罪行为，通常来说是本条第一款所规定的组织考试作弊犯罪的帮助行为，即组织考试作弊犯罪的帮助犯，按照共同犯罪的规定处罚即可。本款之所以将其作为一个独立的罪名规定出来，主要是因为司法实践中这种帮助行为越来越具有独立性，已经成为组织考试作弊行为中的重要环节，具有严重的社会危害性。本款规定的帮助行为主要有两种：提供作弊器材或者其他帮助。"作弊器材"是指考生用于考试作弊的各种器材，如五花八门的偷拍偷录设备，无线电传输、接收设备等可以将考场内的试题传送出去或者将考场外的答案传送进考场内的设备。"其他帮助"是指除向作弊者提供作弊器材外其他可以帮助考生完成作弊行为的行为，如提供资金、培训使用作弊器材、建立作弊网站等。

犯本款规定之罪的，处三年以下有期徒刑或者拘役，并处或者单处罚金；情节严重的，处三年以上七年以下有期徒刑，并处罚金。

（三）对本条第三款为考试作弊提供试题、答案的行为规定的理解

本款规定的行为是指为实施考试作弊行为，向他人非法出售或者提供国家法律规定考试的试题、答案的行为。行为方式既可以是以牟利为目的的非法出售，也可以不以牟利为目的，出于其他目的，向他人提供试题、答案。犯本款规定之罪的，处三年以下有期徒刑或者拘役，并处或者单处罚金；情节严重的，处三年以上七年以下有期徒刑，并处罚金。

（四）对本条第四款替考行为规定的理解

本款规定的替考行为既包括代替他人参加国家规定考试的行为又包括让他人代替自己参加国家规定考试的行为。本款在《刑法修正案（九）》修订、审议过程中曾引起较大的争议，以往规定中对替考行为一般是通过限制、禁止考试、取消成绩等方式处理，将其规定为犯罪行为有处理过当之嫌。但考虑到替考行为本身即属于比较严重的考试作弊行为，不对其进行处理难以从根本上杜绝考试作弊行为，《刑法修正案（九）》最终将其作为犯罪处理。犯本款规定之罪的，处拘役或者管制，并处或者单处罚金。

刑法修正案（九）第二十六条

一、修正条文

根据《刑法修正案（九）》第二十六条，修正后的《刑法》第二百八十五条的内容为："违反国家规定，侵入国家事务、国防建设、尖端科学技术领域的计算机信息系统的，处三年以下有期徒刑或者拘役。

违反国家规定，侵入前款规定以外的计算机信息系统或者采用其他技术手段，获取该计算机信息系统中存储、处理或者传输的数据，或者对该计算机信息系统实施非法控制，情节严重的，处三年以下有期徒刑或者拘役，并处或者单处罚金；情节特别严重的，处三年以上七年以下有期徒刑，并处罚金。

提供专门用于侵入、非法控制计算机信息系统的程序、工具，或者明知他人实施侵入、非法控制计算机信息系统的违法犯罪行为而为其提供程序、工具，情节严重的，依照前款的规定处罚。

单位犯前三款罪的，对单位判处罚金，并对其直接负责的主管人员和其他直接责任人员，依照各该款的规定处罚。"

二、原文表述

《刑法》第二百八十五条规定："违反国家规定，侵入国家事务、国防建设、尖端科学技术领域的计算机信息系统的，处三年以下有期徒刑或者拘役。

违反国家规定，侵入前款规定以外的计算机信息系统或者采用其他技术手段，获取该计算机信息系统中存储、处理或者传输的数据，或者对该计算机信息系统实施非法控制，情节严重的，处三年以下有期徒刑或者拘役，并处或者单处罚金；情节特别严重的，处三年以上七年以下有期徒刑，并处罚金。

提供专门用于侵入、非法控制计算机信息系统的程序、工具，或者明知他人实施侵入、非法控制计算机信息系统的违法犯罪行为而为其提供程序、工具，情节严重的，依照前款的规定处罚。"

三、修正内容

《刑法》第二百八十五条规定了非法侵入计算机信息系统等罪，但犯罪主体仅限于自然人。《刑法修正案（七）》对本罪的客观行为和犯罪对象进行了修正，但并没有将单位规定为本罪的犯罪主体。《刑法修正案（九）》则将单位纳入了本条三个罪名的主体范围。

四、修正缘由

随着我国市场经济的繁荣发展，单位已经成为市场经济重要的主体之一，有些单位为了获取不正当利益或者开展不正当竞争，非法侵入竞争对手的计算机系统，窃取商业秘密，或者进行远程操控，干扰竞争对手的正常经营活动。还有的单位以生产用于侵入、非法控制计算机信息系统的程序、工具为业务。单位实施上述违法行为比较于个人，社会危害性更大，影响更为恶劣，但是由于本条规定在修正前没有明确规定单位为犯罪主体，因此司法实践中无法对单位以非法获取计算机信息系统数据、非法控制计算机信息系统等罪论处，导致单位在实施上述行为时，游离于刑事处罚之外。

五、理解适用

（一）非法侵入计算机信息系统罪的理解适用

非法侵入计算机信息系统罪，是指违反国家规定，侵入国家事

务、国防建设、尖端科学技术领域的计算机信息系统的行为。根据
《刑法》第九十六条的规定："本法所称违反国家规定，是指违反
全国人民代表大会及其常务委员会制定的法律和决定，国务院制定
的行政法规、规定的行政措施、发布的决定和命令。"本罪名中的
违反国家规定，是指违反我国关于计算机信息系统管理的各项法
律、法规、行政规章。侵入，是指用户非法调取、访问计算机系统
的行为。具体有两种情况：一是无权访问特定信息系统的人侵入该
信息系统；二是有权访问特定信息系统的用户未经批准、授权或者
未办理手续而擅自越权访问该信息系统或者调取系统内部资源。计
算机信息系统，依照最高人民法院、最高人民检察院《关于办理
危害计算机信息系统安全刑事案件应用法律若干问题的解释》，是
指具备自动处理数据功能的系统，包括计算机、网络设备、通信设
备、自动化控制设备等。本罪侵入的计算机信息系统只限于国家事
务、国防建设、尖端科学技术领域。行为人只要实施了侵入国家事
务、国防建设、尖端科学技术领域计算机信息系统的行为，就构成
本罪，并不要求实际危害后果的发生。如果行为人侵入这些领域的
计算机信息系统之后，又窃取了系统中存储的绝密资料和数据或者
输入计算机病毒，则又构成非法获取国家秘密罪，按照"牵连犯"
原则，从一重罪处罚。

（二）非法获取计算机信息系统数据、非法控制计算机信息系
统罪

本罪客观方面表现为违反国家规定侵入普通计算机信息系统或
者采用其他技术手段，获取计算机信息系统数据或者对计算机信息
系统实施非法控制，情节严重的行为。"非法获取"常见的方式是
利用他人网上认证信息进入计算机信息系统，或者在计算机系统中
植入木马、后门程序，获取该计算机信息系统中存储、处理或者传
输的信息数据，或者对计算机信息系统实施非法控制。所谓"非
法控制"，比较常见的是行为人利用网站漏洞将木马植入网站，在
用户访问网站时利用客户端漏洞将木马移植到用户计算机上，或在

互联网上传播捆绑有木马的程序或文件。当用户连接到互联网上时，该程序就会通知黑客，来报告 IP 地址以及预先设定的端口。黑客在收到这些信息后，再利用这个潜伏在其中的程序，就可以任意地修改他人的计算机的参数设定、复制文件、窥视他人硬盘中的内容等，从而达到控制他人计算机的目的。行为人的行为只有达到"情节严重"的程度，才构成本罪。最高人民法院、最高人民检察院《关于办理危害计算机信息系统安全刑事案件应用法律若干问题的解释》第一条规定："非法获取计算机信息系统数据或者非法控制计算机信息系统，具有下列情形之一的，应当认定为刑法第二百八十五条第二款规定的'情节严重'：（一）获取支付结算、证券交易、期货交易等网络金融服务的身份认证信息十组以上的；（二）获取第（一）项以外的身份认证信息五百组以上的；（三）非法控制计算机信息系统二十台以上的；（四）违法所得五千元以上或者造成经济损失一万元以上的；（五）其他情节严重的情形。实施前款规定行为，具有下列情形之一的，应当认定为刑法第二百八十五条第二款规定的'情节特别严重'：（一）数量或者数额达到前款第（一）项至第（四）项规定标准五倍以上的；（二）其他情节特别严重的情形。明知是他人非法控制的计算机信息系统，而对该计算机信息系统的控制权加以利用的，依照前两款的规定定罪处罚。"

（三）提供侵入、非法控制计算机信息系统程序、工具罪

本罪的犯罪对象是侵入、非法控制计算机信息系统的程序和工具，主要包括两种类型的行为：一是实施了提供专门用于侵入、非法控制计算机信息系统专用程序、工具的行为。最高人民法院、最高人民检察院《关于办理危害计算机信息系统安全刑事案件应用法律若干问题的解释》第二条规定："具有下列情形之一的程序、工具，应当认定为刑法第二百八十五条第三款规定的'专门用于侵入、非法控制计算机信息系统的程序、工具'：（一）具有避开或者突破计算机信息系统安全保护措施，未经授权或者超越授权获

取计算机信息系统数据的功能的；（二）具有避开或者突破计算机信息系统安全保护措施，未经授权或者超越授权对计算机信息系统实施控制的功能的；（三）其他专门设计用于侵入、非法控制计算机信息系统、非法获取计算机信息系统数据的程序、工具。"二是明知他人实施侵入、非法控制计算机信息系统的行为而为其提供程序、工具。本罪名从本质上来看是为计算机犯罪提供犯罪工具，单独规定为一个罪名，是因为实践中提供实施侵入、非法控制计算机系统程序、工具的行为在网络犯罪中危害极大，而销售出去的程序、工具多是通过网络交易，涉及人数众多，不易追查到使用者个体。如果以共同犯罪追究，在使用者不构成刑事处罚，或者追查不到使用者的情况下，会导致提供者逍遥法外。本罪名的情节严重是指提供者提供数量较大，获利数额巨大，造成的后果严重等。最高人民法院、最高人民检察院《关于办理危害计算机信息系统安全刑事案件应用法律若干问题的解释》第三条规定："提供侵入、非法控制计算机信息系统的程序、工具，具有下列情形之一的，应当认定为刑法第二百八十五条第三款规定的'情节严重'：（一）提供能够用于非法获取支付结算、证券交易、期货交易等网络金融服务身份认证信息的专门性程序、工具五人次以上的；（二）提供第（一）项以外的专门用于侵入、非法控制计算机信息系统的程序、工具二十人次以上的；（三）明知他人实施非法获取支付结算、证券交易、期货交易等网络金融服务身份认证信息的违法犯罪行为而为其提供程序、工具五人次以上的；（四）明知他人实施第（三）项以外的侵入、非法控制计算机信息系统的违法犯罪行为而为其提供程序、工具二十人次以上的；（五）违法所得五千元以上或者造成经济损失一万元以上的；（六）其他情节严重的情形。实施前款规定行为，具有下列情形之一的，应当认定为提供侵入、非法控制计算机信息系统的程序、工具'情节特别严重'：（一）数量或者数额达到前款第（一）项至第（五）项规定标准五倍以上的；（二）其他情节特别严重的情形。"

（四）司法认定疑难问题

《刑法修正案（九）》对单位犯前三款罪作了规定。根据《刑法》第三十条规定："公司、企业、事业单位、机关、团体实施的危害社会的行为，法律规定为单位犯罪的，应当负刑事责任。"因此，单位的范围包括公司、企业、事业单位、机关、团体。根据《刑法》第三十一条的规定："单位犯罪的，对单位判处罚金，并对其直接负责的主管人员和其他直接责任人员判处刑罚。本法分则和其他法律另有规定的，依照规定。"因此，我国刑法对单位采取"双罚制"，既要对单位判处罚金，又要追究单位直接负责的主管人员和其他直接责任人员的刑事责任。根据《全国法院审理金融犯罪案件工作座谈会纪要》，直接负责的主管人员是在单位实施的犯罪中起决定、批准、授意、纵容、指挥等作用的人员，一般是单位的主管负责人，包括法定代表人。其他直接责任人员，则是在单位犯罪中具体实施犯罪并起较大作用的人员，既可以是单位的经营管理人员，也可以是单位的职工，包括聘任、雇用的人员。判断是否为单位犯罪时，一方面刑法要明文规定单位为犯罪主体，另一方面犯罪行为一般是以单位的名义实施，在单位主体的意志支配下实施，体现了单位的集体意志，犯罪目的是为单位牟利。如为了获取竞争对手的投标信息，公司集体决定侵入竞争对手的计算机信息系统，情节严重的，构成非法获取计算机信息系统数据罪（可能与侵犯商业秘密罪构成想象竞合犯）。又如某企业在经营过程中，为了获取高额利益，提供专门用于侵入、非法控制计算机信息系统专用程序、工具，所获非法利益由单位享有，则单位构成提供侵入、非法控制计算机信息系统程序、工具罪。需要强调的是，判断是否构成单位犯罪时，不能简单地认为负责人作出的决定就是单位犯罪的意志，最高人民法院《关于审理单位犯罪案件具体应用法律有关问题的解释》第二条规定："个人为进行犯罪违法活动而设立的公司、企业、事业单位实施犯罪的，或者公司、企业、事业单位设立后，以实施犯罪为主要活动的，不以单位犯罪论处。"

刑法修正案（九）第二十七条

一、修正条文

根据《刑法修正案（九）》第二十七条，修正后的《刑法》第二百八十六条的内容为："违反国家规定，对计算机信息系统功能进行删除、修改、增加、干扰，造成计算机信息系统不能正常运行，后果严重的，处五年以下有期徒刑或者拘役；后果特别严重的，处五年以上有期徒刑。

违反国家规定，对计算机信息系统中存储、处理或者传输的数据和应用程序进行删除、修改、增加的操作，后果严重的，依照前款的规定处罚。

故意制作、传播计算机病毒等破坏性程序，影响计算机系统正常运行，后果严重的，依照第一款的规定处罚。

单位犯前三款罪的，对单位判处罚金，并对其直接负责的主管人员和其他直接责任人员，依照第一款的规定处罚。"

二、原文表述

《刑法》第二百八十六条规定："违反国家规定，对计算机信息系统功能进行删除、修改、增加、干扰，造成计算机信息系统不能正常运行，后果严重的，处五年以下有期徒刑或者拘役；后果特别严重的，处五年以上有期徒刑。

违反国家规定，对计算机信息系统中存储、处理或者传输的数据和应用程序进行删除、修改、增加的操作，后果严重的，依照前款的规定处罚。

故意制作、传播计算机病毒等破坏性程序，影响计算机系统正常运行，后果严重的，依照第一款的规定处罚。"

三、修正内容

《刑法》第二百八十六条规定了破坏计算机信息系统罪，但犯罪主体仅限于自然人。《刑法修正案（九）》将单位纳入本罪的主体范围。

四、修正缘由

在竞争激烈的市场经济条件下，除个人实施破坏计算机信息系统犯罪行为外，部分单位为了生存壮大，有时也会破坏竞争对手的计算机信息系统，甚至破坏国家和个人的计算机信息系统。但是我国刑法并未将单位规定为破坏计算机信息系统罪的主体，导致单位实施破坏计算机信息系统违法行为，后果严重时，也无法追究其刑事责任，这已经远远不能适应计算机犯罪的严峻现状。

五、理解适用

（一）犯罪对象为计算机信息系统中的计算机软件、信息系统和应用程序

计算机信息系统，依照最高人民法院、最高人民检察院《关于办理危害计算机信息系统安全刑事案件应用法律若干问题的解释》，是指具备自动处理数据功能的系统，包括计算机、网络设备、通信设备、自动化控制设备等。但是，并非所有的计算机信息系统要素都能成为本罪的犯罪对象，本罪的犯罪对象只包括计算机信息系统中的计算机软件、信息数据和应用程序。对此之外的计算机信息系统要素进行侵犯的，可能构成其他罪，但不构成本罪。

（二）实施特定行为

行为人实施的行为表现为三个方面：一是违反国家规定，对计

算机信息系统功能进行删除、修改、增加、干扰，造成计算机信息系统不能正常运行，后果严重的；二是违反国家规定，对计算机信息系统中存储、处理或者传输的数据和应用程序进行删除、修改、增加的操作，后果严重的；三是故意制作、传播计算机病毒等破坏性程序，影响计算机系统正常运行，后果严重的。其中第三种行为涉及的计算机病毒等破坏性程序，最高人民法院、最高人民检察院《关于办理危害计算机信息系统安全刑事案件应用法律若干问题的解释》第五条规定："具有下列情形之一的程序，应当认定为刑法第二百八十六条第三款规定的'计算机病毒等破坏性程序'：（一）能够通过网络、存储介质、文件等媒介，将自身的部分、全部或者变种进行复制、传播，并破坏计算机系统功能、数据或者应用程序的；（二）能够在预先设定条件下自动触发，并破坏计算机系统功能、数据或者应用程序的；（三）其他专门设计用于破坏计算机系统功能、数据或者应用程序的程序。"

（三）行为人的行为产生了严重后果

关于行为人实施第一款和第二款行为的后果严重，最高人民法院、最高人民检察院《关于办理危害计算机信息系统安全刑事案件应用法律若干问题的解释》第四条规定："破坏计算机信息系统功能、数据或者应用程序，具有下列情形之一的，应当认定为刑法第二百八十六条第一款和第二款规定的'后果严重'：（一）造成十台以上计算机信息系统的主要软件或者硬件不能正常运行的；（二）对二十台以上计算机信息系统中存储、处理或者传输的数据进行删除、修改、增加操作的；（三）违法所得五千元以上或者造成经济损失一万元以上的；（四）造成为一百台以上计算机信息系统提供域名解析、身份认证、计费等基础服务或者为一万以上用户提供服务的计算机信息系统不能正常运行累计一小时以上的；（五）造成其他严重后果的。实施前款规定行为，具有下列情形之一的，应当认定为破坏计算机信息系统'后果特别严重'：（一）数量或者数额达到前款第（一）项至第（三）项规定标准五倍以上的；（二）造成为五百台以上计算机信息系统提供域名解析、身份认证、计费等基础服务或者为五万以上用户提供服务的计算机信息系统不能正常运行累计一小时以上的；（三）破坏国家机关或者金融、电信、交通、教育、医疗、能源等领域提供公共服务的计算机信息系统的功能、数据或者应用程序，致使生产、生活受到严重影响或者造成恶劣社会影响的；（四）造成其他特别严重后果的。"关于行为人实施第三款行为的后果严重，最高人民法院、最高人民检察院《关于办理危害计算机信息系统安全刑事案件应用法律若干问题的解释》第六条规定：故意制作、传播计算机病毒等破坏性程序，影响计算机系统正常运行，具有下列情形之一的，应当认定为刑法第二百八十六条第三款规定的"后果严重"：（一）制作、提供、传输第五条第（一）项规定的程序，导致该程序通过网络、存储介质、文件等媒介传播的；（二）造成二十台以上计算机系统被植入第五条第（二）、（三）项规定的程序的；（三）提供计算机病毒等破坏性程序十人次以上的；（四）违法所得五千元以上或者造成经济损失一万元以上的；（五）造成其他严重后果的。实施前款规定行为，具有下列情形之一的，应当认定为破坏计算机信息系统"后果特别严重"：（一）制作、提供、传输第五条第（一）项规定的程序，导致该程序通过网络、存储介质、文件等媒介传播，致使生产、生活受到严重影响或者造成恶劣社会影响的；（二）数量或者数额达到前款第（二）项至第（四）项规定标准五倍以上的；（三）造成其他特别严重后果的。

（四）司法认定疑难问题

本罪是采用非暴力手段，即技术手段对计算机软件进行破坏。行为人如果采用暴力手段，如锤砸等物理手段对计算机硬件进行破坏，虽然在结果上也是破坏了计算机信息系统，但应以故意毁坏财物罪定罪处罚。

《刑法修正案（九）》对单位犯前三款罪作了规定。单位的范围包括公司、企业、事业单位、机关、团体。我国刑法对单位采取

"双罚制"，既要对单位判处罚金，又要追究单位直接负责的主管人员和其他直接责任人员的刑事责任。根据《全国法院审理金融犯罪案件工作座谈会纪要》，直接负责的主管人员是在单位实施的犯罪中起决定、批准、授意、纵容、指挥等作用的人员，一般是单位的主管负责人，包括法定代表人。其他直接责任人员，是在单位犯罪中具体实施犯罪并起较大作用的人员，既可以是单位的经营管理人员，也可以是单位的职工，包括聘任、雇用的人员。判断是否为单位犯罪时，一方面刑法要明文规定单位为犯罪主体，另一方面犯罪行为一般是以单位的名义实施，在单位主体的意志支配下实施，体现了单位的集体意志，犯罪目的是为单位牟利。

刑法修正案（九）第二十八条

一、修正条文

根据《刑法修正案（九）》第二十八条，修正后的《刑法》第二百八十六条的内容为："违反国家规定，对计算机信息系统功能进行删除、修改、增加、干扰，造成计算机信息系统不能正常运行，后果严重的，处五年以下有期徒刑或者拘役；后果特别严重的，处五年以上有期徒刑。

违反国家规定，对计算机信息系统中存储、处理或者传输的数据和应用程序进行删除、修改、增加的操作，后果严重的，依照前款的规定处罚。

故意制作、传播计算机病毒等破坏性程序，影响计算机系统正常运行，后果严重的，依照第一款的规定处罚。

第二百八十六条之一，网络服务提供者不履行法律、行政法规规定的信息网络安全管理义务，经监管部门责令采取改正措施而拒不改正，有下列情形之一的，处三年以下有期徒刑、拘役或者管制，并处或者单处罚金：

（一）致使违法信息大量传播的；

（二）致使用户信息泄露，造成严重后果的；

（三）致使刑事案件证据灭失，情节严重的；

（四）有其他严重情节的。

单位犯前款罪的，对单位判处罚金，并对其直接负责的主管人员和其他直接责任人员，依照前款的规定处罚。

有前两款行为，同时构成其他犯罪的，依照处罚较重的规定定罪处罚。"

二、原文表述

《刑法》第二百八十六条规定："违反国家规定，对计算机信息系统功能进行删除、修改、增加、干扰，造成计算机信息系统不能正常运行，后果严重的，处五年以下有期徒刑或者拘役；后果特别严重的，处五年以上有期徒刑。

违反国家规定，对计算机信息系统中存储、处理或者传输的数据和应用程序进行删除、修改、增加的操作，后果严重的，依照前款的规定处罚。

故意制作、传播计算机病毒等破坏性程序，影响计算机系统正常运行，后果严重的，依照第一款的规定处罚。"

三、修正内容

根据《刑法修正案（九）》第二十八条的规定，《刑法》第二百八十六条中增加了网络服务提供者不履行法律、行政法规规定的信息网络安全管理义务的犯罪及其处罚的规定，该罪名为拒不履行信息网络安全管理义务罪。新增加的规定分为三款，第一款是关于对网络服务提供者不履行法律、行政法规规定的信息网络安全管理义务如何定罪处罚。第二款是关于单位不履行网络安全管理义务的处罚。第三款是关于有前两款行为，同时构成其他犯罪的，如何定罪处罚。

四、修正缘由

随着信息网络的飞速发展，人们获取新闻时事资讯依靠网络检索或者网络推送，查阅历史资料依靠信息数据库，获取专业知识也求助于网络，信息网络成为信息传播的主要途径。与此同时，在信息网络空间，用户之间相互互动，互相交流和帮助，信息网络也针对用户进行个性化建设，用户体检、APP等新兴方式改变了社会生活方式。信息网络在造福社会的同时，利用信息网络实施的造谣、诽谤、诈骗、煽动分裂等违法犯罪行为也在严重扰乱网络秩序。发生的原因除了违法犯罪分子的恶意行为，网络服务提供者的纵容或者疏于管理也有很大关系。

在社会热议的"韩兴昌案件"、"秦火火案件"中，网络服务提供者难辞其咎。实践中也确有部分网络服务提供者怠于履行管理职责、安全监管义务，导致违法信息大量传播，或出于自身利益考虑，不积极协助办案机关开展工作，导致案件证据灭失或者难以侦破。网络服务提供者的行为不但严重影响了办案机关的工作效率，还对相关网络犯罪起到了推波助澜的作用，危害极大。对于网络服务提供者的追责，我国侵权责任法、知识产权领域都有相关立法，但对于网路服务提供者的刑事处罚立法却一直缺位。

五、理解适用

（一）犯罪主体为网络服务提供者

参照最高人民法院及最高人民检察院制定的《关于办理利用信息网络实施诽谤等刑事案件适用法律若干问题的解释》第十条的规定，信息网络包括以计算机、电视机、固定电话机、移动电话机等电子设备为终端的计算机互联网、广播电视网、固定通信网、移动通信网等信息网络，以及向公众开放的局域网络。网络服务提供者包括通过计算机互联网、广播电视网、固定通信网、移动通信网等信息网络，向社会公众提供网络服务的机构和个人。

（二）主观方面为故意

本罪的主观方面表现为故意，既可以是直接故意也可以是间接故意。具体来说，网络服务提供者在监管部门责令采取改正措施后，明知不采取删除、封锁、移除等改正措施，会导致严重后果，依然希望或者放任危害结果的发生。如果网络服务提供者事先与不法分子共谋，在主观上有共同实行犯罪的意思联络，在不法分子散布违法信息、攻击网络安全时不管不顾，故意消极放任，既不进行报告也不采取技术措施，最终造成严重后果，可能与不法分子构成共同犯罪，如诽谤罪、诈骗罪等。

（三）网络服务提供者不履行法律、行政法规规定的信息网络安全管理义务

《刑法修正案（九）》中并没有明确说明网络服务提供者违反的具体信息网络安全管理义务的内容。我国的相关立法有《维护互联网安全的决定》、《互联网信息服务管理办法》、《电信条例》、《计算机信息系统安全保护条例》、《互联网网络安全信息通报实施办法》、《计算机信息网络国际联网安全保护管理办法》、《侵权责任法》等。另外，我国多个省市也出台了相关的地方性法规。如果网络服务提供者仅仅是违反行业规范、道德或者伦理的"失范"行为，则不构成此罪。整体来说，信息网络安全管理义务包括：一是发现法律、行政法规禁止发布的信息，或者权利人依法举报侵权信息时，停止传输该信息或者采取其他必要措施，并向有关部门报告。二是对知悉的公民个人信息、隐私和商业秘密予以保密，不能出售或者非法向他人提供。三是采取安全保护技术措施，防范计算机病毒、网络攻击、网络入侵等危害网络安全事故的发生。四是发现其网络产品、服务存在安全缺陷、漏洞等风险时，应当及时向用户告知并采取补救措施。五是对网上信息和网络日志记录进行备份和留存，为国家安全、侦查犯罪、诉讼活动，提供必要的支持与协助等。

（四）经监管部门责令采取改正措施而拒不改正

监管部门是指依据法律、行政法规的规定对网络服务提供者负有监管管理职责的各个部门。具体来说，监管部门包括国家网信部门、工业和信息化部、工商行政管理部门、地方通信主管部门、新闻出版部门、教育部门、卫生部门、药品监督管理部门、公安部门和国家安全等部门。"责令改正而拒不改正"反映出网络服务提供者的不负责任和放任态度，表现为监管部门要求网络服务提供者采

取加强网络安全措施，通知网络服务提供者删除违法犯罪信息、关闭服务，或者责令网络服务提供者提供违反犯罪证据等，网络服务者拒绝执行或者消极执行。

（五）导致严重后果或情节严重

严重后果包括：（1）致使违法信息大量传播。根据国务院于2014年修订的《电信条例》，违法信息包括九类：反对宪法所确定的基本原则的；危害国家安全，泄露国家秘密，颠覆国家政权，破坏国家统一的；损害国家荣誉和利益的；煽动民族仇恨、民族歧视，破坏民族团结的；破坏国家宗教政策，宣扬邪教和封建迷信的；散布谣言，扰乱社会秩序，破坏社会稳定的；散布淫秽、色情、赌博、暴力、凶杀、恐怖或者教唆犯罪的；侮辱或者诽谤他人，侵害他人合法权益的；含有法律、行政法规禁止的其他内容的。违法信息的范畴，其根本点在其具有"违法性"，不具有法律法规或者规章等规则禁止性的信息，不是违法信息，违法必须存在法律规则的禁止前提，否则就不属于违法信息。对于大量传播，本次修订没有给出明确的标准，可以参照最高人民法院、最高人民检察院制定的《关于办理利用信息网络实施诽谤等刑事案件适用法律若干问题的解释》中有关点击、浏览、转发次数的规定来判断。（2）致使用户信息泄露，造成严重后果。如因用户信息泄露，导致用户重大财产损失，对其名誉造成重大影响，或者泄露的用户数量大，涉及范围广，造成严重后果。这里的严重后果并不要求危害结果已经发生，公民的财产具有损失的巨大危险也属于严重后果；（3）致使刑事案件证据灭失，情节严重。如违法犯罪记录删除，无法恢复，或者由于消极执行，导致犯罪人消除犯罪记录或者链接，严重影响刑事案件侦查。（4）有其他严重情节。其他严重情节属于兜底性质的条款，可以参考本款前三项规定的情形中造成的社会危害程度，结合网络服务提供者拒不改正的主观恶性大小，对给公民个人、集体、国家造成的危害后果进行综合认定。

（六）司法认定疑难问题

如果网络服务提供者明知他人利用其信息网络服务实施犯罪，但是其与网络犯罪嫌疑人并没有直接的意思联络，则网络服务提供者为片面共犯，网络服务提供者承担共同犯罪刑事责任，按照本条第三款的规定，应当按照想象竞合犯的原则处理，依照处罚较重的规定定罪处罚。如果网络服务提供者与其他犯罪嫌疑人具备共同实施犯罪的意思联络，监管部门责令采取改正措施而拒不改正的原因是为了帮助网络犯罪嫌疑人，网络服务提供者与其他网络犯罪嫌疑人具有共同犯罪的故意，并实施了共同犯罪行为（网络服务提供者可能实施不作为的犯罪行为），则网络服务提供者与网络犯罪嫌疑人成立共同犯罪。此时网络服务提供者同时构成共同犯罪之罪名，如诈骗罪以及拒不履行信息网络安全管理义务罪，按照想象竞合犯的原则处理，按照本条第三款的规定，依照处罚较重的规定定罪处罚。

刑法修正案（九）第二十九条

一、修正条文

根据《刑法修正案（九）》第二十九条，修正后的《刑法》第二百八十七条的内容为："利用计算机实施金融诈骗、盗窃、贪污、挪用公款、窃取国家秘密或者其他犯罪的，依照本法有关规定定罪处罚。

第二百八十七条之一，利用信息网络实施下列行为之一，情节严重的，处三年以下有期徒刑或者拘役，并处或者单处罚金：

（一）设立用于实施诈骗、传授犯罪方法、制作或者销售违禁物品、管制物品等违法犯罪活动的网站、通讯群组的；

（二）发布有关制作或者销售毒品、枪支、淫秽物品等违禁物品、管制物品或者其他违法犯罪信息的；

（三）为实施诈骗等违法犯罪活动发布信息的。

单位犯前款罪的，对单位判处罚金，并对其直接负责的主管人员和其他直接责任人员，依照第一款的规定处罚。

有前两款行为，同时构成其他犯罪的，依照处罚较重的规定定罪处罚。

第二百八十七条之二，明知他人利用信息网络实施犯罪，为其犯罪提供互联网接入、服务器托管、网络存储、通讯传输等技术支持，或者提供广告推广、支付结算等帮助，情节严重的，处三年以下有期徒刑或者拘役，并处或者单处罚金。

单位犯前款罪的，对单位判处罚金，并对其直接负责的主管人员和其他直接责任人员，依照第一款的规定处罚。

有前两款行为，同时构成其他犯罪的，依照处罚较重的规定定罪处罚。"

二、原文表述

《刑法》第二百八十七条规定："利用计算机实施金融诈骗、盗窃、贪污、挪用公款、窃取国家秘密或者其他犯罪的，依照本法有关规定定罪处罚。"

三、修正内容

《刑法修正案（九）》第二十九条在《刑法》第二百八十七条后增加两条，作为第二百八十七条之一、第二百八十七条之二，增加了非法利用信息网络罪的立法以及为他人利用信息网络实施犯罪提供帮助罪的立法。第二百八十七条之一共分为三款，第一款是关于在信息网络上设立用于实施违法犯罪活动的网站、通信群组，以及发布违法犯罪信息，为实施违法犯罪活动而发布信息的犯罪规定。第二款是关于单位犯罪的规定。第三款是关于实施本条规定的行为，同时又构成其他犯罪的，如何定罪处罚的规定。第二百八十七条之二也分为三款。第一款是关于对为他人实施网络犯罪提供帮助如何定罪处罚的规定。第二款是关于单位犯罪的规定。第三款是关于实施本条规定的行为，同时又构成其他犯罪的，如何定罪处罚的规定。

四、修正缘由

（一）设立非法利用信息网络罪的缘由

信息网络在带给我们生活巨大便利的同时，也演变为犯罪嫌疑人的犯罪工具或者犯罪媒介平台，严重干扰社会秩序，侵犯公民的人身和财产安全。利用信息网络实施的犯罪行为涉及被害人众多、侦查难度大、智能性突出。调查显示，2014 年网民因为垃圾信息、诈骗信息和个人信息泄露等现象，导致遭受的经济损失人均一百二十四元，总体损失约八百零五亿元（我国网民数量 6.49 亿×网民平均经济损失 124 元＝804.76 亿元）。

对此，最高人民法院、最高人民检察院《关于办理诈骗刑事案件具体应用法律若干问题的解释》第五条规定："诈骗未遂，以数额巨大的财物为诈骗目标的，或者具有其他严重情节的，应当定罪处罚。利用发送短信、拨打电话、互联网等电信技术手段对不特定多数人实施诈骗，诈骗数额难以查证，但具有下列情形之一的，应当认定为刑法第二百六十六条规定的'其他严重情节'，以诈骗罪（未遂）定罪处罚：（一）发送诈骗信息五千条以上的；（二）拨打诈骗电话五百人次以上的；（三）诈骗手段恶劣、危害严重的。实施前款规定行为，数量达到前款第（一）、（二）项规定标准十倍以上的，或者诈骗手段特别恶劣、危害特别严重的，应当认定为刑法第二百六十六条规定的'其他特别严重情节'，以诈骗罪（未遂）定罪处罚。"上述规定部分解决了网络诈骗犯罪中带有预备性质的行为如何处罚的问题。为了维护正常的网络秩序，严厉打击钓鱼网站、违法犯罪网站，遏制违反犯罪信息的传播，有必要将当前社会中利用信息网络实施的一些危害社会行为的预备行为予以入罪化，将惩罚犯罪的关口前移，严密打击网络犯罪的刑事法网。

（二）设立为他人利用信息网络实施犯罪提供帮助罪的缘由

网络犯罪的特点之一是犯罪无国界。网络犯罪不同于传统犯罪的"一对一"，而是"一对多"、"多对多"，犯罪链条复杂，被害人具有不特定性。犯罪嫌疑人与被害人交流的媒介是信息网络，犯罪嫌疑人可以借用网络虚拟世界实施犯罪行为，不需要与被害人进行直接接触，被害人可能与犯罪嫌疑人素未谋面。另外，网络犯罪不同于传统犯罪存在固定的"犯罪现场"，网络犯罪嫌疑人可以跨越地域，进行远程控制。网络犯罪的实施除了需要行为人具备一定的技术水平和知识，还需要互联网接入、网络存储等服务商的技术支持，有时为了逃避监管和侦查，犯罪嫌疑人还经常借助第三方支付平台，没有这些技术支持和帮助行为，网络犯罪嫌疑人便是孤掌难鸣。

对此，最高人民法院、最高人民检察院《关于办理诈骗刑事案件具体应用法律若干问题的解释》第七条规定："明知他人实施诈骗犯罪，为其提供信用卡、手机卡、通讯工具、通讯传输通道、网络技术支持、费用结算等帮助的，以共同犯罪论处。"最高人民法院、最高人民检察院《关于办理利用互联网、移动通讯终端、声讯台制作、复制、出版、贩卖、传播淫秽电子信息刑事案件具体应用法律若干问题的解释（二）》中也有类似的规定。面对网络犯罪日趋复杂和严峻的形势，有效打击各种网络犯罪帮助行为，有必要将信息网络企业或者服务商在网络接入、服务器托管、网络存储、通信传输、广告推广以及支付结算等诸多领域的规范注意义务提升到刑事意义，斩断网络犯罪的利益链条。

五、理解适用

（一）非法利用信息网络罪的理解适用

1. 行为人利用的是信息网络

参照最高人民法院、最高人民检察院《关于办理利用信息网络实施诽谤等刑事案件适用法律若干问题的解释》第十条的规定，信息网络包括以计算机、电视机、固定电话机、移动电话机等电子设备为终端的计算机互联网、广播电视网、固定通信网、移动通信网等信息网络，以及向公众开放的局域网络。

2. 实施特定行为

（1）设立违法犯罪活动的网站、通信群组。

设立既包括注册域名、制作界面、购买或者租赁服务器等建立网站行为或者注册通信群组行为，也包括在已有合法网站或者通信群组的基础上，更改网站内容或者变更通信群组人员，从而使更改后的网站和通信群组主要用于实施诈骗、传授犯罪方法、制作或者销售违禁物品、管制物品等违法犯罪活动。网站的概念可以参考最高人民法院、最高人民检察院制定的《关于办理利用互联网、移动通讯终端、声讯台制作、复制、出版、贩卖、传播淫秽电子信息刑事案件具体应用法律若干问题的解释（二）》的规定，网站是指可以通过互联网域名、IP 地址等方式访问的内容提供站点。通信群组是指信息网络上供具有相同需求的人群集合在一起进行交流的平台、工具、网络空间，通信群组具有封闭性、及时性、交流性的特点，且人员众多。设立违法犯罪活动网站、通信群组的多为网站负责人、管理者，通信群组的版主、群主。

（2）发布违法犯罪信息。

这类违法犯罪信息包括两类，第一类是发布关于毒品、枪支、淫秽物品等违禁物品、管制物品的制作或者销售信息。第二类是发布其他违法犯罪信息。这是一个兜底条款，利用信息网络发布其他违法犯罪信息，情节严重的构成此罪。需要强调的是，行为人发布的信息既可以是真实的违法犯罪信息，也可以是虚假的违法犯罪信息。行为人仅以违法犯罪信息为噱头或者名称，吸引网络用户点击，如链接名称为"优衣库视频"，网络用户点击的原因是认为这是淫秽视频链接，可实际该链接只是捆包广告，并无淫秽视频，在此种情况下，如果情节严重，同样构成本罪。为实施犯罪而设立的网站和通信群组时刻威胁着公民的人身和财产安全，如假冒淘宝网的"钓鱼网站"、假冒银行的诈骗网站、交流制造毒品技术的 QQ 群、传播淫秽物品的微信群等。

（3）为实施诈骗等违法犯罪活动发布信息。

本项主要针对近年来人民群众反映强烈的短信诈骗、电信诈骗、网络诈骗。犯罪嫌疑人利用短信群发器和群发软件等专用工具，能够在短时间内向大量的用户号段发送违法信息。《中国网民权益保护调查报告（2015）》显示，2014 年 60.5%的用户"收到假冒、诈骗网站/网址"的钓鱼网站信息，60.7%的用户表示"收到带有木马/病毒的链接"。手机或者计算机用户如果点开违法链接，就可能被感染病毒，植入木马，并被远程控制，还可能泄露个人信息，丢失银行卡密码，导致财产损失。

需要说明的是，本款规定的三项行为存在两方面的重大差别：一是行为方式的差别。第一项是设立网站、通信群组的行为，但第二、三项是发布违法犯罪信息，前者在形式上可能合法，但后者在形式上必然违法；二是行为目的的差别。该款第一、三项行为都具有进一步实施违法犯罪行为的目的，而该款第二项的行为目的则可能是合法的，如为了骗点击率（但手段是非法的）。

3. 必须达到情节严重

关于情节严重的具体认定，可以结合行为人所发布信息的具体内容、数量、扩散范围、非法所得、被害人数量、造成的损失进行综合考量。如多次设立用于实施诈骗、传授犯罪方法、制作或者销售违禁物品、管制物品等违法犯罪活动的网站、通信群组，多次发布有关制作或者销售毒品、枪支、淫秽物品等违禁物品、管制物品或者其他违法犯罪信息，多次为实施诈骗等违法犯罪活动发布信息，或者违法犯罪信息大量传播，严重扰乱社会秩序等。

4. 司法认定疑难问题

此罪在立法过程中一直有质疑之声，有学者认为本条应当进行推敲，因为本条是将诈骗犯罪、毒品犯罪等犯罪的预备行为规定为独立的犯罪。有学者提出"利用信息网络"是个手段行为，如果一概入罪，会导致和其他犯罪的竞合，建议慎重考虑或者删除。笔者认为，该规定采用列举的方式，将当前社会中利用信息网络实施的一些危害社会行为的预备行为予以入罪化，将惩罚犯罪的关口前移，这种刑法介入的适当提前，对于及早打击和预防网络犯罪具有现实意义。

如果行为人在设立违法犯罪网站、通信群组以后，或者在发布违法犯罪信息后，实施了犯罪实行行为，则应按照"吸收犯"的原则，为处断的一罪。如果行为人明知他人要传授犯罪方法，而为其利用信息网络，设立了用于实施传授犯罪方法的网站、通信群组，情节严重的，既构成本罪，也构成传授犯罪方法罪的帮助犯，依据"想象竞合犯"的原则处理，按照本条第三款的规定，依照处罚较重的规定定罪处罚。

（二）为他人利用信息网络实施犯罪提供帮助罪的理解适用

1. 行为人主观方面为故意

这是指行为人明知自己为他人实施的信息网络犯罪提供技术支持或者其他帮助行为，会给国家的信息网络管理秩序造成危害，仍然希望或者放任信息网络犯罪危害结果发生的心理态度。明知在刑法上包括两种情形，一是"知道"，即有证据证明行为人知道他人利用信息网络实施犯罪的事实，如行为人的供述。二是"应当知道"，即行为人在提供技术支持或者帮助行为时，根据现实情况，应当知道他人是利用信息网络实施犯罪。如最高人民法院、最高人民检察院、公安部《关于办理网络赌博犯罪案件适用法律若干问题的意见》第二条关于开设赌场罪共同犯罪的相关规定："……具有下列情形之一的，应当认定行为人'明知'，但是有证据证明确实不知道的除外：（一）收到行政主管机关书面等方式的告知后，仍然实施上述行为的；（二）为赌博网站提供互联网接入、服务器托管、网络存储空间、通讯传输通道、投放广告、软件开发、技术支持、资金支付结算等服务，收取服务费明显异常的；（三）在执法人员调查时，通过销毁、修改数据、账本等方式故意规避调查或者向犯罪嫌疑人通风报信的；（四）其他有证据证明行为人明知的。"

2. 为他人信息网络犯罪提供互联网接入、服务器托管、网络存储、通信传输等技术支持或者提供广告推广、支付结算等帮助行为

互联网接入指负责将用户的计算机或局域网与公用网连接在一起，为其他企业或个人提供互联网接入服务的企业叫做互联网接入服务提供商（IAP）或互联网服务商（ISP）。服务器托管是指将自己的服务器放置在提供托管服务的机房中，借助机房完备的网络接

入、稳定性保障等方面的优势，运营网站。在国内，如果企业、个人想拥有自己独立的 web、E-mail、FTP、SQL 等服务器，同时又不想花费更多的资金进行通信线路、网络环境、机房环境的投资，更不想投入人力进行二十四小时的网络维护，就会考虑主机托管服务，在当今的大型托管机房中，早已实现了服务器的远程控制。网络存储，是指帮助犯罪嫌疑人将存储设备连接在计算机网络，并配以辅助软件和硬件，实现数据存储、数据传输和数据共享，从而提高犯罪嫌疑人存储设备的利用率、降低数据存储成本。通信传输是指为犯罪嫌疑人提供信息网络，实现数据传递，实现远程连接。

广告推广既包括为网络犯罪嫌疑人制作广告，也包括为他人设立的犯罪网站拉广告客户，增加违法犯罪网站的广告收入。支付结算又称转账结算，是指单位、个人在社会经济活动中使用票据、信用卡和汇兑、托收承付、委托收款等结算方式进行货币给付及资金清算的行为。

3. 必须达到情节严重

情节严重是指行为人提供互联网接入、服务器托管、网络存储、通信传输等技术支持，或者提供广告推广、支付结算等帮助行为时，严重不负责任，主观恶性大、影响恶劣、获利金额大或者造成严重后果等，对于情节严重应当进行综合考量。

4. 司法认定疑难问题

在《刑法修正案（九）》征求意见稿讨论中，有学者提出本罪名是将各种犯罪之预备行为的帮助行为规定为独立的犯罪，不管是在内容上还是技术上都需要慎重推敲和全面考量。笔者认为，当前信息网络交易具有多元性，行为人在提供技术支持和帮助服务时，很多时候与服务对象是线上交易，并不见面洽谈或者接触，而且服务对象众多，行为人与网络犯罪嫌疑人有时不存在共谋，这时很难认定行为人的刑事责任。《刑法修正案（九）》采用列举的方式，将当前社会中网络运营服务商在提供技术支持和帮助服务过程中，由于严重不负责任，从而危害社会的行为予以入罪化，对于全面打击和预防网络犯罪具有重要意义。

如果行为人与网络犯罪嫌疑人具备共同实施犯罪的意思联络，具有共同犯罪的故意，行为人与网络犯罪嫌疑人的分工就是行为人利用其自身优势，为网络犯罪嫌疑人提供互联网接入、服务器托管、网络存储、通信传输等技术支持，或者提供广告推广、支付结算等帮助行为，则行为人与网络犯罪嫌疑人成立共同犯罪。同时，技术支持、广告推广或者支付结算等帮助行为，还可能构成提供侵入、非法控制计算机信息系统程序、工具罪。根据本条第三款的规定，上述情况依照处罚较重的规定定罪处罚。

刑法修正案（九）第三十条

一、修正条文

根据《刑法修正案（九）》第三十条，修正后的《刑法》第二百八十八条的内容为："违反国家规定，擅自设置、使用无线电台（站），或者擅自使用无线电频率，干扰无线电通讯秩序，情节严重的，处三年以下有期徒刑、拘役或者管制，并处或者单处罚金；情节特别严重的，处三年以上七年以下有期徒刑，并处罚金。

单位犯前款罪的，对单位判处罚金，并对其直接负责的主管人员和其他直接责任人员，依照前款的规定处罚。"

二、原文表述

《刑法》第二百八十八条规定："违反国家规定，擅自设置、使用无线电台（站），或者擅自占用频率，经责令停止使用后拒不停止使用，干扰无线电通讯正常进行，造成严重后果的，处三年以下有期徒刑、拘役或者管制，并处或者单处罚金。

单位犯前款罪的，对单位判处罚金，并对其直接负责的主管人员和其他直接责任人员，依照前款的规定处罚。"

三、修正内容

根据《刑法修正案（九）》第三十条的规定，《刑法》第二百八十八条对于扰乱无线电管理秩序罪的罪状描述中将"擅自占用频率"修改为"擅自使用无线电频率"，取消了"经责令停止使用后拒不停止使用"的处罚前置程序。另外，本罪由结果犯修改为情节犯，将"造成严重后果的"修改为"情节严重的"予以刑事处罚，同时加大处罚力度，规定对于情节特别严重的，处三年以上七年以下有期徒刑，并处罚金。

四、修正缘由

（一）"经责令停止使用后拒不停止使用"的规定不合理

根据修正前《刑法》第二百八十八条的规定，扰乱无线电管理秩序的行为须"经责令停止使用后拒不停止使用"才可入罪。没有经过"经责令停止使用后拒不停止使用"这一行政程序，相关违法行为就无法进入刑事程序。一方面，许多非法使用无线电频率的个人及组织具有很强的隐蔽性及流动性，行政机关难以查处，更难责令其停止使用；另一方面，许多违法行为被查处时往往都造成了较为严重的后果，行为的危害性很大，对其责令停止使用已不足以防止危害社会，反而容易放纵违法和犯罪。

（二）无法适应严峻的无线电犯罪现状

根据修正前《刑法》第二百八十八条的规定，扰乱无线电管理秩序的行为必须"造成严重后果"才能入罪。但很多扰乱无线电管理秩序行为的危害并不仅仅体现在"后果"上，而是体现在行为的影响和危险性上。以"伪基站"为例，"伪基站"发送的短信内容容易逃避监控，易被不法分子利用，传播不良信息，给国家安全和社会稳定带来隐患；行为人擅自使用频率，就有可能对民航、高铁等专用频率或者国家重点保护的频率造成干扰。这些行为虽未造成实际损害结果，但是具有很大的现实危险，却未将其纳入刑法规制的范围内。

（三）法定刑的配置过低

修正前《刑法》第二百八十八条针对扰乱无线电通信管理秩序罪规定的法定刑是"三年以下有期徒刑、拘役或者管制，并处或者单处罚金"。其采取的是单一的法定刑幅度，法定最高刑是三年有期徒刑。单一的法定刑配置显然无法应对多样化的扰乱无线电管理秩序行为的要求，特别是对于一些造成巨大危害的行为更是如此。同时，与我国刑法典中罪质类似的破坏计算机信息系统罪（其法定刑分两档，法定最高刑为十五年有期徒刑）等相比，《刑法》第二百八十八条对扰乱无线电通信管理秩序罪设置的法定刑偏低而且缺乏一定的弹性和层次性，不利于惩治那些特别严重扰乱无线电通信管理秩序的行为。

五、理解适用

（一）实施特定行为

1. 违反国家规定，擅自设置、使用无线电台（站），干扰无线电通信秩序

根据《无线电管理条例》的规定，设置、使用无线电台（站）的单位和个人，必须提出书面申请，办理设台（站）审批手续，领取电台执照。其中，擅自设置、使用无线电台（站）的行为包括：行为人未向国家有关无线电管理机构提出设置及使用无线电台（站）的申请；行为人虽提出申请，但未获批准；行为人虽获批准但没有领取有效的电台执照，且超过规定时限致使该批准文件失效；行为人持有的电台执照不合法或已经失效；他人未经许可设置使用已合法注册的电台；紧急情况下动用电台的特定条件已经消失，该电台未经许可继续使用；其他符合上述特征的行为。擅自设置、使用无线电台（站）的行为侵犯了国家关于无线电通信的管理秩序。

2. 违反国家规定，擅自使用无线电频率，干扰无线电通信秩序

根据《无线电管理条例》的规定，国家无线电管理机构对于无线电频率实行统一划分和分配。国家无线电管理机构、地方无线电管理机构根据设台（站）审批权限对于无线电频率进行指配。国务院有关部门对分配给本系统使用的频段和频率进行指配，并同

时抄送国家无线电管理机构或者有关的地方无线电管理机构备案，因此非经指配而使用频率的行为即构成对无线电通信秩序的妨害。实践中擅自使用频率资源的行为涉及范围较广，既包括非法设台以及合法设台但非法使用造成的频率侵占，也包括无线电台（站）之外的其他使用无线电的设备、设施及辐射无线电波的非无线电设备、设施，因非法设置或合法设置非法使用所造成的频率侵占。

（二）达到情节严重的程度

该罪的情节严重既包括造成一定的危害后果，也应当包括多次或多人实施危害行为、针对特殊领域实施危害行为以及实施的危害行为造成严重危险等情况。很多严重威胁他人生命及财产安全、扰乱社会秩序的破坏无线电管理的行为并不一定当即产生现实的危害结果，然而，即便是仅产生一定的危险有时其社会危害性也不容小视。同样以"伪基站"为例，行为人大都在人力密集的地方向不特定人群发送信息，这不仅会影响正常的通信，还可能干扰周围的公用电波和磁场，诱发交通安全事故。而且"伪基站"发送的短信内容容易逃避监控，易被不法分子利用，传播不良信息，给国家安全和社会稳定带来隐患；行为人擅自使用频率，还有可能对民航、高铁等专用频率或者国家重点保护的频率造成干扰，影响不特定多数人的生命财产安全，对于这些行为，虽然并未实际造成损害结果，但是具有很大的现实危险，达到情节严重时，就应承担刑事责任。这里的情节严重包括：大范围干扰手机通信信号，影响手机通话质量；大量发送垃圾短信；发送违法犯罪信息；干扰无线电通信传输，产生重大安全隐患；影响国家安全和国家形象，给公民生活造成恐慌；经责令停止使用后拒不停止使用，主观恶性大；其他严重情节的。

（三）司法认定疑难问题

判断行为人设置、使用无线电台（站），或使用无线电频率的行为是否为擅自设置、使用，必须结合《无线电管理条例》等关于无线电管理方面的法律法规进行判断，只有不符合相关的法律法规，才能认定为擅自设置、使用。另外，本次修正，删除了原条文"经责令停止使用后拒不停止使用"的规定。因此，行为人只要实施了擅自设置、使用无线电台（站）或者擅自使用无线电频率且情节严重的行为，即可构成本罪，不需要经过行政主管部门先行处理。

根据《无线电管理条例》的规定，无线电发射设备的研制、生产、销售均需经过相关部门的核准、备案或批准。对于非法制造并销售"伪基站"设备的行为，既符合非法经营罪的构成，同时可能成为本罪的共犯，属于想象竞合犯，应当从一重罪论处。

刑法修正案（九）第三十一条

一、修正条文

根据《刑法修正案（九）》第三十一条，修正后的《刑法》第二百九十条的内容为："聚众扰乱社会秩序，情节严重，致使工作、生产、营业和教学、科研、医疗无法进行，造成严重损失的，对首要分子，处三年以上七年以下有期徒刑；对其他积极参加的，处三年以下有期徒刑、拘役、管制或者剥夺政治权利。

聚众冲击国家机关，致使国家机关工作无法进行，造成严重损失的，对首要分子，处五年以上十年以下有期徒刑；对其他积极参加的，处五年以下有期徒刑、拘役、管制或者剥夺政治权利。

多次扰乱国家机关工作秩序，经行政处罚后仍不改正，造成严重后果的，处三年以下有期徒刑、拘役或者管制。

多次组织、资助他人非法聚集，扰乱社会秩序，情节严重的，依照前款的规定处罚。"

二、原文表述

《刑法》第二百九十条规定："聚众扰乱社会秩序，情节严重，致使工作、生产、营业和教学、科研无法进行，造成严重损失的，对首要分子，处三年以上七年以下有期徒刑；对其他积极参加的，处三年以下有期徒刑、拘役、管制或者剥夺政治权利。

聚众冲击国家机关，致使国家机关工作无法进行，造成严重损失的，对首要分子，处五年以上十年以下有期徒刑；对其他积极参加的，处五年以下有期徒刑、拘役、管制或者剥夺政治权利。"

三、修正内容

本条对原《刑法》第二百九十条作了三处修改，分别是：（1）在第一款规定的聚众扰乱社会秩序犯罪中聚众扰乱社会秩序的情形中，新增加了一种情形，即扰乱医疗秩序，致使医疗无法进行。（2）新增加了一款关于多次扰乱国家机关工作秩序犯罪及其处罚的规定，多次扰乱国家机关工作秩序，经行政处罚后仍不改正，造成严重后果的，处三年以下有期徒刑、拘役或者管制。（3）新增加了一款关于多次组织、资助他人非法聚集，扰乱社会秩序犯罪及其处罚的规定，多次组织、资助他人非法聚集，扰乱社会秩序，情节严重的，处三年以下有期徒刑、拘役或者管制。

四、修正缘由

近年来，随着经济社会的发展，人们的生活水平和医疗保障水平在不断提高，人们对医疗服务的需求也在增加，对服务质量的要求相应地也随之提高。但由于我国目前的医疗水平还不足以满足所有患者的要求以及我国人口众多、逐渐步入老龄化社会的现状等原因，医患关系日趋紧张，医患纠纷时有发生。一方面，患者由于医疗过错或者单纯对医疗效果不满意等原因，往往与医院发生纠纷要求医院赔偿，为达到目的，患者及其家属有时采取过激的方式，妨害医院正常的医疗秩序，给医院带来压力。更有甚者，如果没有达到目的，有患者及其家属还通过殴打、杀害医疗工作人员来进行打击报复。另一方面，医疗工作者也对患者的这类扰乱医疗秩序、危害医疗工作人员人身安全的行为日渐不满，采用诸多方式抗议"医闹"行为，如静坐、游行、罢工等。如在 2009 年 6 月 20 日福建南平医患冲突事件中，福建省南平市第一医院当日收治一例"双输尿管结石伴双肾积水、右肾多发结石"的患者并为其手术，手术后十小时患者突然病情恶化死亡。此后，患者家属 200 余人将经治医师围困于停尸病房，进行侮辱和殴打并毁坏医疗器械。为防止事态扩大，南平市政府要求医院立即赔偿患方二十一万元人民币，医患双方签订协议，称双方互不追究对方的刑事责任。对此结果该院医务人员不能接受，自发到市政府门前台阶上静坐，并打出"严惩凶手，打击医闹"、"还我尊严，维护医院正常医疗秩序"的条幅。医患关系紧张不仅影响患者及家属的心理，也严重干扰了医疗单位的正常工作秩序，加重了医疗管理部门的工作量和医务人员的心理压力，降低了医疗单位和医务人员在社会上的声誉形象。重建和谐的医患关系，维护正常的医疗服务秩序，维护医患利益，成为需要全社会共同来关注的一项严峻的课题。

对于日益严重的"医闹"行为，司法、行政部门早已开始采取行动。2012年中华人民共和国卫生部、中华人民共和国公安部联合发布《关于维护医疗机构秩序的通告》，《通告》规定对此类在医疗机构焚烧纸钱、摆设灵堂、摆放花圈、违规停尸、聚众滋事的行为；在医疗机构内寻衅滋事的行为；非法携带易燃、易爆危险物品和管制器具进入医疗机构的行为；侮辱、威胁、恐吓、故意伤害医务人员或者非法限制医务人员人身自由的行为；在医疗机构内故意损毁或者盗窃、抢夺公私财物的行为；其他扰乱医疗机构正常秩序的行为将由公安机关依据《中华人民共和国治安管理处罚法》予以处罚，构成犯罪的，依法追究刑事责任。2014年4月22日，最高人民法院、最高人民检察院、公安部、司法部、国家卫生和计划生育委员会联合发布《关于依法惩处涉医违法犯罪维护正常医疗秩序的意见》。《意见》规定，在医疗机构私设灵堂、摆放花圈、焚烧纸钱、悬挂横幅、堵塞大门或者以其他方式扰乱医疗秩序，尚未造成严重损失，经劝说、警告无效的，要依法驱散，对拒不服从的人员要依法带离现场，依照《治安管理处罚法》第二十三条的规定处罚；聚众实施的，对首要分子和其他积极参加者依法予以治安处罚；造成严重损失或者扰乱其他公共秩序情节严重，构成寻衅滋事罪、聚众扰乱社会秩序罪、聚众扰乱公共场所秩序、交通秩序罪的，依照刑法的有关规定定罪处罚。而《刑法修正案（九）》根据这一处罚精神将其纳入聚众扰乱社会秩序罪中，对首要分子，处三年以上七年以下有期徒刑，对其他积极参加的，处三年以下有期徒刑、拘役、管制或者剥夺政治权利。

五、理解适用

（一）聚众扰乱社会秩序罪中增加了对聚众扰乱医疗秩序行为的处罚

聚众扰乱社会秩序罪，是指聚众扰乱社会秩序，情节严重，致使工作、生产、营业和教学、科研无法进行，造成严重损失的行为。本次经过修改，本罪的客观方面新增了聚众扰乱社会秩序，情节严重致使医疗无法进行，造成严重损失的行为。具体而言，根据上述《关于维护医疗机构秩序的通告》以及《关于依法惩处涉医违法犯罪维护正常医疗秩序的意见》，这类行为表现为聚众在医疗机构焚烧纸钱、摆设灵堂、摆放花圈、违规停尸、悬挂横幅、堵塞大门、聚众滋事、侮辱、威胁、恐吓、故意伤害医务人员或者非法限制医务人员人身自由等扰乱医疗秩序的行为。其中，情节严重一般是指扰乱的时间长、纠集的人数多、扰乱重要医疗秩序、造成的影响恶劣等。"造成严重损失"主要是指正常医疗受到严重的损失和破坏等。

（二）多次扰乱国家机关工作秩序，经行政处罚后仍不改正，造成严重后果的犯罪行为的处罚

本罪在客观方面表现为多次扰乱国家机关工作秩序，经行政处罚后仍不改正，造成严重后果的行为。其中"多次扰乱国家机关工作秩序"、"经行政处罚后仍不改正"、"造成严重后果"三个要件缺一不可。"多次扰乱国家机关工作秩序"中的"多次"一般是指三次以上。"扰乱国家机关工作秩序"的具体行为刑法未作明文规定，但是从实践中发生的案例来看，一般表现为在国家机关工作吵闹、喧哗、辱骂；向办公场所投放垃圾、杂物；阻碍国家机关工

179

作人员正常工作、上下班等。"经行政处罚后仍不改正"是指行为人因扰乱国家机关工作秩序的行为已经受到行政处罚，却仍不知道悔改继续实施扰乱国家机关工作秩序的行为。"造成严重后果"既可以是有形的国家机关工作人员的身体遭受严重损害或者国家机关设施遭受严重损坏，也可以是无形的国家机关工作人员精神上的损害、重要会议工作无法正常进行等。犯本款规定之罪的，处三年以下有期徒刑、拘役或者管制。

（三）多次组织、资助他人非法聚集，扰乱社会秩序，情节严重的犯罪行为的处罚

多次组织、资助他人非法聚集，扰乱社会秩序，情节严重的犯罪行为，侵犯的是正常的社会秩序。本罪在客观方面表现为多次组织、资助他人非法聚集，扰乱社会秩序，情节严重。这里的"组织"，是指组织、策划、指挥、协调非法聚集活动的行为。"资助"，是指为他人提供金钱、物质等帮助的行为。"非法聚集"是指未经批准在公共场所集会、集结的行为。而"扰乱社会秩序"与第一款规定的基本相同，即造成社会秩序混乱，导致工作、生产、营业和教学、科研、医疗等无法正常开展。犯本款规定之罪的处三年以下有期徒刑、拘役或者管制。

刑法修正案（九）三十二条

一、修正条文

根据《刑法修正案（九）》第三十二条，修正后的《刑法》第二百九十一条之一的内容为："投放虚假的爆炸性、毒害性、放射性、传染病病原体等物质，或者编造爆炸威胁、生化威胁、放射威胁等恐怖信息，或者明知是编造的恐怖信息而故意传播，严重扰乱社会秩序的，处五年以下有期徒刑、拘役或者管制；造成严重后果的，处五年以上有期徒刑。

编造虚假的险情、疫情、灾情、警情，在信息网络或者其他媒体上传播，或者明知是上述虚假信息，故意在信息网络或者其他媒体上传播，严重扰乱社会秩序的，处三年以下有期徒刑、拘役或者管制；造成严重后果的，处三年以上七年以下有期徒刑。"

二、原文表述

《刑法》第二百九十一条之一规定："投放虚假的爆炸性、毒害性、放射性、传染病病原体等物质，或者编造爆炸威胁、生化威胁、放射威胁等恐怖信息，或者明知是编造的恐怖信息而故意传播，严重扰乱社会秩序的，处五年以下有期徒刑、拘役或者管制；造成严重后果的，处五年以上有期徒刑。"

三、修正内容

本条在原《刑法》第二百九十一条之一对投放虚假危险物质

罪，编造、故意传播虚假恐怖信息罪规定的基础之上增加了关于编造虚假的险情、疫情、灾情、警情，在信息网络或者其他媒体上传播的犯罪，或者明知是上述虚假信息，故意在信息网络或者其他媒体上传播的犯罪的规定。

四、修正缘由

现代社会早已进入信息化时代，信息技术和信息产业在经济和社会发展中的作用日益加强，并发挥着主导作用。信息化社会发展到一定的阶段必然伴随着新的信息传播媒介的产生，如网络、通话、通信工具等。网络信息传播有速度快、范围广、形态多的特点，近年来，新兴的自媒体平台如微博、微信等更是将上述特点发挥到了极致。但是与此同时，虚假信息的传播也变得更为方便、快捷，危害性也成几十倍、上百倍地放大。虚假信息的传播轻则损害他人的声誉、人格，重则会引发公众恐慌和社会秩序混乱以及影响社会的稳定。例如，2015 年 6 月 27 日，四川彭州、都江堰、郫县、眉山等地相继出现类似"孩子丢失后内脏眼睛被挖、孩子被分尸"的消息，消息迅速引发网友围观。一时间此类信息被微博、微信朋友圈广泛转发，在一定范围内造成了恐慌。据警方统计，从 6 月 27 日至 29 日，该消息被累计点击 8000 多次，转发近 900 次。经调查，该条消息最初是由三十岁的彭州男子李某发布在自己的 QQ 空间上，被其同村人王某某看到后，转发至 QQ 群。6 月 26 日中午，李某和朋友喝茶聊天时，听到了一些道听途说的"抢小孩"传闻，随后自己根据这些传闻，添油加醋地编成相关帖文发布到网上。李某最终被处以行政拘留五日的处罚。

以往对于这种编造、故意传播虚假信息的行为，一般是依照《治安管理处罚法》第二十五条的规定，处五日以上十日以下拘留，可以并处五百元以下罚款；情节较轻的，处五日以下拘留或者五百元以下罚款。针对目前出现的利用网络或者其他媒体传播虚假信息的新情况，《刑法修正案（九）》规定："编造虚假的险情、疫情、灾情、警情，在信息网络或者其他媒体上传播，或者明知是上述虚假信息，故意在信息网络或者其他媒体上传播，严重扰乱社会秩序的，处三年以下有期徒刑、拘役或者管制；造成严重后果的，处三年以上七年以下有期徒刑。"

五、理解适用

修正后的《刑法》第二百九十一条之一第一款是关于投放虚假危险物质罪，编造、故意传播虚假恐怖信息罪的规定。理解投放虚假危险物质罪和编造、故意传播虚假恐怖信息罪，有助于我们理解第二百九十一条之一第二款关于编造虚假的险情、疫情、灾情、警情，在信息网络或者其他媒体上传播的犯罪，或者明知是上述虚假信息，故意在信息网络或者其他媒体上传播的犯罪的规定。

（一）投放虚假危险物质罪

投放虚假危险物质罪，是指投放虚假的爆炸性、毒害性、放射性、传染病病原体等物质，严重扰乱社会秩序的行为。"严重扰乱社会秩序"不仅表明了行为的性质，而且是对实害结果的要求。它是指该行为造成社会恐慌，严重影响了生产、工作和社会生活的正常进行。最高人民法院《关于审理编造、故意传播虚假恐怖信息刑事案件适用法律若干问题的解释》第二条对"严重扰乱社会秩序"的行为进行了列举：（1）致使机场、车站、码头、商场、影剧院、运动场馆等人员密集场所秩序混乱，或者采取紧急疏散措施的；（2）影响航空器、列车、船舶等大型客运交通工具正常运行的；（3）致使国家机关、学校、医院、厂矿企业等单位的工作、生产、经营、教学、科研等活动中断的；（4）造成行政村或者社区居民生活秩序严重混乱的；（5）致使公安、武警、消防、卫生检疫等职能部门采取紧急应对措施的；（6）其他严重扰乱社会秩序的。犯本罪的处五年以下有期徒刑、拘役或者管制；造成严重后果的，处五年以上有期徒刑。

（二）编造、故意传播虚假恐怖信息罪

编造、故意传播虚假恐怖信息罪，是指编造爆炸威胁、生物威胁、放射威胁等恐怖信息，或者明知是编造的恐怖信息而故意传播，严重扰乱社会秩序的行为。

本罪中所谓的"编造"，是指毫无根据地、无中生有凭空捏造、胡编乱造虚假恐怖信息。所谓"传播"，是指采取各种方式将恐怖信息广泛加以宣扬、散布、扩散，以使公众知道。如只是在个别亲友之间加以议论，没有广泛散布、宣扬的，则不能构成本罪。至于编造、传播方式，则多种多样，如有的采取口头方式编造、宣扬，或通过他人向外扩散等；有的采取书面方式，如在报纸、书刊、杂志、布告、标语、广告、信件等编造、散布；有的采用电话、电视、电影、录音、录像、互联网、电子邮件、手机短信、传真等现代化的信息传播手段编造、扩散，等等。

编造或传播编造恐怖信息的行为必须严重扰乱了社会秩序，才可构成本罪。犯本罪的处五年以下有期徒刑、拘役或者管制；造成严重后果的，处五年以上有期徒刑。

（三）关于编造虚假的险情、疫情、灾情、警情，在信息网络或者其他媒体上传播，或者明知是上述虚假信息，故意在信息网络或者其他媒体上传播，严重扰乱社会秩序的犯罪的规定

本罪在客观方面包括两种情形：一是编造虚假的险情、疫情、灾情、警情，在信息网络或者其他媒体上传播；二是明知是上述虚假信息，故意在信息网络或者其他媒体上传播。其中，"编造"是指毫无根据地、无中生有凭空捏造、胡编乱造虚假恐怖信息。所谓"传播"，是指采取各种方式将恐怖信息广泛加以宣扬、散布、扩散，以让公众知道。"险情"包括突发可能造成重大伤亡或者财产损失的情况以及其他危险情况，"疫情"包括疫病等传染病的发生、发展等情况，"灾情"包括火灾、水灾、地质灾害等灾害的情况，"警情"包括有违法犯罪行为发生需要出警等情况。根据最高人民法院、最高人民检察院《关于办理利用信息网络实施诽谤等

刑事案件适用法律若干问题的解释》中的规定，"信息网络"，包括以计算机、电视机、固定电话机、移动电话机等电子设备为终端的计算机互联网、广播电视网、固定通信网、移动通信网等信息网络，以及向公众开放的局域网络。其他媒体则是指除了信息网络以外的报纸等传统媒体。另外，行为人的行为必须严重扰乱社会秩序，即指工作、生产、营业和教学、科研、医疗等活动受到严重干扰甚至无法进行的情况，如致使机场、车站、码头、商场、影剧院、运动场馆等人员密集场所秩序混乱，或者采取紧急疏散措施；影响航空器、列车、船舶等大型客运交通工具正常运行；致使国家机关、学校、医院、厂矿企业等单位的工作、生产、经营、教学、科研等活动中断；造成行政村或者社区居民生活秩序严重混乱；致使公安、武警、消防、卫生检疫等职能部门采取紧急应对措施等。

本罪在主观方面表现为故意。如果行为人只实施了传播行为，要求其主观上明知自己传播的信息为虚假信息，如果行为人对自己传播的信息真假无法分辨，主观上认为是真实的信息而传播的，则不构成本罪。

刑法修正案（九）第三十三条

一、修正条文

根据《刑法修正案（九）》第三十三条，修正后的《刑法》第三百条为："组织、利用会道门、邪教组织或者利用迷信破坏国家法律、行政法规实施的，处三年以上七年以下有期徒刑，并处罚金；情节特别严重的，处七年以上有期徒刑或者无期徒刑，并处罚金或者没收财产；情节较轻的，处三年以下有期徒刑、拘役、管制或者剥夺政治权利，并处或者单处罚金。

组织、利用会道门、邪教组织或者利用迷信蒙骗他人，致人重伤、死亡的，依照前款的规定处罚。

犯第一款罪又有奸淫妇女、诈骗财物等犯罪行为的，依照数罪并罚的规定处罚。"

二、原文表述

《刑法》第三百条规定："组织和利用会道门、邪教组织或者利用迷信破坏国家法律、行政法规实施的，处三年以上七年以下有期徒刑；情节特别严重的，处七年以上有期徒刑。

组织和利用会道门、邪教组织或者利用迷信蒙骗他人，致人死亡的，依照前款的规定处罚。

组织和利用会道门、邪教组织或者利用迷信奸淫妇女、诈骗财物的，分别依照本法第二百三十六条、第二百六十六条的规定定罪处罚。"

三、修正内容

《刑法修正案（九）》第三十三条对《刑法》第三百条作了以下修改和补充：一是增加一档情节较轻的，处三年以下有期徒刑、拘役、管制或者剥夺政治权利，并处或者单处罚金的规定；二是将法定最高刑由十五年有期徒刑提高到无期徒刑；三是明确组织、利用会道门、邪教组织或者利用迷信蒙骗他人、致人重伤的，也依照该罪处罚。四是明确组织、利用会道门、邪教组织或者利用迷信破坏国家法律、行政法规实施的，同时又有奸淫妇女、诈骗财物等犯罪行为的，依照数罪并罚的规定处罚。

四、修正缘由

（一）此类犯罪行为近年来逐渐死灰复燃，并且社会危害性增大，有必要加重其刑罚

"会道门"是指一贯道、九宫道、先天道、后天道等封建迷信组织。"邪教组织"是指冒用宗教、气功或者其他名义建立，神化首要分子，利用制造、散布歪理邪说等手段蛊惑、蒙骗他人，发展、控制成员，危害社会的非法组织。邪教大多是以传播宗教教义、拯救人类为幌子，散布谣言，且通常有一个自称"开悟"的具有超自然力量的教主，以秘密结社的组织形式控制群众。一般以不择手段地敛取钱财为主要目的。邪教组织冒用宗教、气功或者其他名义，采用各种手段扰乱社会秩序，危害人民群众生命财产安全和经济发展。1999 年 10 月全国人大常委会《关于取缔邪教组织、防范和惩治邪教活动的决定》规定，必须依法取缔，坚决惩治邪教组织，"人民法院、人民检察院和公安、国家安全、司法行政机关要各司其职，共同做好这项工作"。"迷信"是指与科学相对立，信奉鬼仙神怪的观念与做法。近年来，有些地方会道门、邪教组织又重新活跃起来，秘密进行一些破坏社会秩序的活动。2014 年 5 月 28 日山东招远麦当劳餐厅发生一起恶性故意杀人案，为人们敲

响了警钟——邪教组织又出现死灰复燃之势。案发当晚，6名邪教组织成员，为发展组织成员，向在事发餐厅就餐的人索要电话号码。遭受害人拒绝后，将其残忍殴打致死。此案引起了公安部的强烈重视，各地也陆续展开了打击邪教的专项行动。

（二）当前刑法规定不完善

近年来，在打击处理组织、利用会道门、邪教组织或者迷信破坏国家法律、行政法规的犯罪中，出现了一些新的情况。但由于法律规定的不完善，致使司法实践中处理此类问题时要么处罚过轻不足以起到震慑作用，要么对情节较轻的行为无法可依，无法进行处理。如实践中出现了一些组织、利用会道门、邪教组织或者利用迷信破坏国家法律、行政法规实施的案件，情节特别严重，造成了特别严重的后果，而最高刑为十五年有期徒刑不足以打击该行为。另外，《中华人民共和国治安管理处罚法》第二十七条对组织、教唆、胁迫、诱骗、煽动他人从事邪教、会道门活动或者利用邪教、会道门、迷信活动，扰乱社会秩序、损害他人身体健康的行为作了规定，但是没有对组织、利用会道门、邪教组织或者利用迷信破坏法律实施情节较轻的行为作出规定。在劳动教养制度废除前，《公安机关办理劳动教养案件规定》第四条规定，组织、利用会道门、邪教组织、利用迷信破坏国家法律实施，尚不够刑事处罚的，应当进行劳动教养。但劳动教养制度被废除后，组织、利用会道门、邪教组织或者利用迷信破坏法律实施，情节较轻的行为便处于无法可依的状态。

针对以上情况，《刑法修正案（九）》第三十三条对《刑法》第三百条增加了关于组织、利用会道门、邪教组织或者利用迷信破坏法律实施，情节较轻的规定，并将法定最高刑由十五年有期徒刑提高到无期徒刑。另外，还明确了组织、利用会道门、邪教组织或者利用迷信蒙骗他人，致人重伤的行为以及组织、利用会道门、邪教组织或者利用迷信破坏国家法律、行政法规实施，同时又有奸淫妇女、诈骗财物等犯罪行为的处罚。

五、理解适用

修改后的《刑法》第三百条是关于组织、利用会道门、邪教组织、迷信破坏国家法律、行政法规实施犯罪，组织、利用会道门、邪教组织、迷信蒙骗他人，致人重伤、死亡犯罪及其处罚的规定。

组织、利用会道门、邪教组织、迷信破坏法律实施罪行为方式表现为两种：一是组织、利用会道门、邪教组织破坏国家法律、行政法规实施；二是组织、利用迷信破坏国家法律、行政法规实施。根据最高人民法院、最高人民检察院《关于办理组织和利用邪教组织犯罪案件具体应用法律若干问题的解释》第二条之规定，组织和利用邪教组织并具有下列情形之一的，依照本罪定罪处罚：（1）聚众围攻、冲击国家机关、企业事业单位，扰乱国家机关、企业事业单位的工作、生产、经营、教学和科研秩序的；（2）非法举行集会、游行、示威，煽动、欺骗、组织其成员或者其他人聚众围攻、冲击、强占、哄闹公共场所及宗教活动场所，扰乱社会秩序的；（3）抗拒有关部门取缔或者已经被有关部门取缔，又恢复或者另行建立邪教组织，或者继续进行邪教活动的；（4）煽动、欺骗、组织其成员或者其他人不履行法定义务，情节严重的；（5）出版、印刷、复制、发行宣扬邪教内容出版物，以及印制邪教组织标识的；（6）其他破坏国家法律、行政法规实施行为的。

修改后的《刑法》第三百条根据情节轻重，对本罪规定了三档法定刑：犯本款规定之罪的，处三年以上七年以下有期徒刑，并处罚金；情节特别严重的，处七年以上有期徒刑或者无期徒刑，并处罚金或者没收财产；情节较轻的，处三年以下有期徒刑、拘役、管制或者剥夺政治权利，并处或者单处罚金。其中，根据最高人民法院、最高人民检察院《关于办理组织和利用邪教组织犯罪案件具体应用法律若干问题的解释》，"情节特别严重"是指：（1）跨省、自治区、直辖市建立组织机构或者发展成员的；（2）勾结境外机构、组织、人员进行邪教活动的；（3）出版、印刷、复制、发行宣扬邪教内容出版物以及印制邪教组织标识，数量或者数额巨大的；（4）煽动、欺骗、组织其成员或者其他人破坏国家法律、行政法规实施，造成严重后果的。另外，最高人民法院、最高人民检察院《关于办理组织和利用邪教组织犯罪案件具体应用法律若干问题的解释（二）》，还对定罪量刑的具体标准作了规定：制作、传播邪教宣传品，宣扬邪教，破坏法律、行政法规实施，具有下列情形之一的，依照刑法第三百条第一款的规定，以组织、利用邪教组织破坏法律实施罪定罪处罚：（1）制作、传播邪教传单、图片、标语、报纸 300 份以上，书刊 100 册以上，光盘 100 张以上，录音、录像带 100 盒以上的；（2）制作、传播宣扬邪教的 DVD、VCD、CD 母盘的；（3）利用互联网制作、传播邪教组织信息的；（4）在公共场所悬挂横幅、条幅，或者以书写、喷涂标语等方式宣扬邪教，造成严重社会影响的；（5）因制作、传播邪教宣传品受过刑事处罚或者行政处罚又制作、传播的；（6）其他制作、传播邪教宣传品，情节严重的。制作、传播邪教宣传品数量达到前款第（一）项规定的标准五倍以上，或者虽未达五倍，但造成特别严重社会危害的，属于刑法第三百条第一款规定的"情节特别严重"。

组织、利用会道门、邪教组织、迷信蒙骗他人，致人重伤、死亡犯罪中的"致人重伤、死亡"主要是指组织和利用邪教组织制造、散步迷信邪说，蒙骗其成员或者其他人实施绝食、自残、自虐等行为，或者阻止病人进行正常治疗，致人重伤、死亡的情形。犯本罪的处三年以上七年以下有期徒刑，并处罚金；情节特别严重的，处七年以上有期徒刑或者无期徒刑，并处罚金或者没收财产；情节较轻的，处三年以下有期徒刑、拘役、管制或者剥夺政治权利，并处或者单处罚金。

刑法修正案（九）第三十四条

一、修正条文

根据《刑法修正案（九）》第三十四条，修正后的《刑法》第三百条零二条的内容为：

"盗窃、侮辱、故意毁坏尸体、尸骨、骨灰的，处三年以下有期徒刑、拘役或者管制。"

二、原文表述

《刑法》第三百零二条规定：

"盗窃、侮辱尸体的，处三年以下有期徒刑、拘役或者管制。"

三、修正内容

《刑法修正案（九）》第三十四条对《刑法》第三百零二条作了以下修改和补充：一是增加故意毁坏尸体、尸骨、骨灰的行为；二是在犯罪对象中增加了尸骨、骨灰。

四、修正缘由

盗窃、侮辱尸体的行为不仅是对死者的亵渎，还侵犯了我国善良的民族习惯和传统，并且严重伤害社会风化，容易引起人民群众之间的矛盾，具有较大的社会危害性。1997年《刑法》规定了盗窃、侮辱尸体的犯罪，但是在实践中出现了一些新的问题，有必要对此罪作一定的修改。

首先，在原盗窃、侮辱尸体罪中，侮辱尸体指的是直接对尸体实施凌辱行为，如分割尸体、奸污女尸、抠摸尸体阴部、使尸体裸露等。实践中，有观点认为侮辱尸体不包括故意毁坏尸体，侮辱只能是指对尸体实施凌辱行为。而有观点则认为故意毁坏尸体也属于侮辱尸体的行为。

其次，对于尸体是否包含尸骨、骨灰等物，实践中也一直存在较大争议。2002年9月18日，最高人民检察院在《关于盗窃骨灰行为如何处理问题的答复》中指出，"骨灰"不属于《刑法》第三百零二条规定的"尸体"。对于盗窃骨灰的行为不能以我国《刑法》第三百零二条的规定追究刑事责任。在司法实践中，根据《中华人民共和国治安管理处罚法》，对于故意破坏、污损他人坟墓或者毁坏、丢弃他人尸骨、骨灰的行为，处五日以上十日以下拘留；情节严重的，处十日以上十五日以下拘留，可以并处一千元以下罚款。实际上，骨灰也属于是人们用于祭奠亡灵、寄托哀思之重要对象，与尸体在人们心中的地位基本相同，理应受到法律的保护。刑法设立盗窃、侮辱尸体的初衷也是为了保护社会风化，而并非是单纯的尸体。盗窃、侮辱尸骨、骨灰的行为同样侵害了刑法所保护的社会关系，具有严重的社会危害性。如果仅将刑法中所规定的尸体范围理解为人死亡后腐烂以前的躯体，而不打击盗窃、侮辱尸骨、骨灰的行为，显然不能保护人们正常的丧葬、祭祀活动，维护公共秩序，从而伤害死者亲属的感情，激化社会矛盾，这就背离了立法的本意①。根据国务院《殡葬管理条例》之规定："人口稠密、耕地较少、交通方便的地区，应当实行火葬；暂不具备条件实行火葬的地区，允许土葬。"因此，随着国家对火葬形式的推广，尸体将更多地以骨灰形式体现。

因此，针对上述情况，《刑法修正案（九）》第三十三条在

---

① 冯方：《盗窃、侮辱尸体罪若干问题研究》，载《河南公安高等专科学校学报》2006年第1期（总第86期）。

《刑法》第三百零二条中增加了故意毁坏尸体、尸骨、骨灰的行为的规定以及在犯罪对象中增加了尸骨、骨灰。

五、理解适用

（一）本条规定的内容

本条规定的内容包括了以下几个方面：

第一，本罪的犯罪对象为尸体、尸骨、骨灰。其中"尸体"是指已经死亡的人的身体的全部或者一部分。"尸骨"，是指人死亡后，已经完全腐烂仅残余的骨骼组织。"骨灰"，是指人死亡后，经火葬骸骨所化成的灰。尸骨、骨灰也属于是人们用于祭奠亡灵、寄托哀思之重要对象，与尸体具有同样重要的地位，应受到法律的保护。盗窃、侮辱尸骨、骨灰的行为侵害了刑法所保护的社会关系，具有严重的社会危害性，应对其进行刑罚处罚。

第二，本罪的行为方式表现为行为人实施了盗窃、侮辱、故意毁坏尸体、尸骨、骨灰的行为。"盗窃尸体、尸骨、骨灰"，是指行为人秘密窃取尸体、尸骨、骨灰，将尸体、尸骨、骨灰置于行为人或者第三人占有的行为。如从坟墓中、停尸房或从其他任何放置尸体、尸骨、骨灰的场所秘密窃取尸体、尸骨、骨灰。"侮辱尸体、尸骨、骨灰"，指的是直接对尸体、尸骨、骨灰实施凌辱行为，如分割尸体、尸骨，奸污女尸，抠摸尸体阴部，使尸体、尸骨裸露，抛洒骨灰，将尸体、尸骨、骨灰扔至公共场所等。另外，根据《刑法》第二百三十四条之一第三款的规定，违背本人生前意愿摘取其尸体器官，或者本人生前未表示同意，违反国家规定，违背其近亲属意愿摘取其尸体器官的，依照本罪定罪处罚。

第三，本罪在主观上为故意，并需要行为人明知其所侵犯的对象是尸体、尸骨、骨灰。犯罪动机多种多样，有的是为了出卖，有的是出于迷信，有的是出于泄愤报复，还有的是出于淫欲等，但无论动机如何都不影响本罪的成立。

犯本罪的，处三年以下有期徒刑、拘役或者管制。

（二）认定本罪应当注意的问题

（1）正确区分本罪与盗窃古文化遗址、古墓罪的界限。根据我国《刑法》第三百二十八条第一款之规定，盗掘古文化遗址、古墓葬罪是指盗掘具有历史、艺术、科学价值的古文化遗址、古墓葬的行为。首先盗窃、侮辱、故意毁坏尸体、尸骨、骨灰罪与盗掘古文化遗址、古墓葬罪的客体不同。前者的客体是社会风化而后者是国家对文物的保护管理制度和社会管理秩序。其次，二者的犯罪对象不同。前者的犯罪对象为普通的尸体、尸骨、骨灰。后者的犯罪对象是具有文物保护价值的尸体；行为人意图盗掘古墓，却将现代人的尸体当作具有文物价值的尸体加以盗窃的，行为人成立盗掘古文化遗址、古墓葬罪（未遂）。如果行为人打算盗窃尸体，但是着手时发现是具有文物价值的古尸仍加以盗窃的，其行为构成盗掘古文化遗址、古墓葬罪。

（2）正确区分本罪与盗窃罪的界限。根据我国《刑法》第二百六十四条的规定，盗窃罪是指以非法占有为目的，秘密窃取公私财物数额较大或者多次盗窃、入户盗窃、携带凶器盗窃、扒窃公私财物的行为。盗窃罪与盗窃、侮辱、故意毁坏尸体、尸骨、骨灰罪的区别主要体现为客体和犯罪对象的不同。前者的客体是公私财产所有权，后者的客体是社会风化；前者的犯罪对象是公私财物，后者的犯罪对象是尸体、尸骨、骨灰。

刑法修正案（九）第三十五条

一、修正条文

根据《刑法修正案（九）》第三十五条，修正后的《刑法》第三百零七条之一的内容为："以捏造的事实提起民事诉讼，妨害司法秩序或者严重侵害他人合法权益的，处三年以下有期徒刑、拘役或者管制，并处或者单处罚金；情节严重的，处三年以上七年以下有期徒刑，并处罚金。

单位犯前款罪的，对单位判处罚金，并对其直接负责的主管人员和其他直接责任人员，依照前款的规定处罚。

有第一款行为，非法占有他人财产或者逃避合法债务，又构成其他犯罪的，依照处罚较重的规定定罪从重处罚。

司法工作人员利用职权，与他人共同实施前三款行为的，从重处罚；同时构成其他犯罪的，依照处罚较重的规定定罪从重处罚。"

二、原文表述

无。

三、修正内容

本条在《刑法》第三百零七条后增加了一条，作为第三百零七条之一。本条对虚假诉讼犯罪的犯罪构成和量刑，单位犯罪的处罚，犯本罪同时构成其他犯罪时的处理，以及司法工作人员利用职权犯本罪的处理作了规定。

四、修正缘由

民事诉讼，是指公民之间、法人之间、其他组织之间以及他们相互之间因财产关系和人身关系提起的诉讼。民事诉讼是解决纠纷，维护自身合法权益的重要途径。但是近年来，司法实践中出现了大量的虚假诉讼案件，使得正常的司法秩序受到侵犯，严重损害了司法公信力及法律权威。2008 年浙江省高级人民法院《关于在民事审判中防范和查处虚假诉讼案件的若干意见》中曾对虚假诉讼的概念作了规定："虚假诉讼是指民事诉讼各方当事人恶意串通，采取虚构法律关系、捏造案件事实方式提起民事诉讼，或者利用虚假仲裁裁决、公证文书申请执行，使法院作出错误裁判或执行，以获取非法利益的行为。"2013 年江苏省高级人民法院、江苏省人民检察院、江苏省公安厅、江苏省司法厅联合出台的《关于防范和查处虚假诉讼的规定》第二条也指出："本规定所指的虚假诉讼，是指当事人之间恶意串通或者当事人单方采取虚构法律关系、捏造事实、伪造证据、唆使他人帮助伪造、毁灭证据、提供虚假证明文件、鉴定意见等手段，通过诉讼、调解、仲裁等能够取得各种生效民事行政法律文书的方式，或者利用虚假仲裁裁决、公证文书申请执行的方式，妨害司法秩序，损害国家、集体、他人合法权益或者逃避履行法律文书确定的义务的行为。"

实践中，下列类型的案件为虚假诉讼的高发领域：借贷纠纷案件；离婚案件，特别是被告下落不明无法送达或者涉及共同财产分割的案件；房地产权属纠纷案件；企业、其他组织、自然人同时在多起案件中作为当事人的财产纠纷案件；改制中的国有、集体企业作为被告的财产纠纷案件；拆迁区划范围内的自然人作为诉讼主体的分家析产、继承、赠与、房屋买卖合同纠纷案件；股东权益纠纷案件；涉及优先权的建设工程纠纷案件；涉及驰名商标认定的案件；破产案件；督促程序案件；公示催告程序案件等。这类案件的当事人有的出于骗财骗物的目的，企图通过虚假诉讼侵占他人财产或者逃避合法债务，有的则是企图通过虚假诉讼达到其他目的。有的是一方当事人提起虚假诉讼、企图侵犯另一方当事人的合法权益，有的则是两方当事人合谋，恶意串通通过虚假诉讼侵犯第三人的合法权益。

　　虚假诉讼具有十分严重的社会危害性，它将国家公权力作为实现个人非法目的的工具，不仅严重损害了司法公信力及法律权威，还造成司法资源的浪费，并且侵犯了他人的合法权益。然而刑法中并没有对虚假诉讼的规定，司法实践中一般是按照案件的具体情况，适用相应的刑法规定进行处理，例如，（1）对以暴力、威胁、贿买等方法阻止证人作证或者指使他人作伪证，或者帮助当事人等毁灭、伪造证据等的，按照妨害作证罪、帮助毁灭、伪造证据罪处理。（2）对伪造、变造、买卖或者盗窃、抢夺、毁灭国家机关公文、证件、印章的，或者伪造公司、企业、事业单位、人民团体印章的，或者伪造、变造居民身份证的，分别按照伪造、变造、买卖国家机关公文、证件、印章罪，盗窃、抢夺、毁灭国家机关公文、证件、印章罪，伪造公司、企业、事业单位、人民团体印章罪，伪造、变造居民身份证罪处理。（3）对承担资产评估、验资、验证、会计、审计、法律服务等职责的中介组织的人员故意提供虚假证明文件，或者严重不负责任，出具的证明文件有重大失实，造成严重后果的，分别按照提供虚假证明文件罪或者出具证明文件重大失实罪处理。（4）对国家机关、人民团体等机构故意提供虚假证明文件，情节严重的，或者出具证明文件重大失实，造成严重后果的，对其直接或者主要责任人员分别按照滥用职权罪或者玩忽职守罪处理。（5）对为逃避人民法院对生效法律文书的执行，进行虚假诉讼的，按照拒不执行判决、裁定罪处理。（6）对以非法占有为目的，进行虚假诉讼，骗取公私财物的，按照诈骗罪处理。（7）对公司、企业或者其他单位的人员利用职务便利，进行虚假诉讼，侵吞本单位资产的，按照职务侵占罪处理。国家工作人员利用职务上的便利，通过虚假诉讼，侵吞、骗取公共财物的，或者受国家机关、国有公司、企业、事业单位、人民团体委托管理、经营国有财产的人员利用职务上的便利，通过虚假诉讼，侵吞、骗取国有财物的，按照贪污罪处理。2013年新修订的《民事诉讼法》在法律层面上对虚假诉讼作了明确规定："当事人之间恶意串通，企图通过诉讼、调解等方式侵害他人合法权益的，人民法院应当驳回其请求，并根据情节轻重予以罚款、拘留；构成犯罪的，以法追究刑事责任。"对此，与之相对应在刑法中必须增加关于虚假诉讼的罪行规范，否则将使得民事诉讼法中对虚假诉讼的规定形成一纸空文。

针对上述情况，《刑法修正案（九）》第三十五条在《刑法》第三百零七条后增加了一条关于虚假诉讼的规定，规定了虚假诉讼犯罪的犯罪构成和量刑，以增大对虚假诉讼行为的打击力度，并与民事诉讼法形成有效衔接。

五、理解适用

本条是关于虚假诉讼犯罪的犯罪构成和量刑、单位犯罪的处罚、犯本罪同时构成其他犯罪时的处理以及司法工作人员利用职权犯本罪处理的规定。

本罪主体为一般主体，包括单位和个人。本罪侵犯的客体是国家司法秩序以及他人的合法权益。本罪主观方面为故意，且一般为直接故意，即明知自己是以捏造的事实提起诉讼。本罪在客观方面表现为行为人以捏造的事实提起民事诉讼，妨害司法秩序或者严重侵害他人合法权益的行为。

首先，行为人须以捏造的事实提起民事诉讼。"捏造的事实"指的是凭空编造不存在的事实。如果事实确实存在，但是行为人夸大了标的、数额、期限，对其做虚假陈述的，不能适用于本条的规定。其次，要求行为人以捏造的事实提起民事诉讼，妨害了司法秩序以及他人的合法权益。"妨害司法秩序"是指扰乱了司法机关正常的民事诉讼活动秩序，浪费了司法资源。"严重侵害他人合法权益"是指虚假诉讼活动给被害人的财产权等合法权益造成了严重损害。实践中，有关司法机关总结了一些虚假诉讼案件多发的情形，对此应依法采取相应的措施重点予以审查，注意防范和发现虚假诉讼。具体有：（1）原告起诉所依据的事实、理由不合常理；（2）证据存在伪造、变造的可能；（3）虚构法律关系，原告诉请存在明显不合情理之处，被告不提出抗辩或者虽提出抗辩但抗辩内容与诉请没有直接关联的；（4）应当出庭的当事人无正当理由拒不到庭参加诉讼、当事人（包括委托代理人）对案件事实陈述不清或者故意不配合司法机关的调查；（5）原告与被告（包括作为原告或被告的企业、其他组织的法定代表人、负责人）之间存在亲属、朋友、战友、同学、同事等特殊关系，原告、被告之间存在投资关系、隶属关系等；（6）当事人调解意愿异常迫切或调解协议的达成异常容易；（7）当事人自愿以不动产或以明显不合理价格的财产折抵债务；（8）案外人提出异议等。

犯本罪的，处三年以下有期徒刑、拘役或者管制，并处或者单处罚金；情节严重的，处三年以上七年以下有期徒刑，并处罚金。单位犯前款罪的，对单位判处罚金，并对其直接负责的主管人员和其他直接责任人员，依照前款的规定处罚。

刑法修正案（九）第三十六条

一、修正条文

根据《刑法修正案（九）》第三十六条，修正后的《刑法》第三百零八条之一为："司法工作人员、辩护人、诉讼代理人或者其他诉讼参与人，泄露依法不公开审理的案件中不应当公开的信息，造成信息公开传播或者其他严重后果的，处三年以下有期徒刑、拘役或者管制，并处或者单处罚金。

有前款行为，泄露国家秘密的，依照本法第三百九十八条的规定定罪处罚。

公开披露、报道第一款规定的案件信息，情节严重的，依照第一款的规定处罚。

单位犯前款罪的，对单位判处罚金，并对其直接负责的主管人员和其他直接责任人员，依照第一款的规定处罚。"

二、原文表述

无。

三、修正内容

本条对《刑法》第三百零八条增加了一条，作为第三百零八条之一。本条对泄露不公开审理的案件信息的犯罪作了规定：司法工作人员、辩护人、诉讼代理人或者其他诉讼参与人，泄露依法不公开审理的案件中不应当公开的信息，造成信息公开传播或者其他严重后果的，处三年以下有期徒刑、拘役或者管制，并处或者单处罚金。

四、修正缘由

审判公开原则是一项为现代各国立法所普遍规定民主的审判原则，也是我国三大诉讼制度中的一项基本原则。它指的是人民法院审理案件和宣告判决都公开进行，允许公民到法庭旁听，允许新闻记者采访和报道，即把法庭审判的全部过程，除休庭评议案件外，都公之于众。我国宪法与刑事诉讼法等法律都对审判公开原则作了规定，《宪法》第一百二十五条规定："人民法院审理案件，除法律规定的特别情况外，一律公开进行"；《刑事诉讼法》第十一条规定："人民法院审判案件，除本法另有规定的以外，一律公开进行。"就公开的内容而言，审判公开包括审理过程的公开和审判结果公开，也可以说审理公开和判决公开。审理过程公开就是要公开开庭，当庭调查事实和证据，当庭进行辩论；审判结果公开就是要公开宣告判决，包括公开判决的内容、判决的理由和依据。

之所以要实行审判公开，是因为审判公开将审判活动置于当事人和社会的监督之下，有利于实现审判的公正性。审判公开增强了刑事司法的透明度，有利于提升刑事司法的公信力，增加刑事司法的权威性。另外，审判公开还有利于加强法制宣传，增强民众的法律意识，提高公民同犯罪做斗争的自觉性和积极性。但并非所有的案件都适合公开审判，有一些案件因为特殊情况，公开审判可能会对国家、公共利益或者当事人的合法权益造成不利影响。对于这些案件，实行不公开审理更有利于维护各方面的利益。根据我国《刑事诉讼法》第一百八十三条规定，有关国家秘密的案件不公开审理，其目的是防止泄露国家秘密，危害国家利益；涉及个人隐私的案件不公开审理，其目的是保护被害人或者其他人的名誉，防止对社会产生不利影响；当事人申请不公开审理的涉及商业秘密的案件可以不公开审理。另外，《刑事诉讼法》第二百七十四条规定，审判时候被告人不满十八周岁的案件，不公开审理，但是，经未成年被告人及其法定代理人同意，未成年被告人所在学校和未成年人保护组织可以派代表到场。

但是在实践中，出现了一些司法工作人员、辩护人、诉讼代理人或者其他诉讼参与人在不公开审理的案件中，泄露或者传播不应当公开的信息的行为。如有的司法工作人员因各种利益的诱惑违反保密纪律，向他人泄露正在不公开审理案件的信息，为案件的公正审判带来了不利影响。有的当事人、辩护人、诉讼代理人或者其他诉讼参与人为向对方当事人或者司法机关施加压力，自行泄露不公开审判案件信息，企图制造舆论压力影响裁判结果。有的媒体一味追求所谓的热点新闻，企图制造轰动效应，对依法不公开审判的案件信息进行深挖报道，披露所谓的内幕，给法院审判带来了极大的舆论压力。这些行为不仅对法院依法独立公正行使审判权带来不利影响，而且也损害了当事人的合法权益，具有严重的社会危害性。而刑法对此种行为没有专门规定，涉及泄露依法不公开审理的案件中不应当公开的信息犯罪的根据具体情况，往往以泄露国家秘密罪、侵犯商业秘密罪进行处理。为保障人民法院依法独立公正行使审判权以及保护当事人的合法权益，《刑法修正案（九）》在《刑法》第三百零八条的基础上增加了一条，对泄露不公开审理的案件信息的犯罪作了规定。

五、理解适用

（一）泄露不公开审理案件信息犯罪

本罪是指司法工作人员、辩护人、诉讼代理人或者其他诉讼参与人，泄露依法不公开审理的案件中不应当公开的信息，造成信息公开传播或者其他严重后果的行为。

本罪的主体为特殊主体，具体而言是指司法工作人员、辩护人、诉讼代理人或者其他诉讼参与人。其中，"司法工作人员"在刑事诉讼活动中根据《刑法》第九十四条的规定，是指有侦查、检察、审判、监管职责的工作人员，而在民事、行政诉讼活动中主要是指审判人员。"辩护人"，是指在刑事诉讼活动中接受被追诉一方委托或者受人民法院指定、法律援助机构的委派，帮助犯罪嫌疑人、被告人行使辩护权以维护其合法权益的人。辩护人既可以是律师，也可以是人民团体或者犯罪嫌疑人、被告人所在单位推荐的人，还可以是犯罪嫌疑人、被告人的监护人、亲友。"诉讼代理人"，是指基于当事人、法定代表人、法定代理人的委托，行使诉讼代理权，代为诉讼行为的人。诉讼代理人以当事人的名义，在一定权限范围内，为当事人的利益进行诉讼活动。"其他诉讼参与人"，是指除司法工作人员、辩护人、诉讼代理人外其他参加诉讼的人员，主要是指证人、鉴定人、翻译人员、勘验人员等。

本罪在客观方面表现为行为人泄露依法不公开审理的案件中不应当公开的信息，造成信息公开传播或者其他严重后果。依法不公开审理的案件，是指依照法律规定应当不公开审理或者经当事人提出申请，人民法院决定不公开审理的案件。不应当公开的信息指涉及国际利益、公共利益、当事人的人身权利、商业秘密等不宜为诉讼参与人以外的人知晓的信息。"造成信息公开传播"，是指不应该让司法工作人员、辩护人、诉讼代理人或者其他诉讼参与人以外的其他人知道的信息被社会大众知道。"其他严重后果"，是指因该信息的传播为利益相关者带来了严重的损失。犯本款规定之罪的，处三年以下有期徒刑、拘役或者管制，并处或者单处罚金。

（二）公开披露、报道不公开审理案件信息犯罪

本罪指的是公开披露、报道依法不公开审理的案件中不应当公开的信息，情节严重的行为。客观方面表现为行为人公开披露、报道依法不公开审理的案件中不应当公开的信息，情节严重。有的个人或者媒体、网站等单位，虽然不是泄露不公开审理案件信息的当事人，但通过各种渠道获取不公开审理案件的信息后，公开披露、报道、炒作，对司法机关的正常诉讼秩序以及诉讼当事人涉案信息的安全带来了严重影响。根据《刑法修正案（九）》本条第三款

的规定，犯此罪的处三年以下有期徒刑、拘役或者管制，并处或者单处罚金。

（三）泄露不公开审理案件信息犯罪与故意泄露国家秘密罪的界限

《刑法修正案（九）》本条第二款规定，泄露不公开审理案件信息罪的同时又触犯故意犯泄露国家秘密罪的，依照泄露国家秘密罪处罚。故意泄露国家秘密罪是指国家机关工作人员违反国家保密法的规定，故意泄露国家秘密，情节严重的行为。所谓国家秘密是指关系国家的安全和利益，依照法定程序确定，在一定时间内只限一定范围的人员知情的事项。根据刑法的规定，只有故意泄露国家秘密情节严重的，才构成犯罪。司法工作人员、辩护人、诉讼代理人或者其他诉讼参与人，泄露依法不公开审理的案件中的国家秘密的，造成信息公开传播或者其他严重后果的，既符合泄露不公开审理案件信息罪又符合故意泄露国家秘密罪的，属于法条竞合，本罪虽然为特殊罪名，但是按照本条规定以故意泄露国家秘密罪来处理。

（四）单位犯公开披露、报道不公开审理案件信息犯罪的处罚

《刑法修正案（九）》本条第四款对单位犯公开披露、报道不公开审理案件信息犯罪的处罚作了规定，单位犯此罪的，对单位判处罚金，并对其直接负责的主管人员和其他直接责任人员，处三年以下有期徒刑、拘役或者管制，并处或者单处罚金。

刑法修正案（九）第三十七条

一、修正条文

根据《刑法修正案（九）》第三十七条，修正后的《刑法》第三百条零九条的内容为："有下列扰乱法庭秩序情形之一的，处三年以下有期徒刑、拘役、管制或者罚金：

（一）聚众哄闹、冲击法庭的；

（二）殴打司法工作人员或者诉讼参与人的；

（三）侮辱、诽谤、威胁司法工作人员或者诉讼参与人，不听法庭制止，严重扰乱法庭秩序的；

（四）有毁坏法庭设施，抢夺、损毁诉讼文书、证据等扰乱法庭秩序行为，情节严重的。"

二、原文表述

《刑法》第三百条零九条规定："聚众哄闹、冲击法庭，或者殴打司法工作人员，严重扰乱法庭秩序的，处三年以下有期徒刑、拘役、管制或者罚金。"

三、修正内容

《刑法修正案（九）》第三十七条完善了《刑法》第三百零九条规定的扰乱法庭秩序罪：（1）增加了殴打诉讼参与人的行为；（2）增加了侮辱、诽谤、威胁司法工作人员或者诉讼参与人的行为；（3）增加了毁坏法庭设施，抢夺、损毁诉讼文书、证据等扰乱法庭秩序的行为。

四、修正缘由

法庭是人民法院行使国家审判权，审理案件，进行诉讼活动的场所。良好的法律秩序对于审判活动的正常进行有着重要作用，是对人民法院正确适用法律，实现法院审判职能的重要法律保障。扰乱法庭秩序的行为，是一种藐视国家法律权威的行为，破坏了司法活动的正常进行，而且对诉讼参与人的人身安全和公私财产带来极大的威胁和损害。因此，我国三大诉讼法均对扰乱法庭秩序的行为进行了规定。《刑事诉讼法》第一百九十四条第二款规定："对聚众哄闹、冲击法庭或者侮辱、诽谤、威胁、殴打司法工作人员或者诉讼参与人，严重扰乱法庭秩序，构成犯罪的，依法追究刑事责任。"《民事诉讼法》第一百一十条第二款规定："人民法院对哄闹、冲击法庭，侮辱、诽谤、威胁、殴打审判人员，严重扰乱法庭秩序的人，依法追究刑事责任；情节较轻的，予以罚款、拘留。"《行政诉讼法》第五十九条规定："诉讼参与人或者其他人有下列行为之一的，人民法院可以根据情节轻重，予以训诫、责令具结悔过或者处一万元以下的罚款、十五日以下的拘留；构成犯罪的，依法追究刑事责任：……（六）以暴力、威胁或者其他方法阻碍人民法院工作人员执行职务，或者以哄闹、冲击法庭等方法扰乱人民法院工作秩序的；（七）对人民法院审判人员或者其他工作人员、诉讼参与人、协助调查和执行的人员恐吓、侮辱、诽谤、诬陷、殴打、围攻或者打击报复的。"1997年《刑法》第三百零九条规定了扰乱法庭秩序罪，根据该条规定，聚众哄闹、冲击法庭，或者殴打司法工作人员，严重扰乱法庭秩序的，处三年以下有期徒刑、拘役、管制或者罚金。"聚众哄闹"，是指聚集多人在法庭内外起哄、喧闹，干扰审判活动的正常进行。"冲击法庭"，是指未被法庭允许参加庭审活动和旁听人员强行冲进法庭，向法庭投掷石块或者对法庭进行破坏等。"殴打司法工作人员"，是指殴打正在法庭上执行公务的审判人员、公诉人、法警、书记员等。

随着经济的发展，近年来人民法院审理的案件不断增多，扰乱法庭秩序的行为方式也越来越多，如殴打除司法工作人员以外的诉讼参与人，对司法工作人员或者诉讼参与人侮辱、诽谤、威胁，毁坏法庭设施，抢夺、损毁诉讼文书、证据等。据报道，2014 年 10 月 29 日，在庭审中，厦门市三名妇女认为被告的律师陈述不实，当庭表达不满，谩骂对方律师。法官将三名骂人女子"请出"法庭。但是，法官退庭后，原本已经离开法庭的三名女子突然又回到了法庭中，她们先是继续对被告的代理律师进行谩骂，随后竟开始殴打律师，造成被告代理律师"右臂软组织挫伤淤青"。最终三人因严重扰乱法院的正常工作秩序，造成了恶劣影响，分别被处以一万五千元、一万元、一万元的罚款。因刑法扰乱法庭秩序罪中规定的行为对象仅仅是指司法工作人员，即使是三人的行为严重扰乱了法庭秩序，也不能认定其为扰乱法庭秩序罪。另外，据报道，2012 年 4 月 9 日下午，赤峰市翁牛特旗人民法院在审理张某诉孙某农村土地承包合同纠纷一案中，当法官向双方当事人释明争议的焦点时，张某却突然猛拍桌子，公然辱骂法官，哄闹法庭，还扬言要收拾法官。随后，未经法庭允许，张某骂骂咧咧擅自离席走出法庭，后被法警和工作人员制止。事后，张某拒不接受教育，也不承认错误。张某的行为已经严重妨碍了审判机关的正常工作秩序，干扰了诉讼活动的顺利进行，造成了极坏的社会影响，但翁牛特旗人民法院也只能依据《民事诉讼法》的有关规定，对张某作出司法拘留十五天的处罚。

因此，现行刑法规定的三种行为方式已经不能涵盖上述行为，因此有必要对刑法进行修改，以有效打击扰乱法庭秩序的行为，保障司法机关依法独立行使审判权。对此，《刑法修正案（九）》第三十七条对《刑法》第三百零九条进行了修改：增加了殴打诉讼人参与人的行为；增加了侮辱、诽谤、威胁司法工作人员或者诉讼参与人的行为；增加了毁坏法庭设施，抢夺、损毁诉讼文书、证据等扰乱法庭秩序的行为。

五、理解适用

修改后的《刑法》第三百零九条是关于扰乱法庭秩序罪的规定。本罪的主体为一般主体，主要是参加法庭审判活动的人员，包括当事人、辩护人、诉讼代理人、鉴定人等，也包括法庭上旁听的人员和非法进入法庭的人员。本罪在主观上表现为故意，即行为人明知其行为会严重扰乱法庭秩序，仍希望或者放任这种损害结果的发生。如果行为人并无扰乱法庭秩序的故意，而只是由于性格暴躁、性格刚烈，或者情绪比较激动而做出不适宜举动的，导致法庭秩序受到一定影响的，不能认定为犯罪。本罪侵犯的客体为人民法院审理案件的正常秩序。

本罪在客观上表现为扰乱法庭秩序，其中根据修改后的《刑法》第三百零九条之规定，行为方式有四种：第一，聚众哄闹、冲击法庭。"聚众哄闹"是指聚集多人在法庭内外起哄、喧闹，干扰审判活动的进行；"冲击法庭"是指未被法庭允许参加庭审活动和旁听的人员强行冲击法庭或者在法庭进行破坏等行为。第二，殴打司法工作人员或者诉讼参与人。殴打司法工作人员是指殴打正在法庭上执行公务或者准备执行公务的审判人员、法警、书记员等司法工作人员。殴打诉讼参与人是指殴打被害人、法定代理人、诉讼代表人、诉讼代理人、辩护人、证人、鉴定人和翻译人员等诉讼参与人。第三，侮辱、诽谤、威胁司法工作人员或者诉讼参与人，不听法庭制止，严重扰乱法庭秩序。所谓侮辱、诽谤、威胁司法工作人员或者诉讼参与人，是指在庭审中使用暴力或者以其他方法，公然贬损司法工作人员或者诉讼参与人的人格，破坏司法工作人员或者诉讼参与人的名誉，或者捏造并散布虚构的事实，破坏他人司法工作人员或者诉讼参与人的人格、名誉，或者对司法工作人员或者诉讼参与人用暴力相威胁，经法庭制止后仍不停止，严重扰乱法庭秩序。"严重扰乱法庭秩序"是指法庭秩序遭到严重破坏，案件无法正常继续审理，或者案件审理被迫中断等情形。第四，毁坏法庭设施，抢夺、损毁诉讼文书、证据等扰乱法庭秩序，情节严重。毁坏法庭设施，抢夺、损毁诉讼文书、证据等扰乱法庭秩序是指通过打砸等方式故意损毁、破坏法庭设备，抢夺、毁损起诉书、答辩状等法律文书，抢夺、损毁证据用于案件审理的证据等，扰乱法庭秩序。"情节严重"是指对法庭秩序造成严重破坏，如对法庭设施造成严重损失，损毁重要诉讼文书造成诉讼活动无法继续进行等。

犯本罪的，处三年以下有期徒刑、拘役、管制或者罚金。

值得一提的是，虽然本罪一般是发生在庭审活动中，似乎由法官直接在庭审中对行为人作出判决更为方便快捷，在起草《刑法修正案（九）》时就有意见提出对本罪由法院直接审理并作出判决，但是此种做法极易导致本条规定被滥用。根据刑事诉讼法的规定，本罪须由公安机关负责侦查，由检察机关向人民法院提起公诉。

刑法修正案（九）第三十八条

一、修正条文

根据《刑法修正案（九）》第三十八条，修正后的《刑法》第三百一十一条的内容为："明知他人有间谍犯罪或者恐怖主义、极端主义犯罪行为，在司法机关向其调查有关情况、收集有关证据时，拒绝提供，情节严重的，处三年以下有期徒刑、拘役或者管制。"

二、原文表述

《刑法》第三百一十一条规定："明知他人有间谍犯罪行为，在国家安全机关向其调查有关情况、收集有关证据时，拒绝提供，情节严重的，处三年以下有期徒刑、拘役或者管制。"

三、修正内容

《刑法修正案（九）》第三十八条对《刑法》第三百一十一条的规定作了两处修改：1. 扩大了本条的适用范围，增加了"恐怖主义、极端主义的犯罪行为"。2. 将"国家安全机关"修改为"司法机关"。

四、修正缘由

近年来，恐怖主义、极端主义已经成为影响世界和平与发展的重要因素。恐怖主义是实施者对非武装人员有组织地使用暴力或以暴力相威胁，通过将一定的对象置于恐怖之中，来达到某种政治目的的行为。当前恐怖主义有着强烈的国际化倾向的特点，其活动范围已从西欧、中东、拉美三大热点地区向全球各地区和国家蔓延，已有100多个国家不同程度地受其危害。与此同时，恐怖活动的打击目标也在不断扩大，由外交、军事、政府扩展到商业、一般平民和公共设施。尤其是"9·11"事件后，美国发动针对伊斯兰教极端势力的全球性反恐战争以来，东南亚穆斯林聚居地区的人民反美情绪高涨，针对西方人的恐怖袭击事件不断增多，严重影响了一些国家及本地区的政治稳定和经济发展，成为国际社会密切关注的地区安全问题之一。恐怖手段也由传统的绑架、劫持人质与暗杀等方式到使用爆炸、袭击、劫持以及生化武器和网络恐怖主义等。恐怖主义总是同民族分裂主义和宗教极端主义、无政府主义等极端主义交织在一起，其具体活动是反社会、反人类，以绑架、暗杀、爆炸等极其残忍的手段制造大规模的恐慌。同时，还与毒品买卖、武器走私、贩卖人口等跨国的有组织犯罪相联系，成为一些国家和地区长期动乱的主要原因。而近年来，我国恐怖活动和宗教极端事件也呈多发态势，对国家安全、政治稳定、经济社会发展、民族团结和人民生命安全构成了严重威胁。

2014年3月1日晚，一伙暴徒持械冲进昆明火车站广场、售票厅，手持刀具，从火车站临时候车区开始，经站前广场、第二售票区、售票大厅、小件寄存处等地，打出暴恐旗帜，肆意砍杀无辜群众，致31人死亡，141人受伤，其中40人系重伤。经公安机关调查，此案为新疆分裂势力策划组织的严重暴力恐怖事件。此案中恐怖分子手段极其残忍，性质极其恶劣，造成的后果极为严重。

为加大对恐怖主义、极端主义犯罪的惩治力度，严惩恐怖主义犯罪，《刑法修正案（九）》在现有刑法规定的基础上，增加了制作、散发宣扬恐怖主义、极端主义的图书、音频视频资料或者其他物品，或者通过讲授、发布信息等方式宣扬恐怖主义、极端主义，或者煽动实施恐怖活动的犯罪；增加了利用极端主义煽动、胁迫群众破坏国家法律确立的婚姻、司法、教育、社会管理等制度实施的犯罪；增加了明知是宣扬恐怖主义、极端主义的图书、音频视频资料或者其他物品而非法持有，情节严重的犯罪；增加了规定以暴力、胁迫等方式强制他人在公共场所穿着、佩戴宣扬恐怖主义、极端主义服饰、标志的犯罪；将资助恐怖活动培训的行为增加规定为犯罪等。同样的，本条原本为有关拒绝提供间谍犯罪证据罪的规定，而恐怖主义、极端主义犯罪具有极强的隐蔽性与严重的社会危害性，为有效对其打击，需要了解情况的人员和相关组织在司法机关调查取证时提供所知悉的情况和证据，不得以各种借口拒绝。因此，《刑法修正案（九）》扩大了本条的适用范围，增加了"恐怖主义、极端主义的犯罪行为"。

按照原《刑法》第三百一十一条的规定，间谍犯罪是由国家安全机关负责侦查的，而恐怖主义、极端主义犯罪一般由公安机关侦查，并且检察机关在批准逮捕、提起公诉以及人民法院在审理此类犯罪时也需要了解有关情况和证据。因此，相应地，《刑法修正案（九）》将"国家安全机关"修改为"司法机关"。

五、理解适用

根据本条规定，本罪是指明知他人有间谍犯罪或者恐怖主义、极端主义犯罪行为，在司法机关向其调查有关情况、收集有关证据时，拒绝提供，情节严重的行为。认定本罪需要注意以下几点：

（一）本罪在主观方面表现为故意

本罪在主观方面表现为故意，即明知他人有间谍犯罪或者恐怖主义、极端主义犯罪，并且明知自己拒绝提供间谍犯罪证据或者恐怖主义、极端主义犯罪将会影响司法机关的正常活动，而希望或放任这一结果的发生。实践中对"明知他人有间谍犯罪或者恐怖主义、极端主义犯罪"的认定，可以参照《中华人民共和国国家安全法实施细则》第二十四条来理解。该条规定："有证据证明知道他人有危害国家安全的犯罪行为，或者经国家安全机关明确告知他人有危害国家安全的犯罪行为，在国家安全机关向其调查有关情况、收集有关证据时，拒绝提供的，依照《国家安全法》第二十六条的规定处理。"因此，"明知他人有间谍犯罪或者恐怖主义、极端主义犯罪"，是指有证据证明知道他人有间谍犯罪行为或者恐怖主义、极端主义犯罪行为，或者经国家安全机关明确告知他人有间谍犯罪行为或者恐怖主义、极端主义犯罪行为。另外，动机不影响本罪的成立。

（二）本罪在客观方面表现为明知他人有间谍犯罪或者恐怖主义、极端主义犯罪行为，在司法机关向其调查有关情况、收集有关证据时，拒绝提供，情节严重的行为

1. 行为人须明知他人有间谍犯罪或者恐怖主义、极端主义犯罪行为

根据《中华人民共和国反间谍法》第三十八条的规定，间谍行为主要是指下列行为：（1）间谍组织及其代理人实施或者指使、资助他人实施，或者境内外机构、组织、个人与其相勾结实施的危害中华人民共和国国家安全的活动；（2）参加间谍组织或者接受间谍组织及其代理人的任务的；（3）间谍组织及其代理人以外的其他境外机构、组织、个人实施或者指使、资助他人实施，或者境内机构、组织、个人与其相勾结实施的窃取、刺探、收买或者非法提供国家秘密或者情报，或者策动、引诱、收买国家工作人员叛变的活动；（4）为敌人指示攻击目标的；（5）进行其他间谍活动的。"恐怖主义"犯罪行为，主要是指通过暴力、破坏、恐吓等手段，制造社会恐慌、危害公共安全、侵犯人身财产等犯罪行为。"极端主义"犯罪行为，主要是指以歪曲宗教教义或者其他方法煽动仇恨、煽动歧视、崇尚暴力等极端主义或者其他方法煽动仇恨、煽动歧视、崇尚暴力等极端主义，构成犯罪的行为。

2. 在司法机关向其调查了解情况、收集有关证据时，拒绝提供

司法机关是行使司法权的国家机关。在我国，狭义上的司法机

关仅仅包括人民法院、人民检察院两大类。公安机关虽然是国家的行政机关，但同时它又担负着刑事案件的侦查任务，在履行刑事侦查职能的时候，公安机关可以被认为是司法机关的一部分。国家安全机关、监狱侦查部门、军队保卫部门等其他负有刑事侦查权的机关在进行刑事诉讼的过程中其角色与公安机关相同。因此，本条中的"司法机关"是指人民法院，人民检察院，履行刑事侦查职能的公安机关、国家安全机关。"拒绝提供"包括两方面的内容：（1）拒绝向司法机关提供其所了解的情况；（2）拒绝向司法机关提交有关证据。拒绝的方式既可以是明示的，也可以是暗示的，如推诿、躲避、避实就虚等。

3. 情节严重

根据修改后的《刑法》第三百一十一条之规定，行为人明知他人有间谍犯罪或者恐怖主义、极端主义犯罪行为，在司法机关向其调查有关情况、收集有关证据时，拒绝提供，必须达到情节严重才能构成本罪。情节严重，是指行为人拒绝提供间谍犯罪或恐怖主义、极端主义犯罪情况和证据而导致犯罪侦破受到较大影响的；导致间谍犯罪或恐怖主义、极端主义犯罪嫌疑人逃避法律追究，造成国家重大利益损失的；拒绝提供的间谍犯罪或恐怖主义、极端主义犯罪案件重大、侦破紧急，侦破关系重大国家、人民利益的等。

刑法修正案（九）第三十九条

一、修正条文

根据《刑法修正案（九）》第三十九条，修正后的《刑法》第三百一十三条的内容为："对人民法院的判决、裁定有能力执行而拒不执行，情节严重的，处三年以下有期徒刑、拘役或者罚金；情节特别严重的，处三年以上七年以下有期徒刑，并处罚金。

单位犯前款罪的，对单位判处罚金，并对其直接负责的主管人员和其他直接责任人员，依照前款的规定处罚。"

二、原文表述

《刑法》第三百一十三条规定："对人民法院的判决、裁定有能力执行而拒不执行，情节严重的，处三年以下有期徒刑、拘役或者罚金。"

三、修正内容

《刑法修正案（九）》第三十九条对《刑法》第三百一十三条规定的拒不执行判决、裁定罪作了两处修改：（1）增加了一档法定刑，情节特别严重的，处三年以上七年以下有期徒刑，并处罚金。（2）增加了对单位犯罪的处罚，单位犯本罪的，对单位判处罚金，并对其直接负责的主管人员和其他直接责任人员，依照前款的规定处罚。

四、修正缘由

人民法院作出的判决、裁定是人民法院代表国家行使审判权的一种形式，是国家权力的象征。根据 1998 年最高人民法院《关于审理拒不执行判决、裁定案件具体应用法律若干问题的解释》之规定，"人民法院的判决、裁定"是指人民法院依法作出的，具有执行内容并已经发生法律效力的判决、裁定。"判决"，是指人民法院就案件实体问题作出的处理决定；"裁定"，是人民法院在审理案件或者执行过程中，就案件的诉讼程序问题和部分实体问题所作的决定。另据第九届全国人大常委会第二十九次会议对《刑法》第三百一十三条的解释，人民法院为依法执行支付令、生效的调解书、仲裁裁决、公证债权文书等所作的裁定属于该条规定的裁定。拒不执行人民法院判决、裁定的行为侵犯了人民法院裁判的权威，扰乱司法秩序，并且损害债权人的合法权益，影响了社会主义市场经济的健康发展。

但是，实践中有能力执行法院生效的判决、裁定却拒不执行的现象广泛存在，"执行难"问题困扰着我国的司法执行工作。为解决该问题，司法机关采取了许多措施。2010 年，最高人民法院出台了《关于限制被执行人高消费的若干规定》，明确人民法院可以对被执行人发出限制高消费令，限制其乘坐飞机、列车软卧出行、不得在星级以上宾馆酒店住宿，不得旅游、度假等多达九种类型的高消费行为。最高人民法院 2015 年 7 月 20 日又发布《关于修改〈最高人民法院关于限制被执行人高消费的若干规定〉的决定》，对上述规定又作了一定程度的修改：明确了将信用惩戒的范围拓宽至限制高消费及非生活或者经营必需的有关消费；明确规定对失信被执行人应当采取限制消费措施；增加了采取限制消费措施的内容与力度。

为有效遏制部分被执行人或相关人员逃避执行、抗拒执行、阻碍执行甚至暴力抗法等不良现象，改善执行环境，切实保障人民群众的合法权益，维护法律尊严，最高人民法院、最高人民检察院、公安部自 2014 年 11 月起，联合开展集中打击拒不执行法院判决、裁定等犯罪行为的专项行动。据最高人民法院通报，截至 2015 年 6 月 30 日，全国各地人民法院向公安机关移送涉嫌构成拒不执行判决、裁定等犯罪行为线索后，经公安机关侦查，并经人民检察院依法提起公诉，人民法院实际判处此类犯罪共计 807 案 864 人次。其中，以构成拒不执行判决、裁定罪判处 706 人；以构成妨害公务罪判处 47 人；以构成非法处置查封、扣押、冻结的财产罪判处 93 人；以构成其他相关罪名判处 18 人。专项行动期间，各地人民法院对拒不执行判决、裁定的被执行人或相关人员决定司法拘留共计 55772 案 58478 人次。其中，自行采取司法拘留措施 45990 人次，通过公安机关协助司法拘留 12488 人次。

为了加大对拒不执行判决、裁定罪的处罚力度，增强刑法的威慑力，改善执行环境，切实保障人民群众的合法权益，维护法律尊严，以及解决实践中出现的对单位犯本罪刑法上无处罚依据的现状，《刑法修正案（九）》对本条作了两处修改：增加了一档法定刑以及关于对单位犯罪处罚的规定。

五、理解适用

修改后的拒不执行判决、裁定罪，是指对人民法院的判决、裁定有能力执行而拒不执行，情节严重的行为。

本罪的客体为人民法院裁判的权威。本罪的犯罪对象为判决、裁定。根据我国诉讼活动的领域不同，大致包括三类判决、裁定：（1）民事判决、裁定，指人民法院根据我国民事诉讼法的规定，在审理民事案件中作出的判决、裁定。司法实践中，拒不执行判决、裁定的现象大多都发生在民事判决、裁定之中。（2）刑事判决、裁定，是指人民法院根据我国刑事诉讼法的规定，在审理刑事案件中作出的判决、裁定。刑事判决、裁定基本上不会发生拒不执行的现象。但是，刑事判决、裁定的内容并不仅限于剥夺人身自由的刑罚，也包括财产刑罚和资格刑罚，但仍有拒不执行的可能。（3）行政判决、裁定，是指人民法院根据我国行政诉讼法的规定，在审理行政案件中作出的判决、裁定。

本罪在客观上表现为对人民法院作出的已经发生法律效力的判决、裁定有能力执行却拒不执行，情节严重的行为。构成本罪需满足三个条件：

第一，有能力执行。根据1998年最高人民法院《关于审理拒不执行判决、裁定案件具体应用法律若干问题的解释》，对人民法院发生法律效力的判决、裁定"有能力执行"，是指根据查实的证据证明，负有执行人民法院判决、裁定义务的人有可供执行的财产或者具有履行特定行为义务的能力。

第二，拒不执行。拒不执行是指对人民法院生效的判决、裁定所确定的义务采取各种手段拒绝执行。行为类型包括：1.作为和不作为，前者是指行为人违反人民法院判决的命令，实施裁判禁止的行为，或者是实施积极的举动对抗、妨害人民法院强制的活动行为，如败诉人不顾判决书的责令继续侵权行为；后者是行为人实施消极的举动妨害人民法院裁判的执行。2.暴力与非暴力的拒不执行，前者是指行为人实施具有伤害或强制他人身体或以暴力威胁抗拒人民法院裁判执行的行为，如围攻、殴打、拘禁执法人员，砸打、毁损执行工具等，使执行活动无法进行。后者是指行为人以非强制性的手段实施抗拒人民法院裁判的行为，如非法秘密转移应被执行财产①。

第三，情节严重。根据第九届全国人大常委会立法解释的规定，下列情形属于"情节严重"的情形：（1）被执行人隐藏、转移、故意毁损财产或者无偿转让财产、以明显不合理的低价转让财产，致使判决、裁定无法执行的；（2）担保人或者被执行人隐藏、

---

① 王作富主编：《刑法分则实务研究》，中国方正出版社2013年版，第1244页。

转移、故意毁损或者转让已向人民法院提供担保的财产，致使判决、裁定无法执行的；（3）协助执行义务人接到人民法院协助执行通知书后，拒不协助执行，致使判决、裁定无法执行的；（4）被执行人、担保人、协助执行义务人与国家机关工作人员通谋，利用国家机关工作人员的职权妨害执行，致使判决、裁定无法执行的；（5）其他有能力执行而拒不执行，情节严重的情形。2015年7月20日，最高人民法院《关于审理拒不执行判决、裁定刑事案件适用法律若干问题的解释》第二条对上述立法解释中"情节严重"的情形又作了进一步明确，规定负有执行义务的人有能力执行而实施下列行为之一的，应当认定为全国人民代表大会常务委员会关于刑法第三百一十三条解释中规定的"其他有能力执行而拒不执行，情节严重的情形"：（1）具有拒绝报告或者虚假报告财产情况、违反人民法院限制高消费及有关消费令等拒不执行行为，经采取罚款或者拘留等强制措施后仍拒不执行的；（2）伪造、毁灭有关被执行人履行能力的重要证据，以暴力、威胁、贿买方法阻止他人作证或者指使、贿买、胁迫他人作伪证，妨碍人民法院查明被执行人财产情况，致使判决、裁定无法执行的；（3）拒不交付法律文书指定交付的财物、票证或者拒不迁出房屋、退出土地，致使判决、裁定无法执行的；（4）与他人串通，通过虚假诉讼、虚假仲裁、虚假和解等方式妨害执行，致使判决、裁定无法执行的；（5）以暴力、威胁方法阻碍执行人员进入执行现场或者聚众哄闹、冲击执行现场，致使执行工作无法进行的；（6）对执行人员进行侮辱、围攻、扣押、殴打，致使执行工作无法进行的；（7）毁损、抢夺执行案件材料、执行公务车辆和其他执行器械、执行人员服装以及执行公务证件，致使执行工作无法进行的；（8）拒不执行法院判决、裁定，致使债权人遭受重大损失的。

本罪主体为一般主体，主观方面表现为故意。犯本罪的处三年以下有期徒刑、拘役或者罚金；情节特别严重的，处三年以上七年以下有期徒刑，并处罚金。

刑法修正案（九）第四十条

一、修正条文

根据《刑法修正案（九）》第四十条，修正后的《刑法》第三百二十二条为："违反国（边）境管理法规，偷越国（边）境，情节严重的，处一年以下有期徒刑、拘役或者管制，并处罚金；为参加恐怖活动组织、接受恐怖活动培训或者实施恐怖活动，偷越国（边）境的，处一年以上三年以下有期徒刑，并处罚金。"

二、原文表述

《刑法》第三百二十二条规定："违反国（边）境管理法规，偷越国（边）境，情节严重的，处一年以下有期徒刑、拘役或者管制，并处罚金。"

三、修正内容

《刑法修正案（九）》第四十条对《刑法》第三百二十二条增加了对涉恐偷越国（边）的行为的处罚。

四、修正缘由

偷越国（边）境罪最早出现在1979年《刑法》中，1979年《刑法》第一百七十六条规定：违反出入国境管理法规，偷越国（边）境，情节严重的，处一年以下有期徒刑、拘役或者管制。1994年全国人大常委会通过的《关于严惩组织、运送他人偷越国

（边）境犯罪的补充规定》对 1979 年《刑法》关于本罪的规定作了一定的修改补充：一是提高了本罪的法定刑，将法定最高刑由"一年"提升至"二年"，删除了管制刑，增加了"并处罚金"的规定，加大了对偷越国（边）境犯罪的打击力度；二是规定了对不构成犯罪的偷越国（边）境行为的治安处罚，对于不构成犯罪的偷越国（边）境的违法行为处十五日以下拘留，单处或者并处一千元至五千元罚款。1997 年《刑法》在此基础上作了进一步修改和完善：一是将"违反出入国境管理法规"修改为"违反国（边）境管理法规"；二是将法定刑最高刑由"二年"重新修改为1979 年《刑法》中所规定的"一年"，并且增加了管制刑。

刑法对偷越（国）边境罪的规定，在打击一般偷越（国）边境的行为，如维护国家安全和边境管理秩序方面发挥着重要作用。因此，《刑法修正案（九）》并未对其再作修改，只是增加了对为参加恐怖活动组织、接受恐怖活动培训或者实施恐怖活动，偷越国（边）境行为的处罚。

近年来，恐怖主义问题越来越引起人们的关注，它对世界和平和人类文明构成了极大的威胁。长期以来，由于我国奉行不干预他国内政的外交策略以及特殊的国情等因素，国际恐怖主义对中国的影响和冲击较小。但实际上，境外的极端宗教势力和民族分裂组织，一直在竭力向中国境内，尤其是西北民族地区渗透。近段时间以来，中国西北地区的民族分裂活动、恐怖活动呈活跃、上升势头，也发生了不少带有恐怖主义色彩的事件。这些以分裂国家为目的，以一定组织形式出现的恐怖主义组织不仅培训暴力恐怖分子，还积极筹集武器弹药，教唆实施恐怖破坏活动，对我国社会的稳定与安宁构成了现实的威胁。另外，近年来，带有黑社会性质的犯罪团伙以及非法宗教组织有所发展，形成了恐怖活动的社会基础。敌对势力也在利用社会生活中出现的一些敏感热点问题或社会矛盾，伺机制造事端或动乱。港澳台、东南亚、东亚地区的黑社会势力也在不断向中国境内渗透。

境外恐怖主义、极端主义和分裂主义分子在向我国渗透的同时，另外出境参加恐怖活动组织、接受恐怖活动培训、实施恐怖活动的人数也在不断增多，甚至有的境外恐怖活动组织还向我国境内招募恐怖活动人员、进行恐怖主义宣传、培训。2015年1月28日，昆明市公安局破获了一起非法偷越国（边）境案件，抓获涉案人员12人。经查明，2014年11月至12月，犯罪嫌疑人在广州受2名境外男子通联指挥安排下，其作为"蛇头"，先后组织4批偷渡人员从广州欲偷渡出境至某国。2015年1月26日，犯罪嫌疑人受境外人员指派，欲从云南边境偷渡出境到某国，再由人安排去第三国，参加"基地组织"训练，在收费站被民警查获。警方指出，西南边境地区的这些偷渡活动具有明显的恐怖主义特征，主要是境外"东伊运"组织在幕后操纵指挥。这些人员偷越国（边）境的目的与一般的偷越国（边）境不同，不是为了定居或者务工，而是为实施参加恐怖活动组织、接受恐怖活动培训或者实施恐怖活动，与一般偷越国（边）境行为相比具有更大的社会危害性。

1997年《刑法》规定，对于偷越国（边）境的行为，只有情节严重的才能追究刑事责任，而依照最高人民法院、最高人民检察院《关于办理妨害国（边）境管理刑事案件应用法律若干问题的解释》第五条，偷越国（边）境，具有下列情形之一的，为《刑法》第三百二十二条规定的"情节严重"：1. 在境外实施损害国家利益行为的；2. 偷越国（边）境三次以上或者三人以上结伙偷越国（边）境的；3. 拉拢、引诱他人一起偷越国（边）境的；4. 勾结境外组织、人员偷越国（边）境的；5. 因偷越国（边）境被行政处罚后一年内又偷越国（边）境的；6. 其他情节严重的情形。按照此标准，为实施参加恐怖活动组织、接受恐怖活动培训或者实施恐怖活动而偷越国（边）境的，如果未达到三次以上的则难以被认定为犯罪。另外，即使是被认定为犯罪，最高刑为一年有期徒刑的刑罚也难以有效地起到惩罚、威慑和预防的作用。因此，针对此情况，《刑法修正案（九）》对本条增加了对涉恐偷越国（边）

的行为的处罚：为参加恐怖活动组织、接受恐怖活动培训或者实施恐怖活动，偷越国（边）境的，处一年以上三年以下有期徒刑，并处罚金。

五、理解适用

本罪侵犯的客体为国家对出入国（边）境的管理法规。主观方面表现为故意，即行为人明知自己违反国（边）境管理法规，仍然偷越国（边）境。客观方面表现为违反国（边）境管理法规，偷越国（边）境，情节严重的行为。对客观方面认定需要注意以下几个方面的问题：

第一，"违反国（边）境管理法规"中的管理法规，是指违反《中华人民共和国出入境管理法》、《中华人民共和国外国人入境出境管理条例》等出（入）境管理法律、法规。

第二，所谓"偷越国（边）境"，根据《关于办理妨害国（边）境管理刑事案件应用法律若干问题的解释》，一般是指没有出入境证件出入国（边）境或者逃避接受边防检查的；使用伪造、变造、无效的出入境证件出入国（边）境的；使用他人出入境证件出入国（边）境的；使用以虚假的出入境事由、隐瞒真实身份、冒用他人身份证件等方式骗取的出入境证件出入国（边）境的；采用其他方式非法出入国（边）境的。

第三，所谓"情节严重"是指：（1）在境外实施损害国家利益行为的；（2）偷越国（边）境三次以上或者三人以上结伙偷越国（边）境的；（3）拉拢、引诱他人一起偷越国（边）境的；（4）勾结境外组织、人员偷越国（边）境的；（5）因偷越国（边）境被行政处罚后一年内又偷越国（边）境的；（6）其他情节严重的情形。按照《刑法修正案（九）》第四十条之规定，"为参加恐怖活动组织、接受恐怖活动培训或者实施恐怖活动，偷越国（边）境"的本身即为"情节严重"的行为。因此，只要行为人是为参加恐怖活动组织、接受恐怖活动培训或者实施恐怖活动，偷越国（边）境的，就可以认定为本罪。

第四，根据《全国人大常委会关于加强反恐怖工作有关问题的决定》，恐怖活动组织是指为实施恐怖活动而组成的犯罪集团。恐怖活动是指以制造社会恐慌、危害公共安全或者胁迫国家机关、国际组织为目的，采取暴力、破坏、恐吓等手段，造成或者意图造成人员伤亡、重大财产损失、公共设施损坏、社会秩序混乱等严重社会危害的行为，以及煽动、资助或者以其他方式协助实施上述活动的行为。

本罪的主体为一般主体。犯本罪的，处一年以下有期徒刑、拘役或者管制，并处罚金；为参加恐怖活动组织、接受恐怖活动培训或者实施恐怖活动，偷越国（边）境的，处一年以上三年以下有期徒刑，并处罚金。

刑法修正案（九）第四十一条

一、修正条文

根据《刑法修正案（九）》第四十一条，修正后的《刑法》第三百五十条为："违反国家规定，非法生产、买卖、运输醋酸酐、乙醚、三氯甲烷或者其他用于制造毒品的原料、配剂，或者携带上述物品进出境，情节较重的，处三年以下有期徒刑、拘役或者管制，并处罚金；情节严重的，处三年以上七年以下有期徒刑，并处罚金；情节特别严重的，处七年以上有期徒刑，并处罚金或者没收财产。

明知他人制造毒品而为其生产、买卖、运输前款规定的物品的，以制造毒品罪的共犯论处。

单位犯前两款罪的，对单位判处罚金，并对其直接负责的主管人员和其他直接责任人员，依照前两款的规定处罚。"

二、原文表述

原《刑法》第三百五十条规定："违反国家规定，非法运输、携带醋酸酐、乙醚、三氯甲烷或者其他用于制造毒品的原料或者配剂进出境的，或者违反国家规定，在境内非法买卖上述物品的，处三年以下有期徒刑、拘役或者管制，并处罚金；数量大的，处三年以上十年以下有期徒刑，并处罚金。

明知他人制造毒品而为其提供前款规定的物品的，以制造毒品罪的共犯论处。

单位犯前两款罪的，对单位判处罚金，并对其直接负责的主管人员和其他直接责任人员，依照前两款的规定处罚。"

三、修正内容

《刑法修正案（九）》第四十一条对《刑法》第三百五十条的规定作了以下几个方面的修改：（1）增加了非法生产、运输制毒物品的犯罪。（2）将本罪的最高法定刑由十年有期徒刑提升至十五年有期徒刑，并增加了并处没收财产的规定。（3）对第二款中关于共犯论处的情形作了更为明确具体的规定。

四、修正缘由

当前我国毒品犯罪形势不容乐观，毒品滥用依然存在，并呈现出新的特点，社会危害性日益严重。根据《2014年中国毒品形势报告》，毒品滥用形势突出表现在：（1）在册吸毒人员总量持续增长。截至2014年年底，全国累计发现、登记吸毒人员295.5万名，其中2014年新发现吸毒人员48万名。参照国际上通用的吸毒人员显性与隐性比例，实际吸毒人数超过了1400万。（2）采用化学方法合成毒品滥用人员增多。2014年，合成毒品滥用群体比例已经超过海洛因滥用群体比例，反映出中国毒品滥用结构发生了深刻变化。（3）毒品种类多样化。毒品消费市场出现了采用化学方法合成的新式毒品，如"底料黄皮"（粗制吗啡或鸦片与其他麻精药品混合物）、"海洛因勾兑液"、"精神药品套餐"（丁丙诺啡+安定片）、"卡苦"（以鸦片为主的多植物加工混合物）、"开心水、神仙水、摇头水"、"面面儿"（安钠咖）、"筋儿"或"僵尸药"（甲卡西酮）、"忽悠悠"（安眠酮）、"奶茶"（含氯胺酮成分）等含有麻精药品物质，包装新颖，隐蔽性强。（4）毒品社会危害日益严重。截至2014年年底，全国在册登记吸毒人员已死亡4.9万名。2014年中国国家药物滥用监测中心监测数据显示，海洛因滥用人群艾滋病病毒感染率为3.5%，合成毒品滥用人群艾滋病病毒感染率为 1.4%，其中以注射方式滥用者的感染率最高。随着合成毒品的快速蔓延，因吸毒出现精神症状后引发的自杀自残、伤害他人、毒驾、暴力抗法、肇事肇祸等个人极端案（事）件时有发生。经吸毒人员数据库与刑事案件数据库比对，2014 年，全国破获吸毒人员引发的刑事案件 14.9 万起，占同期刑事案件总数的 12.1%，其中抢劫、抢夺、盗窃等侵财性案件 7.2 万起，涉毒犯罪案件 4.7 万起，杀人、绑架、强奸等严重暴力案件 300 余起。

据《2014 年中国毒品形势报告》显示，当前制毒原料走私出境问题也相当严重。2014 年，中国执法部门破获 29 起走私制毒物品案件，共缴获 13 种共计 121.8 吨化学品，其中云南侦办 27 起走私制毒物品案件，缴获的物品以制毒配剂为主，占同类案件缴获化学品总量的 95.3%。中国通过易制毒化学品出口国际核查，阻止出口 32 单共计 5883.1 吨化学品。

针对毒品犯罪中出现的新情况、新问题以及当前毒品犯罪的严峻形势，《刑法修正案（九）》增加了非法生产、运输制毒物品的犯罪，并提高了本条规定中的法定刑以严惩涉毒犯罪。

五、理解适用

修改后的《刑法》第三百五十条是关于非法生产、买卖、运输制毒物品或者携带制毒物品进出境的犯罪及其处罚的规定。认定本罪需要注意以下几个方面的问题：

本罪侵犯的客体为国家对制毒物品的管理制度。本罪的主体为一般主体。主观方面表现为故意，即行为人明知是国家管制的制毒物品而故意非法生产、买卖、运输、走私的行为。关于行为人"明知"的认定可参考 2009 年最高人民法院、最高人民检察院、公安部《关于办理制毒物品犯罪案件适用法律若干问题的意见》第二条的规定。该条规定：对于走私或者非法买卖制毒物品行为，有下列情形之一的，且查获了易制毒化学品，结合犯罪嫌疑人、被告人的供述和其他证据，经综合审查判断，可以认定其"明知"

是制毒物品而走私或者非法买卖，但有证据证明确属被蒙骗的除外：（1）改变产品形状、包装或者使用虚假标签、商标等产品标志的；（2）以藏匿、夹带或者其他隐蔽方式运输、携带易制毒化学品逃避检查的；（3）抗拒检查或者在检查时丢弃货物逃跑的；（4）以伪报、藏匿、伪装等蒙蔽手段逃避海关、边防等检查的；（5）选择不设海关或者边防检查站的路段绕行出入境的；（6）以虚假身份、地址办理托运、邮寄手续的；（7）以其他方法隐瞒真相，逃避对易制毒化学品依法监管的。

本罪的客观方面表现为违反国家规定，非法生产、买卖、运输醋酸酐、乙醚、三氯甲烷或者其他用于制造毒品的原料、配剂，或者携带上述物品进出境，情节严重的行为。其中所谓"违反国家规定"，主要是指2005年8月26日国务院颁布的《易制毒化学品管理条例》、2006年8月22日公安部颁布的《易制毒化学品购销和运输管理办法》、2010年3月18日卫生部颁布的《药品类易制毒化学品管理办法》等关于制毒物品的法律法规。醋酸酐、乙醚、三氯甲烷等物品，是制造毒品必不可少的配剂。《联合国禁止非法贩运麻醉药品和精神药物公约》中列举了几种可用于制造毒品的化学物品，醋酸酐、乙醚都被明确规定在这几种物品之列。"用于制造毒品的原料或者配剂"是指提炼、分解毒品使用的原材料及辅助性配料。需要指出的是，有些原料本身就是毒品，如提炼海洛因的鸦片、黄皮、吗啡等，如果非法生产、买卖、运输或者携带进出境的原料本身就属于毒品的，应认定为走私、贩卖、运输、制造毒品罪。

生产制毒物品是指对原材料进行配制、提炼、加工制作醋酸酐、乙醚、三氯甲烷或者其他用于制造毒品的原料、配剂的行为。买卖制毒物品，是指有偿转让可以用于制造毒品的原料、配剂，或者以出卖为目的非法收购可用于制造毒品的原料、配剂的行为。依据《关于办理制毒物品犯罪案件适用法律若干问题的意见》，违反国家规定，实施下列行为之一的，认定为《刑法》第三百五十条规定的非法买卖制毒物品行为：（1）未经许可或者备案，擅自购买、销售易制毒化学品的；（2）超出许可证明或者备案证明的品种、数量范围购买、销售易制毒化学品的；（3）使用他人的或者伪造、变造、失效的许可证明或者备案证明购买、销售易制毒化学品的；（4）经营单位违反规定，向无购买许可证明、备案证明的单位、个人销售易制毒化学品的，或者明知购买者使用他人的或者伪造、变造、失效的购买许可证明、备案证明，向其销售易制毒化学品的；（5）以其他方式非法买卖易制毒化学品的。运输制毒物品是指以携带、邮寄、利用他人或者使用交通工具等方法在我国境内运送可以用于制造毒品的原料、配剂的行为。走私制毒物品是指违反海关法规，逃避海关监管，非法携带可以用于制造毒品的原料、配剂进出境的行为。

本罪的主体为一般主体。犯本罪的，处三年以下有期徒刑、拘役或者管制，并处罚金；情节严重的，处三年以上七年以下有期徒刑，并处罚金；情节特别严重的，处七年以上有期徒刑，并处罚金或者没收财产。

刑法修正案（九）第四十二条

一、修正条文

根据《刑法修正案（九）》第四十二条，修正后的《刑法》第三百五十八条的内容为："组织、强迫他人卖淫的，处五年以上十年以下有期徒刑，并处罚金；情节严重的，处十年以上有期徒刑或者无期徒刑，并处罚金或者没收财产。

组织、强迫未成年人卖淫的，依照前款的规定从重处罚。

犯前两款罪，并有杀害、伤害、强奸、绑架等犯罪行为的，依照数罪并罚的规定处罚。

为组织卖淫的人招募、运送人员或者有其他协助组织他人卖淫行为的，处五年以下有期徒刑，并处罚金；情节严重的，处五年以上十年以下有期徒刑，并处罚金。"

二、原文表述

原《刑法》第三百五十八条规定："组织他人卖淫或者强迫他人卖淫的，处五年以上十年以下有期徒刑，并处罚金；有下列情形之一的，处十年以上有期徒刑或者无期徒刑，并处罚金或者没收财产：（一）组织他人卖淫，情节严重的；（二）强迫不满十四周岁的幼女卖淫的；（三）强迫多人卖淫或者多次强迫他人卖淫的；（四）强奸后迫使卖淫的；（五）造成被强迫卖淫的人重伤、死亡或者其他严重后果的。

有前款所列情形之一，情节特别严重的，处无期徒刑或者死刑，并处没收财产。

协助组织他人卖淫的，处五年以下有期徒刑，并处罚金；情节严重的，处五年以上十年以下有期徒刑，并处罚金。"

三、修正内容

《刑法修正案（九）》对本条作了以下几处修改：（1）取消了组织卖淫罪、强迫卖淫罪的死刑；（2）将判处十年以上刑罚的具体列举的五项情形修改为"情节严重的"；（3）增加了组织、强迫未成年人卖淫的从重处罚的规定；（4）增加了对组织、强迫他人卖淫的，并有杀害、伤害、强奸、绑架等犯罪行为的，依照数罪并罚的规定处罚的规定。

四、修正缘由

20 世纪 70 年代末 80 年代初，随着我国经济建设和社会的开放、发展，卖淫嫖娼的现象日益增多并出现了由沿海向内陆发展的趋势。一些不法分子用暴力、胁迫等手段强迫妇女卖淫的情况也十分严重。组织卖淫的行为破坏了社会主义道德风尚，强迫卖淫的行为还侵犯了他人的人身权利，并且给被害人造成身体上和精神上的巨大创伤，具有极大的社会危害性。由于当时组织他人卖淫的现象并不多见，1979 年《刑法》并未规定组织卖淫罪，而只是规定了强迫卖淫罪。但随着改革开放的进一步深入，组织、强迫卖淫犯罪活动大幅出现，且危害性日益突出。为了严惩严重危害社会治安的犯罪分子，维护社会治安，保护人民的生命、财产安全，1983 年 9 月 2 日第六届全国人民代表大会常务委员会通过了《全国人民代表大会常务委员会关于严惩严重危害社会治安的犯罪分子的决定》，规定强迫妇女卖淫，情节特别严重的，可以在刑法规定的最高刑以上处刑，直至判处死刑。1991 年 9 月 4 日，第七届全国人民代表大会常务委员会第二十一次会议通过了《关于严禁卖淫嫖娼的决定》，规定"组织他人卖淫的，处十年以上有期徒刑或者无期徒刑，并处一万元以下罚金或者没收财产；情节特别严重的，处死刑，并处没收财产"。并且对强迫他人卖淫的犯罪处十年以上有期徒刑或者无期徒刑的情形进行了列举。1997年修订刑法时，上述规定经修改后被纳入刑法典。2011年通过的《刑法修正案（八）》对该条关于协助组织他人卖淫的犯罪的规定作了修改。

而《刑法修正案（九）》第四十二条对本条又作了大幅度的修改，如取消了组织卖淫罪、强迫卖淫罪的死刑；将判处十年以上刑罚的具体列举的五项情形修改为"情节严重的"；增加了组织、强迫未成年人卖淫的从重处罚的规定；增加了对组织、强迫他人卖淫的，并有杀害、伤害、强奸、绑架等犯罪行为的，依照数罪并罚的规定处罚的规定。本次修改的原因如下：

（一）响应完善死刑法律规定，逐步减少死刑适用罪名的要求

组织卖淫罪属于妨害社会道德风化的非暴力犯罪，强迫卖淫罪虽然涉及一定的暴力手段，但是以往司法实践中在依照原《刑法》第三百五十八条第二款之规定处罚时，也要求司法机关正确理解和严格掌握死刑的适用标准，少用、慎用死刑。《刑法》第四十八条规定，"死刑只适用于罪行极其严重的犯罪分子"，根据第三百五十八条第二款之规定，组织、强迫卖淫的行为必须是"情节特别严重"的才可以判处死刑。"情节特别严重"一般是指第一款所列五项情形中特别严重的情节。而在全国人大常委会法制工作委员会在修订《刑法修正案（八）》的方案中，在确定取消13个死刑罪名的同时，还提出继续研究取消包括组织卖淫在内的6个罪名的死刑问题[①]。因此，不管从立法层面还是从司法层面，都在逐步减少对组织、强迫卖淫罪死刑的适用。自2011年《刑法修正案（八）》取消13个经济性非暴力犯罪死刑以来，我国治安形势总体稳定、可控，一些严重犯罪稳中有降，实践也证明取消13个罪

---

① 赵秉志主编：《刑法修正案（八）理解与适用》，中国法制出版社2011年版，第19-20页。

名的死刑，没有对社会治安形势造成负面影响，社会各界对减少死刑罪名持正面评价。因此，本次《刑法修正案（九）》继续顺应减少适用死刑罪名的要求，取消了组织卖淫罪、强迫卖淫罪的死刑。

（二）扩展对组织、强迫他人卖淫可能被判处十年以上有期徒刑的范围

原《刑法》第三百五十八条第一款列举了五项处十年以上有期徒刑或者无期徒刑的情形：（1）组织他人卖淫，情节严重的；（2）强迫不满十四周岁的幼女卖淫的；（3）强迫多人卖淫或者多次强迫他人卖淫的；（4）强奸后迫使卖淫的；（5）造成被强迫卖淫的人重伤、死亡或者其他严重后果的。虽然将其明确列举出来有助于司法机关正确定罪量刑，但也在无形中限制了对组织、强迫他人卖淫可能被判处十年以上有期徒刑的范围。在司法实践中，司法机关往往只对这5种情形适用十年以上有期徒刑或者无期徒刑，与从严惩处此类犯罪的立法原意相违背。而将判处十年以上刑罚的具体列举的5项情形修改为"情节严重的"，则可避免司法机关陷入法律教条主义的错误之中，拓宽了对组织、强迫他人卖淫可能被判处十年以上有期徒刑的范围。

（三）加强对未成年人的保护

原条文规定只有强迫不满十四周岁的幼女卖淫的才能判处十年以上有期徒刑的刑罚，而强迫十五周岁以上不满十八周岁的未成年人卖淫，性质恶劣的，则无法判处十年以上的刑罚。十五周岁以上不满十八周岁的未成年人身体、心理正处于发展完善的重要时期，组织、强迫这个年龄段的未成年人卖淫的，同样社会危险性极大。因此，修订后的组织、强迫未成年人卖淫的从重处罚之规定加大了对组织、强迫未成年人卖淫的打击力度，加强了对未成年人的保护。

（四）严厉惩处在组织、强迫他人卖淫的行为中杀害、伤害、强奸、绑架被组织、强迫者的犯罪行为

在组织、强迫卖淫的行为中，往往伴随着杀害、伤害、强奸、

绑架等犯罪行为，这些行为极大地损害了被组织、强迫者的人身权利，在司法实践中对此类行为也是按照数罪并罚的规定从严处理。为了进一步明确法律适用，严厉惩处此类犯罪行为，《刑法修正案（九）》特将这一规定增加到了第三百五十八条之中。

五、理解适用

修正后的《刑法》第三百五十八条仍然包括了组织卖淫罪、强迫卖淫罪、协助组织卖淫罪三个罪名。而本次修改主要是针对组织卖淫罪、强迫卖淫罪，所以本文只对这两个罪名的理解适用进行解析。

（一）组织卖淫罪

（1）本罪的客体为社会主义道德风尚。

（2）客观方面表现为组织他人卖淫的行为。所谓卖淫是指以营利为目的，与不特定的同性或者异性发生性交或者从事其他淫乱活动的行为。所谓"组织"是指以招募、雇佣、引诱、容留等方式，纠集、控制他人。这种犯罪的本质特征在于控制多人进行卖淫，至于采取的手段是暴力的、胁迫的，还是非暴力、非胁迫的性质，都不影响本罪的成立。本罪通常表现为两种形式：一是设置卖淫场所，如以旅馆、饭店、按摩房、洗浴中心等为名设置或者变相设置卖淫场所；二是没有固定的场所，只是通过控制卖淫人员有组织地进行卖淫活动。不论哪种形式，只要实施了组织他人卖淫的行为，即构成本罪。

（3）本罪的主体为一般主体，即年满十六周岁，具备刑事责任能力的自然人，单位不能成为本罪的主体。

（4）本罪的主观方面为故意，从司法实践上看，行为人一般都具有牟利的目的。但是否具有该目的，并不影响本罪的成立。

（二）强迫卖淫罪

（1）本罪侵犯的客体为复杂客体，既侵犯了社会主义道德风尚又侵犯了公民的人身权利。

（2）本罪客观方面表现为违背他人意志，强迫他人卖淫的行为。所谓强迫是指使用暴力、胁迫、虐待或者其他强制方法，如以实施杀害、伤害、揭发隐私、断绝生活来源相威胁，或利用他人走投无路的情况下采用挟持的方法迫使他人卖淫，违背他人的意志，迫使他人从事卖淫活动。如果采用对他人殴打、虐待、捆绑或如果仅仅采用物质引诱、暗示、鼓动他人卖淫，没有违背他人意志的，不能构成本罪。

（3）本罪的主体为一般主体，即年满十六周岁，具备刑事责任能力的自然人，单位不能成为本罪的主体。

（4）本罪的主观方面为故意。只要行为人实施了强迫卖淫的行为即构成本罪，而不论其动机、目的如何。

（三）组织、强迫卖淫罪刑事责任

根据修正后的《刑法》第三百五十八条之规定，犯本罪的处五年以上十年以下有期徒刑，并处罚金；情节严重的，处十年以上有期徒刑或者无期徒刑，并处罚金或者没收财产。其中"情节严重"是指组织、他人卖淫的手段恶劣，后果比较严重、社会影响恶劣等情况，如强迫多人卖淫或者多次强迫他人卖淫的、强奸后迫使卖淫的、造成被强迫卖淫的人重伤、死亡或者其他严重后果的，等等。组织、强迫未成年人卖淫的，要在法定量刑幅度内从重处罚。

刑法修正案（九）第四十三条

一、修正条文

根据《刑法修正案（九）》第四十三条，修正后的《刑法》第三百六十条的内容为："明知自己患有梅毒、淋病等严重性病卖淫、嫖娼的，处五年以下有期徒刑、拘役或者管制，并处罚金。"

二、原文表述

《刑法》第三百六十条规定："明知自己患有梅毒、淋病等严重性病卖淫、嫖娼的，处五年以下有期徒刑、拘役或者管制，并处罚金。

嫖宿不满十四周岁的幼女的，处五年以上有期徒刑，并处罚金。"

三、修正内容

根据《刑法修正案（九）》第四十三条，《刑法》第三百六十条中删除了"嫖宿不满十四周岁的幼女的，处五年以上有期徒刑，并处罚金"的规定，即嫖宿幼女罪被废除。

四、修正缘由

嫖宿幼女罪的立法原意是对幼女给予特殊保护，1991年9月4日全国人大常委会通过了《关于严禁卖淫嫖娼的决定》，将明知自己患有梅毒、淋病等严重性病，又从事卖淫嫖娼的行为规定为犯罪。同时，考虑到嫖宿幼女的行为，极大地损害幼女的身心健康和正常发育，为了严厉打击这一行为，对嫖宿幼女的行为规定了刑事处罚。1997年修订刑法时，上述规定经修改被纳入刑法。全国人大常委会法工委有关人员指出，之所以对嫖宿幼女行为单独定罪，"当时考虑，从法律上明确嫖宿幼女行为人的刑事责任；严厉打击这种犯罪，以五年有期徒刑作为起刑点，在刑法分则各罪中属于较高的，体现了对幼女的特殊保护"①。

但是在司法实践中，废除嫖宿幼女罪的呼声一直不绝于耳。一般认为，关于废除嫖宿幼女罪的争论是从贵州省习水县官员嫖宿幼女案曝光开始。2007年至2008年，习水县几名国家干部，包括一名人大代表和一名人民教师有组织地嫖宿女学生，其中有3人是未满十四周岁的幼女。当地检察机关以嫖宿幼女罪提起公诉，最终以强迫卖淫罪判处一名被告人无期徒刑；以嫖宿幼女罪分别判处被告人有期徒刑十四年、十二年、十年、七年。本案经媒体曝光后，一时间引起轩然大波，民众普遍认为法院对被告人判处刑罚过轻，"性质如此恶劣，按嫖宿幼女罪判定，最高只判了十四年，而如果按强奸罪中奸淫多名幼女的情节判处，最高刑则可处死刑"。从本案开始陆续又有一系列涉及嫖宿幼女的案件，诸如浙江丽水案、福建安溪案、四川宜宾案等见诸报端，社会上对嫖宿幼女罪的争议也越来越大。

主张废除嫖宿幼女罪的人认为，嫖宿幼女罪与强奸罪的规定相矛盾，量刑差别大，放纵了犯罪人。我国《刑法》第二百三十六条规定了强奸罪，并规定奸淫不满十四周岁的幼女的，以强奸罪定罪，从重处罚。具有奸淫幼女情节恶劣或者奸淫幼女多人等法定情节的，应处十年以上有期徒刑、无期徒刑或者死刑。不管幼女是否

---

① 郑赫南：《中国法学会刑法学研究会名誉会长高铭暄教授讲述立法经过——立法原意是对幼女给予特殊保护》，载《检察日报》2012年7月17日。

自愿，也不管行为人是否明知对方不满十四周岁，是否采取暴力或强迫行为，只要与幼女发生性关系，就可以按照强奸罪从重处罚。而嫖宿幼女罪的行为也是与不满十四周岁的幼女发生性关系，而且明知对方不满十四周岁，这种情况下行为更加恶劣，但却只以嫖宿幼女罪定罪，最高只能处十五年有期徒刑。因此对嫖宿幼女的行为认定为奸淫幼女对幼女的保护更有利，也更有助于及时打击和预防此类犯罪行为。"在行为方式本身已经符合奸淫幼女的情况下，将嫖宿幼女行为作单独罪名和相对较轻处罚的规定，既构成了对同一行为定罪处罚的矛盾，又放纵了犯罪人"①。而主张保留嫖宿幼女罪的人则认为，在比较嫖宿幼女罪与强奸罪的刑罚轻重时，不能简单地通过对比二者的最高刑就做出嫖宿幼女罪刑罚轻的结论。根据《刑法》第三百六十条的规定，嫖宿幼女的，可处五年以上十五年以下有期徒刑，起刑点为五年，在五年至十五年之间没有任何的限制条件。嫖宿幼女罪行严重的，则原则上都可以判处十五年有期徒刑。而强奸罪虽然最高刑为死刑，但是其起刑点为三年，对于一般的强奸罪只能判处三年至十年有期徒刑。虽然刑法规定了奸淫不满十四周岁的幼女的，以强奸论，从重处罚，但是从重处罚一般也低于十年有期徒刑。只有具有法律明确规定的"情节恶劣"、"强奸妇女、奸淫幼女多人"、"在公共场所当众强奸妇女"、"二人以上轮奸"、"致使被害人重伤、死亡或者造成其他严重后果"情节的才能判处十年以上有期徒刑、无期徒刑或者死刑。而在实践中，因奸淫幼女被判处十年以上有期徒刑刑罚的并不多。在执法层面上，最高人民法院、最高人民检察院、公安部、司法部2013年10月23日发布的《关于依法惩治性侵害未成年人犯罪的意见》，也为"强奸幼女"和"嫖宿幼女"划定了界限。该意见规定"以金钱财物等方式引诱幼女发生性关系，知道或应当知道幼女被他人强迫卖

---

① 王永钦：《妇联界委员联名建议取消"嫖宿幼女罪"罪名》，载《政府法制》2011年第10期。

淫而仍与其发生性关系的，均以强奸罪论处"。因此，从法律规定上看，以金钱财物等方式引诱幼女发生性关系，知道或应当知道幼女被他人强迫卖淫而仍与其发生性关系的，为强奸罪，判处三至十年有期徒刑，而幼女自愿与对方发生关系，并收取了一定的金钱，则对行为人应认定为嫖宿幼女罪，判处五年至十五年有期徒刑。对嫖宿幼女罪的处罚显然更严厉。取消嫖宿幼女罪，以强奸罪论处，可能会减轻打击力度。

实际上，有调查数据显示"嫖宿幼女罪"的发生率并不是人们想象中的那么高危和井喷：2013 年 7 月 30 日，最高人民法院在《对十二届全国人大一次会议第 3939 号建议的答复》（以下简称《答复》）中透露，"嫖宿幼女案件总体上数量较少，2010 年全国收案 37 件，2011 年全国收案 30 件，2012 年全国收案 41 件，平均每个省一年有 1 件案件，在法律适用方面也未发现疑难或者量刑过于不平衡的问题"。然而最高人民法院在此《答复》中却对废除嫖宿幼女罪表示支持，《答复》称，"刑法规定：'奸淫不满十四周岁的幼女的，以强奸论，从重处罚。'也就是说，只要与幼女发生性关系，不论是否采用暴力、胁迫等手段，不论幼女是否同意，均构成强奸罪。这是基于幼女身心发育不成熟、尚不具备性决定能力的现实情况规定的，充分体现了法律对幼女性权利的绝对保护。但是，嫖宿幼女罪的规定，又间接承认了幼女可以'卖淫'、具备性自主能力，这不仅不符合幼女身心发育状况，更与强奸罪的规定存在逻辑矛盾"。

针对这一问题，法律委员会、法制工作委员会调取分析了全国法院最近几年的判决数据，并赴有关省市实地调研，调阅了大量有关判决书，进行逐案剖析，并对嫖宿幼女罪设立的立法背景、实施情况以及如何完善等问题，进行了深入研究。与此同时，又多次召开座谈会，广泛听取有关部门、专家学者和社会各方面的意见。在《全国人民代表大会法律委员会〈关于中华人民共和国刑法修正案（九）（草案）〉审议结果的报告》中，法律委员会对废除此罪作了解释，法律委员会认为："近年来这方面的违法犯罪出现了一些新的情况，执法环节也存在一些问题，有关方面不断提出取消嫖宿幼女罪。"因此法律委员会经研究，建议采纳这一意见，取消《刑法》第三百六十条第二款规定的嫖宿幼女罪，对这类行为可以适用《刑法》第二百三十六条关于奸淫幼女的以强奸论、从重处罚的规定，不再作出专门规定。

五、理解适用

（一）嫖宿幼女罪取消后，侵犯幼女犯罪的司法标准得以统一

嫖宿幼女罪取消后，行为人与不满十四周岁的幼女发生不正当性关系的，应一律依照《刑法》第二百三十六条第二款的规定，以强奸罪从重处罚。是否存在以金钱、财物为媒介的性交易不再影响罪名的判定。侵犯幼女犯罪的司法标准得以统一。与此同时，原来与之相关联的部分行为的定性也随之发生了改变。嫖宿幼女罪废除之前，组织幼女卖淫或者强迫幼女卖淫的按照组织卖淫罪或者强迫卖淫罪定罪处罚，强迫幼女卖淫的为加重情形。嫖宿幼女罪被废除后，与不满十四周岁的幼女发生性交易的行为，应当认定为强奸罪，则组织、强迫不满十四周岁的幼女卖淫的人员，成立强奸罪的共犯。组织、强迫不满十四周岁的幼女卖淫的，同时符合强奸罪和组织、强迫卖淫罪，成立想象竞合犯，应当从一重处罚。

（二）司法认定中的疑难问题

强奸罪中涉及奸淫幼女案件的处理本来就是司法实践中的一个难点。经《刑法修正案（九）》本条之修改，嫖宿幼女行为一律被认定为强奸罪，使得司法实践中对强奸罪的认定与处理产生了一些新的问题。如司法实践中个别幼女染有淫乱习性，主动与多名男子性交的，对这些男子一般不作为强奸罪论处。但是，按照《刑法修正案（九）》本条之规定，对于这类染有淫乱习性的幼女主动与多名男子发生性交易的，对这些男子则应认定为

强奸罪并从重处罚。

1. 根据嫖宿幼女的手段、方法的不同，在量刑上应对嫖宿幼女的行为区别对待

（1）非强制型嫖宿幼女行为。在行为人没有使用暴力、胁迫等强制手段的情况下，其社会危害程度和主观恶性上比以强制手段奸淫幼女的行为要小，但其行为不仅侵害了幼女的身心健康并且败坏了社会道德并侵害了社会管理秩序，因此比基于感情等与自愿的幼女发生性关系的其他非强制型奸淫幼女行为的社会危害性要大，因而其量刑尺度应当是居于其他非强制型奸淫幼女行为与强制型奸淫幼女行为之间①。

（2）对强制型嫖宿幼女行为的量刑。强制型嫖宿幼女行为类似于强制型奸淫幼女，如明知是被强迫卖淫幼女而嫖宿的行为。此种情形下，行为人对被迫卖淫的幼女实施了暴力、胁迫等强制手段迫使被害人就范，行为人是在被害幼女不能抗拒或不敢抗拒等情况下嫖宿的。这是比《刑法》第二百三十六条第一款规定的普通强奸罪社会危害性更大的强奸行为，应按第二百三十六条第一款规定的量刑尺度从重处罚。

2. 在主观上，行为人须明知卖淫的对方是或者可能是幼女

原来嫖宿幼女罪的成立即要求行为人明知卖淫的对方是或者可能是幼女为前提。而在奸淫幼女的犯罪中，最高人民法院 2003 年 1 月 17 日《关于行为人不明知是不满十四周岁的幼女双方自愿发生性关系是否构成强奸罪问题的批复》指出："行为人明知是不满十四周岁的幼女而与其发生性关系，不论幼女是否自愿，均应依照《刑法》第二百三十六条第二款的规定，以强奸罪定罪处罚；行为人确实不知对方是不满十四周岁的幼女，双方自愿发生性关系，未造成严重后果，情节显著轻微的，不认为是犯罪。"这一批复公布

---

① 石经海、李佳：《嫖宿幼女罪取消后此类行为应如何量刑》，载《人民法院报》，2015 年 9 月 23 日。

后，围绕奸淫幼女犯罪主观上是否应以"明知"为要件的问题，引发了一场争论。有学者认为，我国刑法关于奸淫幼女的规定意思是不论行为人是否明知女方为不满十四周岁的幼女，只要与其发生性关系，就构成强奸罪。也有人认为主客观相一致，是正确认定犯罪应当遵循的基本原则，奸淫幼女也不例外。奸淫幼女的犯罪构成，除了被奸淫的必须是不满十四周岁的幼女这一客观要件外，还必须具有行为人明知（包括明知必然和明知可能）女方是不满十四周岁的幼女这一主观条件[①]。我们同意后一种观点，在嫖宿幼女中，行为人确实不知道、也不可能知道对方是不满十四周岁的幼女，双方自愿发生性关系的，就不能以犯罪论处。

---

① 周道鸾、张军主编：《刑法罪名精释》（第四版）（下），人民法院出版社 2013 年版，第 534 页。

刑法修正案（九）第四十四条

一、修正条文

根据《刑法修正案（九）》第四十四条，修正后的《刑法》第三百八十三条的内容为："对犯贪污罪的，根据情节轻重，分别依照下列规定处罚：

（一）贪污数额较大或者有其他较重情节的，处三年以下有期徒刑或者拘役，并处罚金。

（二）贪污数额巨大或者有其他严重情节的，处三年以上十年以下有期徒刑，并处罚金或者没收财产。

（三）贪污数额特别巨大或者有其他特别严重情节的，处十年以上有期徒刑或者无期徒刑，并处罚金或者没收财产；数额特别巨大，并使国家和人民利益遭受特别重大损失的，处无期徒刑或者死刑，并处没收财产。

对多次贪污未经处理的，按照累计贪污数额处罚。

犯第一款罪，在提起公诉前如实供述自己罪行、真诚悔罪、积极退赃，避免、减少损害结果的发生，有第一项规定情形的，可以从轻、减轻或者免除处罚；有第二项、第三项规定情形的，可以从轻处罚。

犯第一款罪，有第三项规定情形被判处死刑缓期执行的，人民法院根据犯罪情节等情况可以同时决定在其死刑缓期执行二年期满依法减为无期徒刑后，终身监禁，不得减刑、假释。"

二、原文表述

《刑法》第三百八十三条规定："对犯贪污罪的，根据情节轻重，分别依照下列规定处罚：

（一）个人贪污数额在十万元以上的，处十年以上有期徒刑或者无期徒刑，可以并处没收财产；情节特别严重的，处死刑，并处没收财产。

（二）个人贪污数额在五万元以上不满十万元的，处五年以上有期徒刑，可以并处没收财产；情节特别严重的，处无期徒刑，并处没收财产。

（三）个人贪污数额在五千元以上不满五万元的，处一年以上七年以下有期徒刑；情节严重的，处七年以上十年以下有期徒刑。个人贪污数额在五千元以上不满一万元，犯罪后有悔改表现、积极退赃的，可以减轻处罚或者免予刑事处罚，由其所在单位或者上级主管机关给予行政处分。

（四）个人贪污数额不满五千元，情节较重的，处二年以下有期徒刑或者拘役；情节较轻的，由其所在单位或者上级主管机关酌情给予行政处分。

对多次贪污未经处理的，按照累计贪污数额处罚。"

三、修正内容

根据《刑法修正案（九）》第四十四条的规定，《刑法》第三百八十三条规定中取消了原刑法条文中的具体数额规定。原刑法条文采用的是"具体数额"模式，以五千、五万、十万为标准分三个档次规定贪污罪法定刑，在该模式下，数额与情节不是择一的关系，而是将情节作为法定加重事由进行规定。这次修改是基于"概括性数额或情节（后果）"的模式，区分三个罪刑单位对贪污罪的法定刑作了规定。在这一模式下，数额不再是贪污罪量刑中唯一的基本量刑考量因素，情节也不再是纯粹的法定加重情节或法定从宽情节，数额与情节都成了贪污罪量刑中的基本因素[①]。

另外，还增加了对贪污犯罪的从宽处罚措施。即对于犯贪污罪的，在提起公诉前，有"如实供述自己罪行、真诚悔罪、积极退赃，避免、减少损害结果的发生"，如果是贪污数额较大或有其他较重情节的，可以从轻、减轻或者免除处罚；如果是贪污数额巨大或者有其他严重情节的，贪污数额特别巨大或者有其他特别严重情节的，可以从轻处罚。将从宽处罚的情况扩大到了真诚悔罪。积极退赃，避免、减少损害结果的发生。实际上将司法实践中的一些酌定从宽情节转为了法定情节。

这次修订也对贪污贿赂罪增设了终身监禁的规定。如果是特别严重的贪污贿赂罪，有贪污数额特别巨大或者有其他特别严重情节，被判处死刑缓期执行的，人民法院根据犯罪情节等情况可以同时决定在其死刑缓期执行二年期满依法减为无期徒刑后，终身监禁，不得减刑、假释。

四、修正缘由

（一）唯数额论越来越不适应社会实际

1988 年全国人民代表大会常务委员会在《关于惩治贪污罪贿赂罪的补充规定》中首次采取贪污受贿罪惩罚具体数额的立法模式，后来被现行刑法所继承。从具体数额上看，立法者在 1997 年对 1988 年确立的具体标准作出了修改，也就是说，这一标准在司法机关中适用了十年；1997 年的标准沿用至今意味着这一标准在司法实践中适用了十七年。在中国经济高速发展、人民生活水平显著提高、通货膨胀率维持高位的背景下，不同时期人们对财物具体数额的感受是不一样的，贪污犯罪的社会危害性也会不同。并且根据原刑法条文，贪污十万元以上，即判处十年以上有期徒刑或者无

---

① 赖早兴：《贪污贿赂犯罪刑法规定修正述评——基于〈刑法修正案（九）〉草案的思考》，载《学习论坛》2015 年第 4 期。

期徒刑，导致实践中贪污受贿数十万元与数千万元、甚至上亿元在刑期上差别不大，导致量刑失衡。现行刑法对受贿数额的规定是1997年通过《刑法》第三百八十三条明确规定的，且全国通用，长期不变，这很难和社会经济发展水平相适应。尽管法律的稳定性与严肃性应当通过法律规定予以体现，但我国幅员辽阔，区域经济发展不平衡，在全国范围内对数额犯执行一个标准，实际上是违背了刑法的精神，反而失去了法律的严肃性与公平性。《刑法修正案（九）》以"数额较大"、"数额巨大"、"数额特别巨大"来替代原来的明确数额，并配之以最高人民法院、最高人民检察院对"数额"规定的司法解释，各省、自治区、直辖市再根据各自的实际情况，结合"两高"的司法解释来确定相应的定罪处罚的数额标准。这样不仅使法律能适应经济社会发展的实际情况，而且更有利于法治社会的稳定与进步。

（二）数额加情节的定罪量刑标准的科学性

现行《刑法》第六十一条规定："对于犯罪分子决定刑罚的时候，应当根据犯罪的事实、犯罪的性质、情节和对于社会的危害程度，依照本法的有关规定判处。"犯罪的情节虽不具有犯罪构成事实的意义，但却与违法性、有责性具有密切的联系，同时又能说明罪行的程度。在犯罪性质相同的犯罪中，犯罪情节不尽相同，犯罪的违法与责任程度也不一样。因此分清各犯罪行为的情节属哪个层次，对于正确量刑具有特别重要的意义。而贪污贿赂类犯罪的社会危害性除了直接体现在受贿数额多少上，还体现在对国家利益的损害程度、社会影响大小、贪污受贿次数多少、滥用职权与否等犯罪情节、危害后果之中。因此，对贪污贿赂类犯罪要同时考虑数额和情节。

一个经济数额标准长期不变是不正常的，也是不科学的。改用数额加情节的定罪标准，不再唯数额论，更符合实际需要，也更科学合理，更有利于惩治腐败犯罪和维护司法公正。实际上，我国刑法中对其他经济、财产犯罪并没有同样采取具体数额标准的立法模式，而是大量使用"数额较大"、"数额巨大"、"数额特别巨大"的概括性标准，这意味着立法者是将具体数额标准的确定权授予最高人民法院和最高人民检察院，让这两个最高司法机关在司法解释或司法解释性文件中根据社会经济发展状况对具体标准加以明确。这种模式使犯罪的定罪和量刑标准更能及时、全面、准确地反映社会危害性的大小。①

（三）贯彻宽严相济的刑事政策

《刑法修正案（九）》在增加对贪污受贿犯罪的从宽处罚措施的同时，还针对特别严重的贪污贿赂类犯罪设置终身监禁，加大惩治力度，以体现宽严相济的刑事政策。对于贪污受贿数额特别巨大、情节特别严重的犯罪嫌疑人，特别是其中本来应当判处死刑的，根据慎用死刑的刑事政策，结合案件的具体情况，对其判处死刑缓期二年执行依法减为无期徒刑后，采取终身监禁的措施，有利于体现罪刑相适应的刑法基本原则，维护司法公正，防止在司法实践中出现这类罪犯通过减刑、假释等途径服刑期过短的情形，符合宽严相济的刑事政策。

五、理解适用

（一）贪污贿赂犯罪中的数额较大、数额巨大、数额特别巨大概括性数额的具体标准应由司法机关或者通过司法解释确定

现行的刑法是按照贪污、受贿的数额来定罪量刑，分为十万元以上、五万元以上不满十万元、五千元以上不满五万元、五千元以下四个档次。这次修正案草案删去了对贪污、受贿犯罪规定的具体数额，原则规定数额较大或者情节严重，数额巨大或者情节严重，数额特别巨大或者情节特别严重三种情况，相应地规定了三档刑罚，并且对数额特别巨大、使国家和人民利益遭受特别重大损失的

---

① 赖早兴：《贪污贿赂犯罪刑法规定修正述评——基于〈刑法修正案（九）〉草案的思考》，载《学习论坛》2015 年第 4 期。

保留适用死刑。具体的定罪量刑标准可由司法机关根据案件的具体情况掌握或者由最高人民法院、最高人民检察院通过制定司法解释来予以确定。这样做的目的是为了适应经济社会形势的改变，在经济社会形势发生巨大变化时，不需要修正刑就可以改变贪污贿赂类犯罪的定罪量刑标准，从而保持了刑法规定的稳定性。在相关司法解释未出台之前，对于《刑法修正案（九）》中规定的"数额较大"、"数额巨大"、"数额特别巨大"仍可以参照原《刑法》第三百八十三条规定来确定，即数额较大对于五千元以上五万元以下，数额巨大对应五万元以上十万元以下，数额特别巨大对应十万元以上。最高人民法院、最高人民检察院通过司法解释的形式具体确定标准的，将按相关司法解释规定执行。这样更有利于实现罪责刑相适应，实现刑罚的公正。

（二）正确理解把握数额加情节区分量刑档次模式

现行的规定是1988年全国人大常委会根据当时惩治贪污、受贿犯罪的实际情况和需要作出的，对于惩治和预防国家工作人员贪污、受贿犯罪起到了积极作用。但是，实行以来在实践中也存在一些问题。规定数额虽然明确具体，但这类犯罪情况复杂，情节差别很大，如有的国家工作人员贪污、受贿扶贫救济款项，有的贪污、受贿成国家财产重大损失等，这些情况就比一般的贪污、受贿情节要严重，如果单纯考虑数额很难全面地反映具体个罪的社会危害性。同时，仅仅由贪污、受贿数额决定了不同的量刑档次，有时难以根据案件的不同情况做到罪责刑相适应。《刑法修正案（九）》改变了仅仅以数额为区分量刑档次的规定，采用数额结合情节的区分方式。考虑到了实践中的复杂情况，能够使罪责刑相一致。同时，数额加情节也是许多罪名，如盗窃罪等入罪量刑的规定方式，这样规定符合立法规定的发展趋势。

司法实践中，每一档次法定刑的选择，都可以在考虑数额与考虑情节两者之中选择一个。一般而言，数额明确的应先考虑数额，根据数额决定法定刑档次。数额不明确或者数额没有达到相应档次的数额要求的，可以考虑情节是否达到了相应档次的要求，以认定是否成立犯罪并确定相应的法定刑档次。在具体量定刑罚时，数额与情节都要加以考虑。至于何谓数额较大、数额巨大、数额特别巨大以及何谓较重情节、严重情节、特别严重情节，则需要在司法实践中进行总结积累，待时机成熟时再由司法解释作出规定。

（三）针对特定对象采用终身监禁的措施

终身监禁仅适用于特别重大的贪污受贿犯罪，被判处死刑缓期执行的犯罪分子。终身监禁不是一种新设的刑种，仅是针对贪污受贿被判处死缓的犯罪分子在具体执行中的一个特殊措施，即执行无期徒刑过程中不得减刑、假释。司法实践中，由于减刑、假释的普遍存在，无期徒刑往往有名无实，有时判处无期徒刑的犯罪人，因减刑、假释，最终服刑期甚至短于某些有期徒刑。所以，针对特定的贪污受贿犯罪人，规定不得减刑、假释，实际上是在死刑与"假无期"之间，制度性地、局部地设置了一种能够彻底剥夺犯罪人自由的"真无期徒刑"。① 这是对特别严重的贪污受贿犯罪加大处罚力度的一个明证和制度设计。

（四）司法认定疑难问题

1. 取消贪污、受贿罪具体量刑数额后，法官如何适用量刑自由裁量权

原《刑法》第三百八十三条用具体的贪污数额对贪污罪定罪量刑进行了限制，由此，贪污罪的定罪量刑唯"贪污具体数额"是瞻，贪污罪定罪量刑具体数额化的立法初衷是针对1979年《刑法》以来贪污罪定罪量刑标准过于宽泛，法官自由裁量权过大，全国贪污罪定罪量刑不均衡等问题而作出的修改。情节严重、情节十分严重的标准难以界定，而规定具体数额有较强的可操作性，这对于规范约束法官自由裁量权，避免擅断有着很好的作用，同时也

---

① 参见车浩：《〈刑法修正案（九）〉的法教义学反思》，载《法学》2015年第10期。

适应了长期以来法官素质不高，难以合理运用自由裁量权的现实。但是，进入 21 世纪以来，随着经济社会水平的不断提高，法官职业化程度的不断提升，具体数额已对法官定罪量刑形成掣肘，难以实现罪责刑相适应。随着贪污罪由具体数额归于概括数额，如何合理运用法官自由裁量权的问题便会凸显。对于"数额较大、数额巨大、数额特别巨大"，各地法院如何掌握，如何合理限制法官自由裁量权，避免出现司法实践中无法操作的尴尬局面。对此，合理确定贪污罪量刑基准，构建贪污罪定罪程序与量刑程序相分离的机制，发布典型案例指导，都是很有必要的。

对于贪污罪量刑基准，可以依照 2014 年 1 月 1 日最高人民法院发布的《关于常见犯罪的量刑指导意见》。该意见对量刑的基本原则、量刑基本方法和常见的 15 种犯罪的量刑进行了规范。虽然贪污罪没有被最高人民法院归纳到 15 种常见犯罪之中，但当时主要是考虑到现行贪污罪有明确的量刑数额，比较适宜法官操作。随着贪污罪"去数额化"定罪量刑模式的确立，《关于常见犯罪的量刑指导意见》也为贪污罪的量刑规制提供了方法和指南。根据贪污罪的量刑幅度"三年以下、三年至十年、十年以上"，从法定刑的"底部"起算，划定一个范围，由法官从其中选择量刑起点这个"点"；基准刑是在量刑起点确定后，再根据犯罪人法定及酌定量刑情节进行增减后确定的。①

2. 量刑时是否还需要考虑具体数额

贪污具体数额虽然取消了，但并不是说量刑时不再考虑具体数额。对贪污罪数额大小的把握要受到当前社会经济发展水平和惩治贪腐力度的影响。有人认为贪污罪侵犯的是职务廉洁性这个客体，所以贪污罪应该取消数额的限制，只要有贪污的行为即构成贪污

---

① 程慎生、杜力：《论法官量刑自由裁量权在贪污罪中的适用——以〈刑法修正案（九）草案〉中相关修法为视角》，载《第七届当代刑事司法论坛论文集》，第 179-180 页。

罪，数额仅是量刑时的参考。依据《联合国反腐败公约》的规定之精神，上述论断有其理论依据和实践支持。但是我们国家当前还不能完全脱离数额来认定贪污罪，因为反腐败是一项社会系统工程，其他社会管理制度不去完善，政府行政体制不去改革，仅寄希望于刑法的重处和严苛，那么刑法作为社会的最后一道防线便会"越位"，刑法也会因"不能承受之重"而难以真正发挥惩处和改造犯罪人的目的。所以，当前贪污罪的定罪量刑还仍然需要具体数额的考量。

刑法修正案（九）第四十五条

一、修正条文

根据《刑法修正案》第四十五条，修正后的《刑法》第三百九十条的内容为："对犯行贿罪的，处五年以下有期徒刑或者拘役，并处罚金；因行贿谋取不正当利益，情节严重的，或者使国家利益遭受重大损失的，处五年以上十年以下有期徒刑，并处罚金；情节特别严重的，或者使国家利益遭受特别重大损失的，处十年以上有期徒刑或者无期徒刑，并处罚金或者没收财产。

行贿人在被追诉前主动交待行贿行为的，可以从轻或者减轻处罚。其中，犯罪较轻的，对侦破重大案件起关键作用的，或者有重大立功表现的，可以减轻或者免除处罚。"

二、原文表述

《刑法》第三百九十条规定："对犯行贿罪的，处五年以下有期徒刑或者拘役；因行贿谋取不正当利益，情节严重的，或者使国家利益遭受重大损失的，处五年以上十年以下有期徒刑；情节特别严重的，处十年以上有期徒刑或者无期徒刑，可以并处没收财产。

行贿人在被追诉前主动交待行贿行为的，可以减轻处罚或者免除处罚。"

三、修正内容

根据《刑法修正案（九）》第四十五条规定，《刑法》第三百九十条增加了"并处罚金"的规定，并且将"情节特别严重的，处十年以上有期徒刑或者无期徒刑"的情形下，"可以并处没收财产"的规定，改为应当"并处罚金或者没收财产"。删除第二款"行贿人在被追诉前主动交待行贿行为的，可以减轻处罚或者免除处罚"中的免除处罚，改为"行贿人在被追诉前主动交待行贿行为的，可以从轻或者减轻处罚"。并增加"其中，犯罪较轻的，对侦破重大案件起关键作用的，或者有重大立功表现的，可以减轻或者免除处罚"。与"行贿人在被追诉前主动交待行贿行为的，可以从轻或者减轻处罚"。并列为第二款。

四、修正缘由

（一）"惩办行贿与受贿并重"刑事政策的实践

新中国成立后的两部刑法典都采取的是"重受贿轻行贿"的处罚结构。1979 年《刑法》第一百八十五条第三款规定："向国家工作人员行贿……处三年以下有期徒刑或者拘役。"而对于受贿罪，刑法则规定一般情况下处五年以下有期徒刑或者拘役；致使国家或者人民利益遭受严重损失的，处五年以上有期徒刑。改革开放带来了社会的快速发展，1979 年《刑法》关于行贿罪规定过于简单的问题很快凸显。而且，鉴于实践中行贿行为的危害越来越大，1988 年全国人大常委会通过的《关于惩治贪污罪贿赂罪的补充规定》（以下简称《补充规定》）对行贿罪刑罚作了重大修改，即对行贿情节特别严重的，增处无期徒刑，并处没收财产。另外，为了体现对行贿的区别处罚，《补充规定》规定："行贿人在被追诉前，主动交代行贿行为的，可以减轻处罚，或者免予刑事处罚。"现行刑法基本上沿袭了《补充规定》的条款设置，只是在刑罚方面，作了适度调整。

从司法实践的做法看，虽然最高人民法院和最高人民检察院

（以下简称"两高"）也时常强调要加大惩治行贿犯罪的力度，[①]
但严惩的对象主要是多次行贿、行贿数额巨大等场合，国家对贿赂
犯罪整体上采取的是"重受贿轻行贿"的惩治思路，有的办案机
关甚至采取查处行贿服务于打击受贿的策略。近年来，越来越多的
学者开始对传统"重受贿轻行贿"政策提出批评，认为该政策导
致了不好的法治效果，如职务犯罪案件中大量行贿人未被追究刑事
责任，人民法院审理的行贿犯罪案件数远远低于受贿犯罪案件数，
人民法院判决的行贿案件刑罚适用率过低，缓免刑适用率过高，不
利于惩治腐败等。[②] 党的十八大以来，中央反腐力度、深度、广度
空前强化，"惩办行贿与受贿并重"政策随即提出并运用于司法实
践。2014 年，最高人民检察院部署打击行贿犯罪专项行动，查办
行贿犯罪 7827 人，同比上升 37.9%。2015 年 1~3 月，全国检察机
关立案侦查行贿犯罪 1891 人，同比上升 6.1%。[③] 最高人民检察院
曹建明检察长在相关会议上明确要求坚决打击行贿犯罪。[④] 强调要
深刻认识行贿犯罪的严重危害性，切实防止和纠正"重受贿轻行
贿"的司法观念，采取积极有效措施，进一步加大依法打击行贿
犯罪力度，减少行贿犯罪存量，有效控制行贿犯罪增量，特别是要
严厉惩处主动行贿、多次行贿、行贿数额巨大、长期"围猎"干

---

① 例如，1999 年最高人民法院、最高人民检察院《关于在办理受贿犯
罪大要案的同时要严肃查处严重行贿分子的通知》中明确强调了严惩行贿的
立场。提出对严重行贿的犯罪分子，要依法严肃惩处，坚决打击。

② 参见李少平：《行贿犯罪执法困局及其对策》，载《中国法学》2015
年第 1 期，第 5-7 页。

③ 参见《重击权力"买方"铲除腐败土壤》，载《法制日报》2015 年 6
月 11 日。

④ 曹建明：《强化责任　坚定不移推进反腐败斗争》，载《检察日报》
2015 年 1 月 16 日。

部的行贿犯罪。各级检察机关要坚持行贿与受贿统筹查办。① 在第
十二届全国人大第三次会议上，周强院长在最高人民法院工作报告
中指出："在严厉打击受贿犯罪的同时，进一步加大对行贿犯罪的
惩治力度，减少腐败犯罪。"②

（二）原刑法条文设置不合理

根据现行《刑法》第六十七条规定，对于仅如实供述自己罪
行的犯罪分子可以从轻处罚，而原《刑法》第三百九十条笼统地
规定对于被追诉前主动交代行贿行为的行贿人，都可以减轻处罚或
者免除处罚。这样的规定，使得刑法总则与刑法分则不能相互呼应
协调，根据该条处罚，使得行贿人在获得固定成本利益后还能够再
次获得风险成本利益。因为，行贿人从受贿人那里已经获得固定成
本利益，而根据现行刑法规定，又因"主动交代行贿行为"，认罪
态度较好等因素，又能够获得减轻处罚甚至免除处罚，使得行贿行
为的风险利益成本很低，因此很难起到有效打击贪污腐败犯罪的
作用。

因此，要想从源头上杜绝贪污腐败行为的发生，不仅要注
重打击贪污腐败犯罪行为，还要注重打击行贿犯罪行为。
《刑法修正案（九）》修改第三百九十条第二款，规定"行贿
人在被追诉前主动交待行贿行为的，可以从轻或者减轻处罚"，
删除"免除处罚"的规定，只有在"犯罪较轻的，对侦破重大
案件起关键作用的，或者有重大立功表现的，可以减轻或者免
除处罚"。这样的规定，与现行《刑法》第六十七条、第六十
八条对自首的犯罪分子以及立功的犯罪分子可以从轻或者减轻
处罚，有重大立功表现的可以免除处罚的规定相互呼应，使得

① 曹建明：《加大依法惩治行贿犯罪力度》，载《检察日报》2015年4月29日。
② 何荣功：《"行贿与受贿并重处罚"的法治逻辑悖论》，载《第七届当代刑事司法论坛论文集》，第229-230页。

刑法总则与刑法分则规定相协调，降低了行贿人的风险成本利益。

（三）对《联合国反腐败公约》的回应

罚金是一种古老的刑罚方法，世界上大多数国家罚金刑的采用率高达60%左右，部分国家甚至达85%，特别是针对贪污贿赂类犯罪，因其以谋取财产为目的，具有贪利性，适用罚金更是各国普遍的立法模式。对贪污贿赂类犯罪采用罚金刑也符合《联合国反腐败公约》从严打击贪污贿赂犯罪的精神。《刑法修正案（九）》对行贿罪增加罚金刑实际上是加重对该类犯罪的刑罚力度。全国人大常委会法制工作委员会主任李适时在作修正说明时说：完善行贿犯罪财产刑规定，使犯罪分子在受到人身处罚的同时，在经济上也得不到好处。因此，将罚金刑作为对贪污贿赂犯罪行为处罚的一种刑罚方法，加大了对行贿犯罪的惩治力度，符合对该类犯罪惩治的国际潮流，也是对《联合国反腐败公约》的一种回应。

（四）发挥免除处罚在量刑中的作用

行贿行为造成的危害在不同的贪污贿赂犯罪中是不同的，本着加重打击行贿行为的立法意图，对于其中行为较轻的，正可以利用免除处罚进行调节。免除处罚以具备刑法规定的免除刑罚的情节为前提，这种情节表明行为轻微，犯罪人的特殊预防必要性小，即使不判处刑罚，也能够实现特殊预防的目的。所以，只有在行贿人犯罪较轻且检举揭发行为对侦破重大案件起关键作用，或者有其他重大立功表现时才可以免除处罚。如果仅仅是犯罪较轻，主动交代，检举揭发行为只对一般案件起作用，或者是主动交代，检举揭发行为对案件侦破有重大作用但犯罪较重时，不能适用免除处罚。

五、理解适用

（一）行贿人获得从宽处罚的条件更为严格

《刑法修正案（九）》严格了对行贿罪从宽处罚的条件。根据现行《刑法》的规定，行贿人在被追诉前主动交代行贿行为的，可以减轻处罚或者免除处罚。修正案则区分情况对行贿人从宽处罚作了不同的规定：通常情况下，行贿人在被追诉前主动交代行贿行为的，可以从轻或者减轻处罚；只有在犯罪较轻的，检举揭发行为对侦破重大案件起关键作用，或者有其他重大立功表现的，可以免除处罚。这样一来，一般情况下行贿人不会被免予刑事处罚，最轻仍将被判处缓刑。若要被免予刑事处罚，不仅行贿人犯罪要轻，而且必须具有重大检举揭发行为或有重大立功表现。也就是说，原来法律规定被追诉前主动交代罪行的，就可以减轻处罚和免除处罚，现在仅被追诉前主动交代的，只能获得从轻和减轻处罚，只有具有重大立功表现并且本身罪行较轻的才可以免除处罚。实际上，立法者收紧了法官对行贿行为从宽处理的自由裁量权，《刑法修正案（九）》施行后，行贿人受到的刑事惩罚必然会加重。

（二）对行贿犯罪增加罚金刑

行贿犯罪行为也属于贪利性犯罪，针对这一类犯罪行为，剥夺其财产无疑是一种有效的处罚方法。修正案规定对行贿行为，处以徒刑或拘役的同时，并处罚金。从而使犯罪嫌疑人在受到人身处罚的同时，在经济上也遭受损失。有利于通过罚金增强惩治行贿犯罪的力度，以罚金的剥夺功能抑制行为人的犯罪动机，实现惩治与预防行贿犯罪的目的。根据修正案的规定，罚金刑是针对所有行贿犯罪行为，只要实施行贿犯罪行为，应受刑罚处罚，就都会并处罚金刑。

（三）司法认定疑难问题

如何认定"谋取不正当利益"？

关于"不正当利益"的范围，"两高"曾多次出台司法解释进行界定，最新的司法解释是 2012 年 12 月 26 日"两高"《关于办理行贿刑事案件具体应用法律若干问题的解释》，其中第十二条规定，行贿犯罪中的"谋取不正当利益"，是指行贿人谋取的利益违反法律、法规、规章、政策规定，或者要求国家工作人员违反法律、法规、规章、政策、行业规范的规定，为自己提供帮助或者方便条件。违背公平、公正原则，在经济、组织人事管理等活动中，谋取竞争优势的，应当认定为"谋取不正当利益"。可见，司法解释关于"谋取不正当利益"的界定，主要包括两方面：一是行贿人谋取利益的实体不正当，二是谋取利益的程序（或手段）不正当。实体不正当利益的界定，根据上述司法解释，是指谋取违反法律、法规、规章、政策的利益，即被法律、法规、规章、政策所禁止的非法利益。它是从实体方面来界定不应当获取的利益。程序不正当利益的界定，根据司法解释，一是指要求国家工作人员违反法律、法规、规章、政策、行业规范的规定提供帮助或方便条件；二是违背公平、公正原则，在经济、组织人事管理等活动中，谋取竞争优势。

可见，行贿人是否谋取不正当利益，除了判断利益本身是否合法，还应当从取得利益的程序、手段、方式方法是否正当来判断，即谋取该利益的程序是否正当。应从以下两个方面来判断获得利益的程序是否正当：一是行贿人实施该手段时的主观心态是否出于正当目的。即行贿人主观上是否持希望或要求受贿人违反法律、法规、规章、政策、行业规范为其提供帮助或者方便条件的目的，才能因其谋取利益的手段不正当而认定其为不正当利益。二是是否"以不正当手段（或程序）取得不确定利益"。即是否存在要求国家工作人员违反法律、法规、规章、政策、行业规范的规定，为自己提供帮助或者方便条件的行为，或者是否存在"违背公平、公正原则，在经济、组织人事管理等活动中，谋取竞争优势"的情况。实践中，国家工作人员在不确定利益的分配中具有较大的决定权，如果某人通过不正当手段（如行贿）获取了竞争优势或优先权，并最终取得了不确定利益，那么必然损害他人合法权益，违背公平公正原则。因此，通过不正当手段（或程序）取得优先权而获取的不确定利益，属于"不正当利益"。①

---

① 张温龙、陈长沙：《再论行贿罪"谋取不正当利益"要件之取消——以谢某行贿一案为视角》，载《第七届当代刑事司法论坛论文集》，第247-248页。

刑法修正案（九）第四十六条

一、修正条文

根据《刑法修正案（九）》第四十六条的规定，在《刑法》第三百九十条后增加一条，作为第三百九十条之一："为谋取不正当利益，向国家工作人员的近亲属或者其他与该国家工作人员关系密切的人，或者向离职的国家工作人员或者其近亲属以及其他与其关系密切的人行贿的，处三年以下有期徒刑或者拘役，并处罚金；情节严重的，或者使国家利益遭受重大损失的，处三年以上七年以下有期徒刑，并处罚金；情节特别严重的，或者使国家利益遭受特别重大损失的，处七年以上十年以下有期徒刑，并处罚金。

单位犯前款罪的，对单位判处罚金，并对其直接负责的主管人员和其他直接责任人员，处三年以下有期徒刑或者拘役，并处罚金。"

二、原文表述

无。

三、修正内容

根据《刑法修正案（九）》第四十六条的规定，在《刑法》第三百九十条后新增加了一条，作为第三百九十条之一，新增设了对有影响力的人行贿罪。

四、修正缘由

（一）响应《联合国反腐败公约》的要求

《联合国反腐败公约》（以下简称《公约》）第十八条第一款规定影响力交易时，明确要求"缔约国均应当考虑采取必要的立法和其他措施，将下列故意实施的行为规定为犯罪：直接或间接向公职人员或者其他任何人员许诺给予、提议给予或者实际给予任何不正当好处，以使其滥用本人的实际影响力或者被认为具有的影响力，为该行为的造意人或者其他任何人从缔约国的行政部门或者公共机关获得不正当好处……"2005年10月27日，党的第十届全国人大常委会第十八次会议通过决定批准加入《公约》。作为《公约》的缔约国，我国有义务按《公约》的要求修正、完善相关立法。《中共中央关于全面深化改革若干重大问题的决定》中明确指出："必须构建决策科学、执行坚决、监督有力的权力运行体系，健全惩治和预防腐败体系，建设廉洁政治，努力实现干部清正、政府清廉、政治清明。"因此，响应《公约》要求，需要健全惩治和预防腐败体系，从严惩处行贿犯罪行为。

（二）严密惩治贪污贿赂犯罪的法网

现行《刑法》规定了利用影响力受贿罪，对国家工作人员的关系密切人、离职的国家工作人员及其关系密切人收受贿赂的行为规定犯罪，但对于相对应的给予财物的行为却没有犯罪化。一般认为受贿与行贿之间存在对合关系，正是因为这种对合关系，大多数情况下，受贿罪与行贿罪就构成了对合犯。如果只规定国家工作人员密切关系人用国家工作人员职权或者地位形成的便利条件索取请托人财物或者收受请托人财物的行为构成犯罪，而为获得不当利益给予国家工作人员密切关系人财物的行为不构成犯罪，那么本存在对合关系的行贿行为却无法构成对合犯。这与立法者对受贿与行贿的立场相矛盾，也不利于预防利用影响力受贿犯罪行为的发生。从实践情况看，关系密切人利用国家工作人员收受财物是为请托人谋取不正当利益，请托人为谋取不正当利益有时也会主动给予关系密切人财物。因此，要遏制利用影响力受贿的行为，就应当将请托人给予财物的行为犯罪化。从刑法的规定来看，受贿与行贿、单位受贿与对单位行贿、非国家工作人员受贿与对非国家工作人员行贿这些具有对合关系的行为都实现了犯罪化，实践中也起到了较好的预防和打击贿赂犯罪的效果。因此，将对有影响力的人行贿行为犯罪化，增设对有影响力的人行贿罪，是严密贿赂犯罪刑事法网的需要。

五、理解适用

（一）对有影响力的人行贿罪的犯罪主体包括自然人与单位

对有影响力的人行贿罪的主体既包括自然人也包括单位，其向具有影响力的特定人员实施行贿行为，目的是为换取这些人对国家工作人员的影响并最终获得各种不正当利益。司法实践中影响力交易行为也多数发生在自然人之间，但不能排除单位构成对有影响力的人行贿罪的情况。

（二）对有影响力的人行贿罪的行贿对象必须是具有影响力的特定人员

具有影响力的特定人员一般是指国家工作人员的近亲属以及其他与其关系密切的人，或者是指离职的国家工作人员或者其近亲属以及其他与其关系密切的人。而不是国家工作人员本人。关于"近亲属"的范围，按照《刑事诉讼法》的规定，近亲属包括：夫妻、父母、子女、同胞兄弟姐妹。只要与该国家工作人员（离职的国家工作人员）存在上述关系的，就可以界定为其近亲属。其他关系密切的人。法律本身并没有界定"关系密切人"的内涵和外延，而"关系"属价值判断和主观认定的范畴。在这方面，最高人民法院、最高人民检察院在 2007 年出台的《关于办理受贿刑事案件适用法律基本问题的意见》中有"特定关系人"的规定，即包括与国家工作人员（离职的国家工作人员）有近亲属、情妇以及其他共同利益的人。有学者认为这一界定范围过于狭窄，不符合立法原意，认为应包括以下这些人：基于血缘产生的关系，即除近亲属之外的其他亲属；基于学习、工作产生的关系，如同学、师生、校友、同事关系；基于地缘产生的关系，如同乡；基于感情产生的关系，如朋友、恋人、情人关系；基于利益产生的关系，如客户、共同投资人、合同、债权债务关系；在任何情况下相识并产生互相信任相互借助的其他关系人。有学者认为以上的界定过于宽泛，应界定为：与国家工作人员（离职的国家工作人员）有特定关系，足以影响该国家工作人员（离职的国家工作人员）的职务决定或利用该国家工作人员（离职的国家工作人员）的影响力，能够让其他国家工作人员为其服务。具体的适用范围有赖于相关的立法、司法解释作出明确的规定。

（三）并不以谋取到利益为要件

按照修正案的规定，对有影响力的人行贿罪，只要是特定主体，为了谋取不正当利益，向具有影响力的特定人员行贿，即构成此罪。如果因该行贿行为造成国家重大损失或其他严重情节，则要从重处罚。

（四）司法认定疑难问题

如何认定"关系密切的人"？

"关系密切的人"并不是一个很规范的概念。自2009年2月28日《刑法修正案（七）》使用这一概念以来，各种对"关系密切人"解读的观点很多，但到底什么是"关系密切人"，确定"关系密切人"的准则和规则是什么，在裁判过程中如何认定"关系密切人"，至今仍未形成一致意见。这些问题随着《刑法修正案（九）》新增对有影响力的人行贿罪，再一次引起了学者和普通社会民众的关注。

2003年11月13日，最高人民法院在其印发的《全国法院审理经济犯罪案件工作座谈会纪要》（以下简称《纪要》）中，在共同受贿犯罪的主体资格问题上引入了国家工作人员的"近亲属"

以及"近亲属以外的其他人"这两个概念。

2007 年 5 月 29 日，中共中央纪委《关于严格禁止利用职务上的便利谋取不正当利益的若干规定》（以下简称《规定》）第六条规定："严格禁止利用职务上的便利为请托人谋取利益，要求或者接受请托人以给特定关系人安排工作为名，使特定关系人不实际工作却获取所谓薪酬。"同时在该条中还进一步规定了"特定关系人"的范围，即"特定关系人，是指与国家工作人员有近亲属、情妇（夫）以及其他共同利益关系的人。"第七条在第六条的基础上又进一步规定："严格禁止利用职务上的便利为请托人谋取利益，授意请托人以本规定所列形式，将有关财物给予特定关系人。特定关系人中的共产党员与国家工作人员通谋，共同实施前款所列行为的，对特定关系人以共同违纪论处。特定关系人以外的其他人与国家工作人员通谋，由国家工作人员利用职务上的便利为请托人谋取利益，收受请托人财物后双方共同占有的，以共同违纪论处。"

2007 年 7 月 8 日，最高人民法院、最高人民检察院联合印发了《关于办理受贿刑事案件适用法律若干问题的意见》（以下简称《意见》），《意见》在第十一条中规定所称的"特定关系人"，是指与国家工作人员有近亲属、情妇（夫）以及其他共同利益关系的人。

《刑法修正案（七）》新增了利用影响力受贿罪，在对非国家工作人员利用影响力受贿的主体资格问题上，统一用"国家工作人员的近亲属或者其他与该国家工作人员关系密切的人"以及"离职的国家工作人员或者其近亲属以及其他与其关系密切的人"的语词表达取代了《规定》、《纪要》、《意见》中的上述各种表达。由此，"关系密切的人"成为了我国刑法中的一个重要概念。"关系密切的人"是一个包括范围更广的概念，它涵盖了全部"特定关系人"，但不限于此，"特定关系人"只是"关系密切的人"中的一部分。所以，除了国家工作人员或者离职的国家工作人员的近亲属，其他与国家工作人员或者离职的国家工作人员关系密切的人，也都可能属于"关系密切的人"的范畴。不同的具体案件中的情况可能不尽相同，关键还是要根据具体情况，分析认定具体案件中的行为人是否属于"关系密切的人"。"关系"是否"密切"，主要是看双方平时的关系如何。

刑法修正案（九）第四十七条

一、修正内容

根据《刑法修正案（九）》第四十七条，修正后的《刑法》第三百九十一条的内容为："为谋取不正当利益，给予国家机关、国有公司、企业、事业单位、人民团体以财物的，或者在经济往来中，违反国家规定，给予各种名义的回扣、手续费的，处三年以下有期徒刑或者拘役，并处罚金。

单位犯前款罪的，对单位判处罚金，并对其直接负责的主管人员和其他直接责任人员，依照前款的规定处罚。"

二、原文表述

《刑法》第三百九十一条："为谋取不正当利益，给予国家机关、国有公司、企业、事业单位、人民团体以财物的，或者在经济往来中，违反国家规定，给予各种名义的回扣、手续费的，处三年以下有期徒刑或者拘役。

单位犯前款罪的，对单位判处罚金，并对其直接负责的主管人员和其他直接责任人员，依照前款的规定处罚。"

三、修正内容

根据《刑法修正案（九）》第四十七条规定，《刑法》第三百九十一条增加了"并处罚金"的规定，即对于"为谋取不正当利益，给予国家机关、国有公司、企业、事业单位、人民团体以财物的，或者在经济往来中，违反国家规定，给予各种名义的回扣、手续费的"，不仅要"处三年以下有期徒刑或者拘役"，还要"并处罚金"，从而增加罚金刑为"对单位行贿罪"的法定刑。

四、修正缘由

（一）与《联合国反腐败公约》接轨

原刑法仅对受贿罪的财产刑规定了没收财产，对行贿犯罪并没有规定任何财产刑。并且对于受贿罪的没收财产，只有在情节极其恶劣的情况下，才并处没收财产。目前在司法实践中，贿赂犯罪案件主要是适用监禁刑，而且作为最严重的财产刑只能适用于处刑五年以上的犯罪，适用对象十分有限，财产刑的独特功效无法真正发挥。此外，法律对"并处没收财产"规定了"可以"和"应当"两种适用情形，实际上只有极少数适用死刑或无期徒刑的罪犯才适用没收财产，大部分案件并无任何财产性惩罚措施。此外，由于刑法总则对罚金刑规定的粗疏，加之财产刑惩罚作用长期被忽视，实际上，我国罚金刑除了个别以犯罪数额倍数比作为罚金刑数额的罪名，大量罪名的罚金刑计算并未规定比例。在没收部分财产的情况下，没收的数额与犯罪数额之间的关系及比例未加详细规定，这样的规定必然造成司法实践的弹性空间，或高低、宽严不同，或为了避免遭到质疑而选择回避适用，不利于刑罚的统一适用和有力打击贿赂犯罪。

我国已经批准加入《联合国反腐败公约》，根据《联合国反腐败公约》的精神，应注重对贪污贿赂类贪利性犯罪行为的财产性处罚。罚金刑作为一种古老的刑罚方法，在各国得到普遍的应用，世界上大多数国家罚金刑的采用率都高达60%左右，部分国家甚至达到85%，特别是针对贪污贿赂类犯罪，因其以谋取财产为目的，具有贪利性，适用罚金刑更是各国普遍的立法模式。罚金刑不仅避免了犯罪情节轻微的人在监狱中的"交叉感染"，有利于犯罪人的改造，而且可以节省司法资源，从客观上防止犯罪人重新犯罪。由于我国已加入《联合国反腐败公约》，所以，将罚金刑作为对贪污贿赂犯罪行为处罚的一种刑罚方法，也是响应《联合国反腐败公约》的要求。

（二）加重打击贿赂犯罪的社会呼声

增加"并处罚金"是对行贿人的加重处罚，一方面，可以给想贿赂而没有贿赂的人以思想上的警戒，使他们在权衡犯罪成本与犯罪收益后打消贿赂的念头。另一方面，可以对已经犯了贿赂罪的犯罪分子剥夺其再犯罪的资本，消除其犯罪的能力，从源头上遏制行贿行为的发生。并且，通过罚金刑的使用给犯罪分子留下一部分财产，有利于犯罪分子回归社会后的再造，也为我国刑法逐步向轻刑化过渡创造了条件。

五、理解适用

《刑法修正案（九）》为对单位行贿罪的各个量刑档次均增设了必并制的罚金刑，适应了惩治具有贪利性质的行贿犯罪的需要。

罚金刑是惩治贪利型职务犯罪的有效方法，与没收财产刑相比，罚金刑具有执行的可分割性。犯罪分子在生命存续期间，任何时候有可供执行的财产，均可执行罚金刑，这样可以有效避免没收财产刑必须"一次"执行完毕的弊端，有利于防范和避免被告人案发时转移财产、刑满后继续享用的现象，也有利于为国家挽回损失。在具体操作上，可设立比例罚金制，根据其非法所得，处以适当比例的罚金，增大犯罪人的犯罪成本。原则上按行贿金额的25%处罚。低于该比例可能只是隔靴搔痒，而高于该比例又可能导致难以执行。

刑法修正案（九）第四十八条

一、修正条文

根据《刑法修正案（九）》第四十八条，修正后的《刑法》第三百九十二条的内容为："向国家工作人员介绍贿赂，情节严重的，处三年以下有期徒刑或者拘役，并处罚金。

介绍贿赂人在被追诉前主动交代介绍贿赂行为的，可以减轻处罚或者免除处罚。"

二、原文表述

《刑法》第三百九十二条规定："向国家工作人员介绍贿赂，情节严重的，处三年以下有期徒刑或者拘役。

介绍贿赂人在被追诉前主动交代介绍贿赂行为的，可以减轻处罚或者免除处罚。"

三、修正内容

根据《刑法修正案（九）》第四十八条的规定，《刑法》第三百九十二条第一款在"向国家工作人员介绍贿赂，情节严重的，处三年以下有期徒刑或者拘役"的基础上增加了一种附加刑——"并处罚金"的规定。原条文整体格局不变，仍然分为第一款与第二款。按照该规定，"向国家工作人员介绍贿赂，情节严重的，处三年以下有期徒刑或者拘役，并处罚金"。

四、修正缘由

（一）打击犯罪，严密介绍贿赂罪法网

介绍贿赂表现为在行贿人与受贿人之间进行撮合、沟通、牵线搭桥，使行贿与受贿得以实现。虽然介绍贿赂罪并不要求介绍人有收取他人财物的行为，但是在现实生活中不乏大量的行为人利用介绍贿赂以获取非法财产利益的情况的存在，所以对介绍贿赂罪增设"并处罚金"的附加刑是十分必要的。因为，从介绍贿赂人主观上来看，我们不能排除其具有通过实施介绍贿赂行为而获取非法利益的目的，并且在日常生活中这种利益经常表现为直接取得非法财物、子女留学，甚至是性服务。从介绍贿赂罪的现实状况来看，通过介绍贿赂而收取行贿人、受贿人好处费的事例更是不胜枚举。例如，2003 年 5 月，陕西省农电管理局招待所服务员张某某在陪护陕西省农电管理局财务处处长李某某治病期间，受陕西省府谷县农电公司党委书记杜某某的委托，向李某某催要余下的网改资金，张某某从中进行撮合沟通，事成之后从杜某某给李某某的五十万元好处费中获得了二十万元的好处费。因此，具有针对性的在我国刑法中对介绍贿赂人并处罚金是很有必要的。通过对此行为处以一定金额的罚金，不仅有利于完善我国刑法对介绍贿赂罪的规定，而且可以更好地起到打击、震慑和预防犯罪的作用。

（二）对介绍贿赂罪并处罚金更能体现我国刑事立法的目的和罪责刑相适应的原则

对社会危害性的恰当评估，是对介绍贿赂罪进行整体把握、恰当配置刑罚的基础，也是对目前立法设置的法定刑是否已经做到罪刑适应，以及实践中对介绍贿赂行为处罚是否重罪轻判等较为实质的问题进行回答的前提。介绍贿赂行为的社会危害性并非一成不变，从目前的形势来看，介绍贿赂行为的社会危害性有增无减。尤其是在某些受贿案件中，介绍贿赂行为人的作用十分关键，正是因为其在行贿人与受贿人之间进行联系、沟通，贿赂才得以实现。所以如果不对其处以一定的罚金，就很难切实维护法律的尊严。另外，介绍贿赂的行为只有情节严重才构成犯罪，并且介绍贿赂罪的法定刑相对较低（三年以下有期徒刑或者拘役），因此如果不对行为人处以一定的罚金，便很难制止行为人继续去实施这一犯罪行为，从根本上与我国刑事立法的目的相违背，也不符合罪责刑相适应的原则。

（三）近年来，介绍贿赂行为出现了几个新的特点

（1）介绍贿赂主体的职业化。社会上的一些人在通过实施介绍贿赂行为得到些许好处后，把介绍贿赂作为发财致富的手段。这些人在"行贿人"与"受贿人"之间沟通、联系，并从中牟取利益。而且介绍贿赂罪的最高刑为三年有期徒刑，刑罚相对较轻。久而久之，这些人便成为了介绍贿赂罪的惯犯。

（2）行为人以牟利为动机。尽管介绍贿赂罪不要求把行为人的动机作为构成要件，但是行为人的动机能够反映出其主观恶性以及社会危害性。在过去，行为人介绍贿赂主要是为了联络感情、人际关系交往，一般很少有牟利的动机，但是现在行为人介绍贿赂的行为在很大程度上是出于牟利的动机。与以往相比，现在的介绍贿赂罪具有更大的社会危害性。

（3）从手段上看，行为人的实施方式更加多样化。有的为了调动工作、子女上学、招工、提干而介绍贿赂；有的为了承包工程、拍卖、招投标而介绍贿赂；有的则为了打官司而介绍贿赂。

五、理解适用

（一）介绍贿赂罪所针对的对象必须是"国家工作人员"

介绍贿赂罪第一款规定，"向国家工作人员介绍贿赂，情节严重的，处三年以下有期徒刑或者拘役，并处罚金"，所以此处介绍贿赂行为的对象是国家工作人员。根据《刑法》第九十三条的规定，国家工作人员是指在国家机关中从事公务的人员；国有公司、企业、事业单位、社会团体中从事公务的人员；国家机关、国有公

司、企业、事业单位委派到非国有公司、企业、事业单位、社会团体中从事公务的人员以及其他依照法律从事公务的人员，以国家工作人员论。因此，如果是向非国家工作人员（如企业单位的工作人员等）介绍贿赂或者向单位介绍贿赂都不能构成介绍贿赂罪，即介绍贿赂罪所针对的对象必须是国家工作人员，而不能是法人或者非国家工作人员。这就要求在司法实践中对行为人实施介绍贿赂行为所针对的对象进行深刻的理解，以准确地定罪量刑。

（二）介绍贿赂罪的主体为一般主体

关于介绍贿赂罪的主体，刑法及刚刚出台的《刑法修正案（九）》并没有特别的说明。也就是说，介绍贿赂罪的犯罪主体为一般主体，即任何达到刑事责任年龄、具有刑事责任能力的人均可以成为本罪主体。但是在司法实践中，触犯介绍贿赂罪的往往是那些具有一定特殊身份的人。通俗而言，犯罪主体需要具有一定的"人脉"资源，能够在行贿人、受贿人之间进行沟通、撮合、牵线搭桥。例如，在近亲属、秘书、司机、保姆、同学等。这些人因为和受贿者具有亲密的关系，很容易从心理、情感上对受贿者进行突破，使受贿者丧失原则和底线。再者，这些和受贿者关系密切的人对受贿者个人生活中的喜好较为清楚明了，也就是掌握了受贿者的"软肋"，若以此为攻击点，则受贿者通常会"溃不成军"。例如，"李某介绍贿赂案"中，某建筑公司经理何某得知本单位会计小李的父亲李某与林业局局长张某关系很好，而林业局正准备建造一栋办公大楼，于是何某请小李安排与其父李某见面，请他出面约张某，李某出于对小李的工作考虑，答应了这一请求。后来何某顺利承包下了建筑工程，并给了李某六万元作为酬谢。

（三）介绍贿赂的行为只有达到"情节严重"的才能构成犯罪

根据《刑法》第三百九十二条的规定，介绍贿赂行为只有在达到情节严重的标准时才能构成犯罪。而在司法实践中"情节严重"通常是指介绍人个人向国家工作人员行贿数额在二万元以上的，介绍单位向国家工作人员行贿数额在二十万元以上，或者未达上述数额标准，但有为了使行贿人获得非法利益而介绍贿赂的；3次以上或者为3人以上介绍贿赂的；向党政领导、司法工作人员、行政执法人员介绍贿赂的；致使国家和社会利益遭受重大损失的。以上四条通常在司法实践中作为判断行为人的介绍贿赂行为是否达到了立案追诉标准的条件。

（四）合理确定罚金的数额

通过《刑法修正案（九）》的修改，《刑法》第三百九十二条中增加了对介绍贿赂罪并处罚金的规定。这一规定对于生活中日益猖獗的介绍贿赂行为将会起到很好的规制作用，但另外也要看到合理确定罚金数额将是随之而来的一个难题。我国刑法对罚金数额的规定主要有五种情形：

（1）无限额罚金制。即指刑法分则仅规定选处、单处或者并处罚金，不规定罚金的具体数额限度，而是由人民法院根据犯罪的情节，自由裁量罚金的具体数额。

（2）限额罚金制。即指刑法分则规定了罚金数额的上限和下限，人民法院只需在法律规定的幅度内裁量罚金。

（3）比例罚金制。即以犯罪金额的百分比决定罚金的数额。

（4）倍数罚金制。即以犯罪金额的倍数决定罚金的数额。

（5）倍比罚金制。即同时以犯罪金额的倍数和比例决定罚金的数额。

根据上述我国刑法关于罚金数额的规定，可以看到对于罚金数额的规定比较简单和抽象，在实践中要确定到底适用哪一标准应该结合行为人的动机、主观目的、介绍贿赂行为的社会危险性来加以综合判断。对于行为人实施介绍贿赂行为是否获得了财物应当区别对待。并且应当考虑行为人的承受能力，对于那些没有从介绍贿赂中获得非法财物的可以适当地处以较少的罚金，而对于那些从介绍贿赂中获得数额较大、巨大财物的，则可以处以较大数额的罚金。这不仅有利于行为人改过自新，重新回归社会，而且能够与我国刑法中的罪责刑相适应原则相契合。

（五）介绍贿赂罪与受贿罪、行贿罪的区别

介绍贿赂罪与受贿罪、行贿罪同属于刑法分则贪污贿赂罪章节的罪名，在司法实践中介绍贿赂罪与贿赂犯罪的共犯问题常常难以判断。因此很有必要对其加以区分，以利于司法实践中的具体应用。

从行为人与贿赂双方的合意程度来看，如果行、受贿双方或一方根本没有贿赂的意思，而是因介绍贿赂行为人的行为才产生了行贿、受贿的意图，那么就可以认定行为人与行贿或受贿方具有明显的合意，行为人因此构成了行贿或受贿的帮助犯。而如果行贿方与受贿方本来就有贿赂意图，行为人所起的作用只是在二者之间进行沟通、联系和撮合，则应认定行为人与行、受贿人的合意不明显，行为人构成介绍贿赂罪。

从客观行为表现来看，介绍贿赂罪的表现通常是为双方牵线搭桥，以促成贿赂的实现。介绍贿赂人作为行、受贿双方的中间人，通常会想方设法地创造条件让双方认识、联系，或者代为传递信息或转递财物，帮助双方完成行贿受贿行为。如果贿赂双方自己就已经商谈好贿赂钱物，而行为人只是代为传递钱财或物品，或是代为传达双方的意图，则可认定行为人的作用是撮合。反之如果贿赂双方原本并不认识，通过行为人的介绍和联络才认识，则可认定行为人构成贿赂犯的帮助犯。

刑法修正案（九）第四十九条

一、修正条文

根据《刑法修正案（九）》第四十九条，修正后的《刑法》第三百九十三条的内容为："单位为谋取不正当利益而行贿，或者违反国家规定，给予国家工作人员以回扣、手续费，情节严重的，对单位判处罚金，并对其直接负责的主管人员和其他直接责任人员，处五年以下有期徒刑或者拘役，并处罚金。因行贿取得的违法所得归个人所有的，依照本法第三百八十九条、第三百九十条的规定定罪处罚。"

二、原文表述

《刑法》第三百九十三条规定："单位为谋取不正当利益而行贿，或者违反国家规定，给予国家工作人员以回扣、手续费，情节严重的，对单位判处罚金，并对其直接负责的主管人员和其他直接责任人员，处五年以下有期徒刑或者拘役。因行贿取得的违法所得归个人所有的，依照本法第三百八十九条、第三百九十条的规定定罪处罚。"

三、修正内容

根据《刑法修正案（九）》第四十九条的规定，《刑法》第三百九十三条在对单位直接负责的主管人员和其他直接责任人员处五年以下有期徒刑或者拘役的基础上，增加了"并处罚金"的规定。按照该规定，"单位为谋取不正当利益而行贿，或者违反国家规定，给予国家工作人员以回扣、手续费，情节严重的，对单位判处罚金，并对其直接负责的主管人员和其他直接责任人员，处五年以下有期徒刑或者拘役，并处罚金"。原文的其他内容保持原来的规定，未作修改。

四、修正缘由

（一）严密法网，适应当前预防贿赂犯罪的新要求

从最新通过的《刑法修正案（九）》中，我们可以看到第四十五条、第四十六条、第四十七条、第四十八条以及第四十九条都规定了对行为人并处罚金，尤其是作出了在《刑法》第三百九十条后增加一条作为第三百九十条之一，而其中第二款便规定"单位犯前款罪，对单位判处罚金，并对其直接负责的主管人员和其他直接责任人员，处三年以下有期徒刑或者拘役，并处罚金"。而在修正前的规定中，对单位行贿罪中直接负责的主管人员和其他直接责任人员的处罚中则没有科处罚金的规定，因此，在《刑法》第三百九十三条中增加并处罚金的规定有利于刑法的统一、完善，保持刑罚的一致性。从另一层面来看，这也是适应实践中出现的新情况而作出的规定。近年来，在生活中出现了大量贪污腐败的事例，在人民群众中产生了非常不良的影响，如果任其发展下去将严重影响社会主义法治的建设。因此修改刑法中对单位行贿罪的规定，增加对单位直接负责的主管人员和其他直接责任人员处以罚金的规定，不仅使得单位行贿罪更加科学合理、符合实际需要，而且对惩治腐败犯罪和实现司法公正具有很大的好处。

（二）惩治犯罪的需要

首先，在单位行贿罪中，因为单位是抽象的法人机构，真正实施行贿、对单位行贿结果起推波助澜作用的，还是那些在单位中处于领导地位和起实质作用的人员，也即《刑法》三百九十三条中所指的直接负责的主管人员和其他直接责任人员。其次，行贿者给

予国家工作人员以回扣、手续费的行为，严重侵害了国家工作人员的廉洁性和不可收买性。在现实生活中，公司的主管人员为了为公司、企业谋取不正当利益而向国家工作人员行贿的例子数不胜数。例如，

（1）2004 年某房屋建设发展有限公司为了达到少缴纳税款的目的，虚构其单位与大华公司签订代理销售合同，大华公司现已破产，导致其售楼款不能收回的事实，向某市国家税务局涉外税收管理分局提出将售楼款作为坏账损失予以核销的申请，为了能够顺利通过审核，该房屋建设发展有限公司经理吴某代表单位向某市国家税务局税务所所长行贿人民币五十万元。

（2）2005 年至 2009 年，被告单位厦门某电气公司在配电箱业务销售过程中，采取事前允诺以及事后感谢的方式，经总经理张某决定并经张某及业务员熊某经手，先后两次送予相关项目（国有企业）国家工作人员多次行贿现金，共计人民币二十七万三千九百九十四点九元。

因为单位行贿罪涉及经济方面的利益，所以除了对单位处以罚金以外，对直接负责的主管人员和其他直接责任人员也处以一定的罚金，这是比较合理与公平的。相比于仅处以有期徒刑或者拘役，基于一般人对金钱的价值观念，这类人员再次实施同类犯罪时便会有所顾忌，这在一定程度上达到了预防犯罪的目的。

（三）改变传统中重自由刑而轻财产刑的做法

从《刑法修正案（九）》中我们可以看到在介绍贿赂罪、单位行贿罪等罪中增加了并处罚金的规定，这对于改变传统重自由刑、轻财产刑的观念具有重要的作用，也更加符合刑罚的目的。对贿赂犯罪不从经济上予以制裁，光凭自由刑的适用难以从根本上起到作用。在《刑法修正案（九）》通过之前，罚金刑在我国刑法中已经得到了大幅度的适用，但同时可以看到在一些涉及经济的犯罪中并没有得到完全的适用，这一次《刑法修正案（九）》对单位行贿罪增加并处罚金的规定正是我国逐步改变重自由刑、轻财产

刑的观念与现状的做法。

五、理解适用

（一）对"单位"的界定

单位行贿罪的主体是单位，所谓"单位"，包括了公司、企业、事业单位、机关团体。它与单位受贿罪的主体是不同的，并不仅仅局限于国有企业、事业单位、机关团体，还包括集体所有制性质的企业、有限责任公司、私营企业。但是这里存在一个问题，在单位行贿罪中有时单位内部机构可能有行贿行为，所谓单位内部机构是相对于单位整体而言的，是指法人的分支机构，单位内设的科、室、部等下属小单位。由于单位财务体制的不健全，单位内部的科室常常会有自己独立的财务，而为内部机构谋取不正当利益，经集体决定或由其负责人决定通常会实施一些行贿行为。因为这类行为在实质上符合单位行贿罪的构成要件，所以单位内部机构可以成为单位行贿罪的犯罪主体，其犯罪行为应按单位犯罪惩处。

司法实践中常见的单位行贿行为主要有：

（1）经单位研究决定的由有关人员实施的行贿行为；

（2）经单位主管人员批准，由有关人员实施的行贿行为；

（3）单位主管人员以法定代表人的身份实施的行贿行为。

需要指出的是，根据刑法的有关规定，行贿行为的违法所得必须归单位所有，如果归个人所有，应以自然人的行贿罪论处。最高人民法院《关于审理单位犯罪案件具体应用法律有关问题的解释》第二条、第三条分别规定：个人为进行违法犯罪活动而设立的公司、企业、事业单位实施犯罪的，或者公司、企业、事业单位设立后，以实施犯罪为主要活动的，不以单位犯罪论处；盗用单位名义实施犯罪，违法所得由实施犯罪的个人私分的，依照刑法有关自然人犯罪的规定定罪处罚。

（二）关于"情节严重"的认定

《刑法》第三百九十三条规定对于单位实施贿赂行为的，只有达到情节严重的才能以单位行贿罪论处。而根据最高人民检察院发布的规定，对于具有单位行贿数额在二十万元以上的；单位为了谋取不正当利益而行贿，数额在十万元以上不满二十万元，但有为了谋取非法利益而行贿、向3人以上行贿、向党政领导、司法工作人员及行政执法人员行贿之一行为的，以情节严重来认定。因此，在司法实践中一定要依照最高人民检察院发布的上述规定，对罪与非罪作出科学合理的判断。

（三）单位行贿罪中的回扣、手续费指的是什么

单位违反国家规定，给予国家工作人员以回扣、手续费，情节严重的构成单位行贿罪。因此有必要明确回扣、手续费的含义。回扣是指卖方从买方支付的商品款项中按照一定比例返还给买方的价款，因此回扣的方向是固定的。回扣一般来讲可以分为两种：账内明示的回扣和账外暗中的回扣，而账内明示是为法律所允许的。按照《关于禁止商业贿赂行为的暂行规定》第五条第三款对账外暗中的规定："账外暗中是指未在依法设立的反映其生产经营活动或者行政事业经费收支的财务账上按照财务会计制度规定明确如实记载，包括不计入财务账、转入其他财务账或者做假账等。"因此要明确回扣只是商业贿赂的一种表现形式，法律所禁止的只是账外暗中的回扣，这也是单位行贿罪中回扣的含义。

在实践中手续费有多种称谓，有的地方称为"好处费"、"辛苦费"、"介绍费"等。它既可以在事前给付，也可以在事后支付。单位为了谋取不正当的目的给予国家工作人员手续费的行为，不仅破坏了正常的竞争规则，而且与我国按劳分配的原则相违背。因此，对于单位为了谋取不正当的目的给予国家工作人员手续费，情节严重的，以单位行贿罪来论处。

（四）"谋取不正当利益"指的是什么

所谓的不正当利益，根据最高人民法院、最高人民检察院1999年3月4日《关于在办理受贿犯罪大要案的同时要严肃查处行贿犯罪分子的通知》中，对谋取不正当利益作出了解释，规定

"谋取不正当利益"是指违反法律、法规、国家政策和国务院各部门规章规定的利益，以及要求国家工作人员或者有关单位提供违反法律、法规、国家政策和国务院各部门规章规定的帮助或者方便条件。根据最高人民法院、最高人民检察院 2008 年《关于办理商业贿赂刑事案件适用法律若干问题的意见》提出在招投标活动中，通过给予相关人员以财物以获得某种竞争优势的行为属于法律中的谋取不正当利益。这一解释扩大了谋取不正当利益的范围，但是仍然把谋求的利益限定为不正当利益。从"两高"的解释可以看出，谋取不正当利益表现为两种情形，第一种是违反法律、法规、国家政策和国务院各部门规章规定的利益，这种利益本身就是非法的，在单位行贿罪中最为常见。例如，甲建筑公司在不具备招标资格的情况下，通过向国家工作人员贿赂的行为，取得了某项工程的承包施工权。第二种是违反上述规定的帮助或者方便条件，可以称之为程序违法。程序违法是指单位欲通过行贿达到的目的本身并不违法，只是其要求国家工作人员为其获得利益而采取的手段是违反法律规定的。例如，在建筑工程招标过程中，虽然甲公司符合投标条件，正常情况下也可能会中标，但是甲公司却向国家工作人员行贿，然后使自己中标。这种情况也属于谋取不正当利益的情形。此外，单位为了谋取不正当利益而给予国家工作人员财物，事后又以威胁等方式向其索回，不影响单位行贿罪的成立。

（五）单位行贿罪与对单位行贿罪、行贿罪的区别

在司法实践中这三者非常容易混淆，因此很有必要对其加以区别。根据刑法的规定，首先从主体来看，单位行贿罪的主体为单位，包括公司、企业、事业单位、机关团体。而对单位行贿罪的主体为个人和单位，行贿罪的主体为个人。其次从对象上来看，单位行贿罪的犯罪对象是国家工作人员，对单位行贿罪的犯罪对象是单位，行贿罪的犯罪对象是国家工作人员，即自然人。

刑法修正案（九）第五十条

一、修正条文

根据《刑法修正案（九）》第五十条，修正后的《刑法》第四百二十六条的内容为："以暴力、威胁方法，阻碍指挥人员或者值班、执勤人员执行职务的，处五年以下有期徒刑或者拘役；情节严重的，处五年以上十年以下有期徒刑；情节特别严重的，处十年以上有期徒刑或者无期徒刑，战时从重处罚。"

二、原文表述

《刑法》第四百二十六条规定："以暴力、威胁方法，阻碍指挥人员或者值班、执勤人员执行职务的，处五年以下有期徒刑或者拘役；情节严重的，处五年以上有期徒刑；致人重伤、死亡的，或者有其他特别严重情节的，处无期徒刑或者死刑。战时从重处罚。"

三、修正内容

根据《刑法修正案（九）》第五十条的规定，《刑法》第四百二十六条中对于以暴力、威胁方法，阻碍指挥人员或者值班、执勤人员执行职务，情节严重的行为，由之前的"处五年以上有期徒刑"变为"处五年以上十年以下有期徒刑"，对于原条文中"致人重伤、死亡的，或者有其他特备严重情节的，处无期徒刑或者死刑"的规定，变为"情节特别严重的，处十年以上有期徒刑或者无期徒刑"，废除了关于死刑的规定。对死刑的废除无疑是阻碍执行军事职务罪修改中最重要的内容。

四、修正缘由

（一）适应轻刑化的趋势，细化量刑衔接

《刑法修正案（九）》中取消了走私武器弹药罪、走私核材料罪、走私假币罪、伪造货币罪、集资诈骗罪、组织卖淫罪、强迫卖淫罪、阻碍执行军事职务罪、战时造谣惑众罪九个死刑罪名，这与目前国际上通行的轻刑化趋势是相符合的。在国际上，很多国家是没有死刑的，仅对罪犯适用自由刑。据统计，在联合国现有的 193个成员国中，已有近 150 个国家取消或者不再适用死刑，只有不到三分之一的国家仍保留死刑。2004 年宪法修正案在宪法第二章"公民的基本权利和义务"头一条即第三十三条中增加一款，作为第三款"国家尊重和保障人权"。因此，从另一层面上来说，此次刑法修正案对阻碍执行军事职务罪等罪名中死刑的取消，一方面符合宪法保障人权的精神，另一方面意味着在执行少杀、慎杀、逐步减少适用死刑罪名的死刑政策方面，《刑法修正案（九）》又迈出了非常重要的一步。

根据《刑法修正案（九）》中对阻碍执行军事职务罪的量刑中可以看到，相比于之前刑法中的规定更加详细，衔接更加紧密。之前对于以暴力、威胁方法，阻碍指挥人员或者值班、执勤人员执行职务，情节严重的，处五年以上有期徒刑；致人重伤、死亡的，或者有其他特别严重情节的，处无期徒刑或者死刑。从条文中可以看出对情节严重的行为处五年以上有期徒刑的规定过于宽松，与情节特别严重的处罚衔接不紧密，不利于司法实践中的具体使用，并且整体上量刑相对较重，也有与罪责刑相适应原则相违背之嫌。因此，对情节严重的处五年以上十年以下有期徒刑，情节特别严重的处十年以上有期徒刑或者无期徒刑，更加科学合理，增加了在司法实践中的可操作性。

（二）废除死刑条件的逐渐成熟以及死刑具有相对较大的弊端

首先，从现实来看因为我国长期处于和平时期，国内的形势相对比较稳定，很少会出现阻碍执行军事职务这样的行为，并且阻碍执行军事职务在现代战争条件下基本是不可能得逞的，因此对这样一种行为规定最高刑死刑是非常不合理的。其次，正如中国政法大学的阮齐林教授所言，我国对死刑的观念逐渐地发生变化，对死刑有了更加直观的理解，也接受了死刑存在负面问题的观点。被称为"近代刑法学鼻祖"的意大利法学家切萨雷·贝卡利亚在其《论犯罪与刑罚》中曾指出："对人类心灵发生较大影响的，不是刑罚的强烈性，而是刑罚的延续性。因为最容易和最持久地触动我们感觉的，与其说是一种强烈而暂时的运动，不如说是一些细小而反复的印象。……处死罪犯的场面尽管可怕，但只是暂时的，如果把罪犯变成劳役犯，让他用自己的劳苦来补偿他所侵犯的社会，那么，这种丧失自由的借鉴则是长久的和痛苦的，这乃是制止犯罪的最有力的手段。"最直接的一点就是，死刑一旦执行将无法挽回，而且再完善的司法制度都无法绝对避免冤假错案的发生，所以应当尽量避免这种无法挽回的损失。从预防犯罪上讲，没有证据证明，一类犯罪适用死刑对预防和减少此类犯罪具有明显效果。例如，法国在1980年废除死刑，但是废除前后犯罪变化波动并不明显；苏联冻结死刑，也是如此。我国的故意杀人罪最高可处死刑，但是每年还是有很多杀人犯被定罪量刑。因此可以说，死刑并不能阻挡犯罪的发生，对罪犯处以死刑并不具有明显的犯罪预防效果。

（三）一些全国人大常委会委员、法律委、法工委等有关部门人员多次提出废除阻碍执行军事职务罪的死刑

在《刑法修正案（九）》修订的过程中有不少专家委员提出要取消阻碍执行军事职务罪的死刑，其中在草案第二次审议的过程中，赵白鸽委员建议加大取消死刑力度，进一步研究废除刑法中所有经济性犯罪的死刑。张建、朱发忠委员建议对废除死刑条款单独表决。解放军军事法院提出，解放军总政治部是中央"逐步减少

适用死刑罪名"任务的成员单位，解放军军事法院是具体负责单位。关于取消阻碍执行军事职务罪死刑的建议，是他们在征求军队内部意见的基础上，经首长批准的。曲新久教授提出阻碍执行军事职务罪在现代战争条件下基本不可能得逞，不会造成现实的严重后果，取消死刑是必要的。当然也有一种观点认为应当予以保留，不能因为国家长期处于和平时期就取消了该罪的死刑。《刑法修正案（九）》最终取消了阻碍执行军事职务罪的死刑不能不说是对取消该罪死刑呼声的一种回应。

五、理解适用

（一）客观要件的分析

（1）阻碍执行军事职务罪的客观方面表现为以暴力、威胁方法阻碍指挥人员或者值班、执勤人员执行职务的行为，因此在实践中要准确把握此罪，就要对条文中的抽象概念加以界定。暴力是指行为人对指挥、值班、执勤人员的身体实施打击或者强制。例如，拳打脚踢或者用枪支、管制刀具、棍棒进行殴打，或者用绳索捆绑，或者非法拘禁等。实施以上暴力的结果，不仅使指挥、值班、执勤人员无法履行职务，而且有的还会造成以上人员出现重伤死亡的后果。威胁，是指行为人以暴力相威胁，实行精神上的强制、心理压迫，使指挥、值班、执勤人员产生心理恐惧，不能或者无法履行职责，执行职务。

（2）本罪的犯罪对象为特殊主体，即正在执行职务的军人，包括中国人民解放军的现役军官、文职干部、士兵及具有军籍的学员和中国人民武装部队的现役警官、文职干部、士兵及具有军籍的学员；执行军事任务的预备役人员和其他人员，以军人论。"预备役人员"，是指编入民兵组织或者经登记服役预备的公民。而"其他人员"则是指在军队和武警部队的机关、部队、院校、基地、仓库、医院等队列单位和事业单位工作的正式职员、工人，以及临时征用或者受委托执行军事职务的地方人员。以上为刑法中对指挥人员和值班、执勤人员的规定，并且必须为正在执行军事职务的军事人员，如果军人没有履行指挥或者值班职责，仅仅是从事个人行为，则不能成为本罪的对象。违反国家的规定阻碍以上人员的行为，客观上损害了国家的军事利益，破坏了军职人员正常的职务活动，因此应对其予以处罚。

（3）本罪属于行为犯，即行为人只要实施了以暴力、威胁方法，阻碍指挥人员或者值班、执勤人员执行职务行为的，就构成阻碍执行军事职务罪。如果行为人以非暴力方法或者不足以使指挥人员或值班、执勤人员产生精神恐惧的方法进行阻碍，则不属于上述中提出的暴力威胁方法，当然也不能构成本罪。

（二）主体要件

本罪的主体为特殊主体，即是军人，包括现役军人、文职人员、武装警察官兵和执行军事任务的预备役人员和其他人员。

（三）情节严重与情节特别严重的内涵

《刑法修正案（九）》中对阻碍执行军事职务罪的量刑根据情节的不同划分为不同的标准，而情节严重与情节特别严重在实践中通常难以区分，因此很有必要对其加以明确的界定，以利于实践中的适用。本罪中的"情节严重"，主要是指把受侵害的指挥人员或者值班、执勤人员打伤（尚不构成重伤），致其不能履行职责的；阻碍执行紧急重要任务或者重要军事要地警卫任务的人员执行职务的；聚众阻碍执行职务的；使用武器、锐利凶器阻碍执行职务的；使特定的人员执行的职务遭受重大损失的；等等。而"情节特别严重"则取代了以前"致人重伤、死亡的，或者有其他特别严重情节"的规定，因此修改后的情节特别严重的内容应该是指聚众使用武器装备阻碍执行职务的；在紧要关头或者危急时刻阻碍担负重要职责的指挥人员或者值班、执勤人员执行职务的；阻碍执行职务造成特别严重后果的等。这其中应该包括致人重伤、死亡的结果，笔者认为不应当把致人重伤、死亡的结果包括在内，因为本罪取消了死刑的规定，最高刑为无期徒刑。而出现重伤、死亡的结果仍然以本罪论处可能会与罪责刑相适应原则相违背，这是很不合理的，也是很不公平的。

（四）要区分此罪与相关罪名的区别

（1）要注意区分与聚众扰乱社会罪的关系。阻碍执行军事职务罪除与聚众扰乱社会秩序罪行为人的主观心态、客观表现方式方面有相似之外，也有明显的区别：第一，二者侵害的客体不同。阻碍执行军事职务罪侵害的客体是军队任务的正常执行活动，是军事利益，聚众扰乱社会秩序罪则是社会秩序，这是二者最大的区别。第二，侵害的对象不同。阻碍执行军事职务罪侵害的对象，必须是军队的指挥、值班、值勤人员，聚众扰乱社会秩序罪则是针对特定的机关、单位等。第三，主体要件不同。阻碍执行军事职务罪的主体要件只能是军人，聚众扰乱社会秩序罪的主体要件则是军内外人员均可构成。第四，犯罪手段不尽相同。阻碍执行军事职务罪是使用暴力、威胁方法，聚众扰乱社会秩序罪的犯罪手段则是多种多样的，如暴力袭击、强行侵占、冲击、哄闹等。

（2）区分阻碍军人执行职务罪与阻碍执行军事职务罪的界限。阻碍执行军事职务罪，是指以暴力、威胁方法阻碍指挥人员或者值班、值勤人员执行职务的行为。这两个罪侵犯的直接客体几乎相同，都为国防利益、军事利益，犯罪行为、主观方面相同，其主要区别是犯罪对象不同。前者的犯罪对象是所有依法执行职务的军人，而后者的犯罪对象仅指依法执行职务中的指挥人员和值班、值勤人员。并且在犯罪主体上二者也不相同，阻碍执行军事职务罪的犯罪主体为军人，而阻碍军人执行职务罪的主体为一般主体，即凡是达到刑事责任年龄、具有刑事责任能力的人。因此，当军人阻碍其他军人执行职务时，如果被阻碍的是指挥人员或者值班、执勤的人员，则以阻碍执行军事职务罪论处。如果被阻碍执行职务的是其他军人，则以阻碍军人执行职务罪论处。

刑法修正案（九）第五十一条

一、修正条文

根据《刑法修正案（九）》第五十一条，修正后的《刑法》第四百三十三条的内容为："战时造谣惑众，动摇军心的，处三年以下有期徒刑；情节严重的，处三年以上十年以下有期徒刑；情节特别严重的，处十年以上有期徒刑或者无期徒刑。"

二、原文表述

《刑法》第四百三十三条规定："战时造谣惑众，动摇军心的，处三年以下有期徒刑；情节严重的，处三年以上十年以下有期徒刑。

勾结敌人造谣惑众，动摇军心的，处十年以上有期徒刑或者无期徒刑；情节特别严重的，可以判处死刑。"

三、修正内容

根据《刑法修正案（九）》第五十一条的规定，《刑法》第四百三十三条第二款中取消了有关"勾结敌人造谣惑众，动摇军心的规定"，并且废除了"情节特别严重情形处以死刑的规定"，整体上减轻了战时造谣惑众罪的刑罚。修改后的《刑法》第四百三十三条重新表述为："战时造谣惑众，动摇军心的，处三年以下有期徒刑；情节严重的，处三年以上十年以下有期徒刑；情节特别严重的，处十年以上有期徒刑或者无期徒刑。"

四、修正缘由

（一）一些全国人大代表、政法委以及专家学者力主取消战时造谣惑众罪的死刑

《刑法修正案（九）》根据党的十八届三中全会提出的"逐步减少适用死刑罪名"的要求，在《刑法修正案（八）》取消十三个罪名的死刑的基础上，进一步取消了九个罪名的死刑。其中除走私类、侵犯公民人身权利类的罪名外，还包括军人违反职责罪章节中的两个罪名，其中之一就是战时造谣惑众罪。在对战时造谣惑众罪进行审议时，很多人曾有不同的声音。例如，有些人大代表提出，取消战时造谣惑众罪的死刑要综合考虑社会治安状况、犯罪的危害程度、国家安全情况、社会的安全感等因素，慎重决定。以实践中适用较少作为减少死刑罪名的理由不够充分，建议进一步明确减少死刑的标准。对于严重危害国家安全的犯罪，不宜取消死刑。云南、北京、重庆及中央军委法制局建议保留战时造谣惑众罪的死刑。许多社会公众也认为，战时造谣惑众关系到军事后方的稳定和战争胜负，对于情节特别严重的，应当保留死刑。这种说法不无道理，但更多的则是支持的声音。罗亮权、苏晓云委员就表示：逐步减少死刑并限制适用死刑，符合中央精神以及减少死刑适用的国际趋势，体现了宪法关于尊重和保障人权的精神，不会因为减少这些本来就较少适用的死刑罪名，从而影响社会的稳定。高铭暄、赵秉志、曲新久教授认为，《刑法修正案（九）》废除战时造谣惑众罪等九个罪名，有利于进一步落实中央关于"逐步减少适用死刑罪名"的要求，体现立法者的担当，取消这些在实践中基本上"备而不用"的死刑，不会对社会治安形势形成负面影响。此外，也有代表建议在下一轮减少适用死刑罪名时考虑取消贪污贿赂犯罪的死刑。而从最终的结果来看，《刑法修正案（九）》中取消战时造谣惑众罪的死刑正是采纳了后者的建议。

（二）取消战时造谣惑众罪死刑的条件已经成熟

从现实上来看，我国的社会环境相对稳定，近期内出现战争的可能性极其微小，并且刑罚的目的是为了惩罚犯罪和预防犯罪，只有那些对国家、社会、人民的利益造成巨大危害的行为才应该被定义为犯罪，才应该受到刑罚的惩罚。而在生活中，随着我国军事力量的提升，很难会出现战时造谣惑众的行为，即使有造谣惑众的情形也很难造成极其严重的后果。上一次犯战时造谣惑众罪还是很久之前，所以基于罪责刑相适应原则的考虑，对于这种犯罪相应地应减轻其刑罚，而及时地取消死刑无疑是很合适的。从历史上来看，战时造谣惑众罪的设置具有历史性。因为在当时，具有出现战争极大的可能性，而造谣惑众的行为对于团结军心、取得战争的胜利具有极大的危害，甚至可能导致战争的失败。因此设置了最高刑为死刑，这在当时是很有必要的。但是，如今社会条件已经发生了变化，因此要取消战时造谣惑众罪的死刑。

（三）完善刑罚设置的需要

《刑法修正案（九）》中不仅取消了死刑的规定，而且对条文进行了完善，整体上体现出了轻刑化的趋势。修正后的条文中包含了一般情形、情节严重、情节特别严重这三种，并分别对应三年以下有期徒刑、三年以上十年以下有期徒刑和十年以上有期徒刑或者无期徒刑的法定刑。这种设置与以往的设置相比更加合理，各种法定刑之间衔接更加紧密。原条文第二款规定："勾结敌人造谣惑众，动摇军心的，处十年以上有期徒刑或者无期徒刑；情节特别严重的，可以判处死刑"，如果仅仅取消死刑而不对其他部分进行修改，一方面会导致刑罚的混乱，规定难以协调。仅以勾结敌人造谣惑众，动摇军心的，处十年以上有期徒刑或者无期徒刑作为独立的一款既不合理，也难以体现刑罚的目的；另一方面本罪原条文第二款中涉及"敌人"的概念。而在现阶段，很难对敌人作出精确的界定，不利于司法实践中的具体应用。因此，在坚持党的十八届三中全会提出的"逐步减少适用死刑罪名"的要求下，出于完善战时造谣惑众罪的考虑，对原《刑法》第四百三十三条进行整合并取消死刑的做法是合法合理的。

五、理解适用

（一）对战时造谣惑众罪客观方面的理解

本罪的客观方面表现为行为人在战时情况下，造谣惑众、动摇军心的行为。造谣惑众、动摇军心是指行为人自己编造虚假的情况，在部队中予以散布，煽动怯战、厌战或者恐怖情绪，蛊惑官兵，造成部队情绪恐慌，士气不振、军心涣散，思想不稳定的行为。如果行为人仅仅是道听途说，不负责任地将听到的内容加以散布，则不能构成本罪。行为人散布的必须是虚假的信息，而且与作战有密切的联系，如故意夸大敌人力量的强大，虚构敌方的战绩和对我方不利的战况等。如果行为人所散布的是真实的内容，即使采取的方式不合理也不应定为造谣。本罪是行为犯，只要行为人散布虚假军事消息足以动摇军心，不论是否产生了动摇军心的实际后果，如引起部队官兵临阵脱逃、部队混乱、指挥失控等，均应属于造谣惑众、动摇军心的情形。行为散布谣言的方式可以是多种多样的，既可以在公共场合散布，也可以是私下向多人传播；既可以通过文字，也可以通过视频、图像等散布；只要能为他人所知晓，即为散布谣言。且此处的他人须是多数人，如果行为人只是针对个别人传播谣言，并没有在部队中散布的，则不构成本罪。

造谣惑众、动摇军心的行为必须发生在战时，根据《刑法》第四百五十一条的规定，"战时"是指：

（1）国家宣布进入战争状态的。根据《宪法》规定，全国人民代表大会决定战争问题。在国家遭受武装侵犯或者必须履行国际间共同防止侵略的条约的情况下，全国人民代表大会常务委员会宣布进入战争状态。

（2）部队受领作战任务的。

（3）部队遭敌突然袭击时。

（4）部队执行戒严任务或者处置突发性暴力事件时，以战时论。

战时造谣惑众、动摇军心的行为，在客观上起着帮助敌人，削弱我军战斗力的作用，影响部队的作战，严重危害军事利益，必须依法惩处。

（二）情节严重与情节特别严重的区分

本罪为行为犯，不需要"情节严重"即可构成，情节只影响行为人的量刑。对于情节严重与情节特别严重的情形，战时造谣惑众罪中规定了不同的刑罚。因此，对情节严重和情节特别严重的情形做出明确的区分，关系到司法实践中的具体应用。根据军事审判实践，"情节严重"是指：谣言内容煽动性大的；干部造谣惑众的；对作战造成危害的；指挥人员造谣惑众的；谣言散布范围广泛的；谣言内容煽动性大的；在紧要关头或者危急时刻造谣惑众的；等等。对于情节特别严重的内涵，因为《刑法修正案（九）》对本罪作出了修改，因此应对其原有含义（情节特别严重是指勾结敌人造谣惑众，造成部队军心涣散、怯战、厌战或者引起其他严重后果的）重新作出界定。所谓"情节特别严重"主要是指谣言内容恶毒、煽动性特别大的，或者引起部队军心混乱、斗志涣散、人员逃亡严重后果的。对战时造谣惑众的行为进行这样的区分，有助于对不同情节的罪犯适用不同的刑罚，从而契合刑法的罪责刑相适应原则。

（三）战时造谣惑众罪的主体及主观要件

本罪的主体为特殊主体，也即所有参加作战的军人。本罪在主观方面表现为直接故意。即行为人明知自己说的都是假的，会扰乱军心、瓦解斗志，仍加以宣扬、扩散。其动机有的是怯战、厌战，通过造谣惑众，达到躲避战斗的目的；有的是因受批评、处分，或未能评功授奖，通过造谣惑众，达到泄愤、报复的目的。如果行为人是基于危害国家安全目的，或勾结敌人造谣惑众的，则不构成本罪，有可能构成危害国家安全罪一章中的罪名。

（四）本罪与相关罪名的比较

1. 本罪与阻碍执行军事职务罪的区别

本罪与阻碍执行军事职务罪属于比较相近的罪名，同属于军人违反职责罪。本罪的主体与阻碍执行军事职务罪的主体都为军人，但是有不同的内涵，阻碍执行军事职务罪的主体包括：现役军人、文职人员、武装警察官兵和执行军事任务的预备役人员和其他人员。而本罪的主体特指参加作战的军人。在客观上，本罪为行为人实施造谣惑众、动摇军心的行为，而后罪表现为以暴力、威胁方法，阻碍指挥人员或者值班、执勤人员执行职务。

2. 区分本罪与谎报军情罪的界限

这两种犯罪都有虚构事实并加以扩散的情节，而且其虚构的内容可能很相似。但前者是将编造的谣言在公众中散布，散布的对象包括下级、同级和上级，但不是在履行职责，而后者是将编造的情况按隶属关系和职责要求向上级报告，其表现形式是在履行职责。这是二者最主要的区别。

3. 区分本罪与假传军令罪的界限

前者的行为人也可能编造有关作战命令的谣言。这种情况与假传军令罪的区别，在于传递虚假军令的方式和接受虚假军令的对象不同。前者不是将虚假军令直接传播给执行人，而是在公众中传播，对象是不特定的；后者则是将虚假的命令传递给依照职责应执行该命令的人，假传的方式往往是正常下达命令的方式，对象是特定的。

4. 战时造谣惑众罪与战时造谣扰乱军心罪的法条竞合

本法对这两类犯罪的规定存在法条竞合关系，对军人战时造谣惑众、扰乱军心构成犯罪的，根据特别法优于一般法的规定，应优先适用本章的规定，以战时造谣惑众罪论处。

刑法修正案（九）第五十二条

一、修正条文

根据《刑法修正案（九）》第五十二规定："本修正案自2015 年 11 月 1 日起施行。"

二、原文表述

无。

三、修正内容

增设整条，明确了《刑法修正案（九）》的施行时间。

四、修正缘由

该条的增设主要是考虑到《刑法修正案（九）》的内容较多，需要给司法机关适用法律以一定的准备时间。在《刑法修正案（八）》以前，我国对 1997 年的《刑法》进行了八次修正（含一部单行刑法的修正），但在生效时间上采取的都是颁布之日起实施的做法。《刑法修正案（八）》首次采取了将修正案颁布的时间与生效时间分离的做法：刑法修正案（八）2011 年 2 月 25 日通过并颁布，但规定 2011 年 5 月 1 日起实施，目的是为了给司法实践适用《刑法修正案（八）》留有一定的准备时间。在 2011 年 5 月 1日《刑法修正案（八）》实施以前，我国最高司法机关针对《刑法修正案（八）》的诸多重大问题出台了多个司法解释，从而有效地保证了法律适用的统一和公正。在《刑法修正案（九）》的研拟过程中，关于其生效时间，各方意见也存在一定的分歧。有意见主张颁布之后马上施行，也有意见主张从 2015 年 10 月 1 日起施行，还有意见主张从 2016 年 1 月 1 日起施行。国家立法机关最终综合考虑此次修法的内容重大和复杂情况后，决定从 2015 年 11 月 1 日起实施。从时间期限上看，这一规定大体上是合理的，给司法机关适用《刑法修正案（九）》留了两个多月的准备时间，与《刑法修正案（八）》的情况差不多：两次修法的内容覆盖面都很广，内容都很重大，留给司法机关准备的时间都是两个多月。

五、理解适用

《刑法修正案（九）》第五十二条规定："本修正案自 2015 年 11 月 1 日起施行。"对于该规定，主要需要注意《刑法修正案（九）》生效前的行为适用问题。因为修法的内容全面且重大，在《刑法修正案（九）》通过后，很多媒体都关注其新增的终身监禁等制度对之前已经作出的生效判决是否适用的问题。这涉及对《刑法》第十二条关于溯及力规定的"从旧兼从轻"原则的理解问题。事实上，这不仅涉及终身监禁制度，还涉及《刑法修正案（九）》生效前实施但未作出生效判决的各种行为的适用法律问题。对此，应当严格坚持"从旧兼从轻"原则，在新法与旧法之间，原则上适用旧的法律，只有当新法不认为是犯罪或者处罚较轻时，才适用新法，即《刑法修正案（九）》。